本书得到西北师范大学中国语言文学博士点建设专项经费资助

俞敏语言学思想研究

黄海英 著

中国社会科学出版社

图书在版编目(CIP)数据

俞敏语言学思想研究／黄海英著．—北京：中国社会科学出版社，2016.4
ISBN 978 - 7 - 5161 - 7490 - 6

Ⅰ.①俞⋯ Ⅱ.①黄⋯ Ⅲ.①语言学—研究 Ⅳ.①H0

中国版本图书馆 CIP 数据核字（2016）第 017926 号

出 版 人	赵剑英
选题策划	刘　艳
责任编辑	刘　艳
责任校对	陈　晨
责任印制	戴　宽

出　　版	中国社会科学出版社
社　　址	北京鼓楼西大街甲 158 号
邮　　编	100720
网　　址	http：//www.csspw.cn
发 行 部	010 - 84083685
门 市 部	010 - 84029450
经　　销	新华书店及其他书店
印　　刷	北京金瀑印刷有限责任公司
装　　订	廊坊市广阳区广增装订厂
版　　次	2016 年 4 月第 1 版
印　　次	2016 年 4 月第 1 次印刷
开　　本	710×1000　1/16
印　　张	13.75
插　　页	2
字　　数	242 千字
定　　价	52.00 元

凡购买中国社会科学出版社图书，如有质量问题请与本社营销中心联系调换
电话：010 - 84083683
版权所有　侵权必究

目　　录

序 …………………………………………………………………… (1)
第一章　俞敏生平事迹 …………………………………………… (1)
第二章　学术精神和治学思想 …………………………………… (6)
　第一节　学术精神 ……………………………………………… (6)
　　一　敢于批判、力辟新径 …………………………………… (6)
　　二　勤勉踏实、治学严谨 …………………………………… (10)
　　三　尊师重学、奖掖后学 …………………………………… (15)
　第二节　治学思想 ……………………………………………… (22)
　　一　重视比较研究 …………………………………………… (22)
　　二　将语言与社会文化相结合进行研究 …………………… (24)
　　三　重视"活"语言的研究 ………………………………… (26)
　　四　重视语言应用研究 ……………………………………… (28)
第三章　汉藏比较研究 …………………………………………… (30)
　第一节　汉藏虚词比较研究 …………………………………… (32)
　　一　对汉藏虚词进行了系统的比较研究 …………………… (32)
　　二　运用汉藏比较来研究古汉语虚词 ……………………… (38)
　第二节　汉藏同源词比较研究 ………………………………… (39)
　　一　以汉语古韵部为框架寻求汉藏同源词 ………………… (40)
　　二　以汉语韵部为基点对汉藏词汇进行比较研究 ………… (47)
　　三　运用汉藏比较构拟了上古汉语韵母系统 ……………… (50)
　　四　运用联绵词证汉藏同源 ………………………………… (53)
　第三节　将语言研究与社会文化相结合证明汉语与藏语同源 …… (56)
　　一　指出历史比较法存在循环论证问题 …………………… (57)
　　二　运用上古史料证汉语和藏语同源 ……………………… (59)

三　将语言研究与上古史料相互印证 …………………… (63)

第四章　梵汉对音研究 …………………………………… (67)

第一节　开创了利用梵汉对音研究汉语某一完整音系的新范式 …………………………………………… (69)
　　一　将梵汉对音的适用对象扩展至一个完整的音系 …… (69)
　　二　将个别音类研究与音系研究相结合 ………………… (72)
　　三　开创了研究汉语某一音系的新范式 ………………… (73)

第二节　为梵汉特殊对音关系的解释树立了绝佳的范例 …… (76)
　　一　梵有汉无的对音现象 ………………………………… (78)
　　二　梵汉皆有的音出现的特殊对音现象 ………………… (80)
　　三　梵文音节的切分原则 ………………………………… (82)

第三节　全面考证梵汉对音材料 …………………………… (83)
　　一　严谨校勘对音材料 …………………………………… (83)
　　二　明确对音材料的时空性 ……………………………… (89)
　　三　明确提出早期佛经材料主要源于梵本 ……………… (91)

第五章　音韵学研究 ……………………………………… (95)

第一节　为古音构拟提出了很多独到的见解 ……………… (95)
　　一　重纽三四等的区别在于介音 ………………………… (96)
　　二　入声收浊塞尾 ………………………………………… (99)
　　三　阴声韵存在开音节 …………………………………… (101)
　　四　"至、祭"两部后汉时期存在 –s 尾 ………………… (103)
　　五　闭口韵离析为六部 …………………………………… (107)

第二节　首次提出古汉语存在四种连音变读现象 ………… (108)

第三节　主张谨慎地对待等韵中的语音信息 ……………… (113)
　　一　明确提出音韵学研究不能为等韵所束缚 …………… (113)
　　二　全面考证了等韵与悉昙的关系 ……………………… (115)
　　三　对等韵所反映的语音信息进行了反思 ……………… (117)

第六章　训诂学研究 ……………………………………… (121)

第一节　将因声求义与因形求义相结合进行训诂研究 …… (121)
　　一　对《释名》的研究 …………………………………… (122)
　　二　对俚俗语源的研究 …………………………………… (124)

第二节　运用因形求义法进行训诂研究 …………………… (127)

一　《蔡沈廎说字艸》……………………………………（127）
　　　二　《急就微言》……………………………………………（128）
　　　三　《大盂鼎铭文诂训》……………………………………（129）
　第三节　运用连音变读进行训诂研究………………………（129）
　第四节　运用汉藏比较进行训诂研究………………………（133）

第七章　汉语方言研究………………………………………（135）
　第一节　北京话清入派归四声的研究………………………（135）
　　　一　社会心理因素…………………………………………（136）
　　　二　语言内部因素…………………………………………（138）
　第二节　利用方言区际横向系联的方法研究方言…………（141）
　　　一　北京音系的成长和它受的周围影响…………………（141）
　　　二　北京方言及周边儿化韵的研究………………………（143）
　　　三　提出现代北京话不是元大都话的直接后代…………（145）
　　　四　主张中州音韵保存在山东海边儿上…………………（148）
　　　五　开创了方言区际横向系联的研究方法………………（149）

第八章　汉语语法研究………………………………………（153）
　第一节　现代汉语语法研究…………………………………（153）
　　　一　以北京口语为研究材料………………………………（154）
　　　二　词法研究………………………………………………（155）
　　　三　句法研究………………………………………………（166）
　第二节　古汉语语法研究……………………………………（171）
　　　一　古汉语虚词研究………………………………………（172）
　　　二　古汉语形态研究………………………………………（181）
　　　三　古汉语句法研究………………………………………（191）

附录1　俞敏语言学著述目录…………………………………（194）
附录2　俞敏校对《梵语千字文》的梵文词…………………（201）
参考文献…………………………………………………………（203）
后记………………………………………………………………（212）

序

　　海英博士的《俞敏语言学思想研究》一书即将付梓，要我写一篇序。此书是她的博士论文的修订稿。海英在2008年就通过了博士论文答辩，当时，以鲁国尧教授为首的答辩委员会对该篇论文给予了很高的评价，并且对它的修改出版也寄予殷切的期许。海英7年多来一直潜心于此书的修改增补，现在终于下决心持以面世，这个过程的辛苦，除了作者自知，相信读者在读了此书以后也会有相同的体验。

　　俞敏先生是20世纪中国语言学的巨匠。他在海内外享有崇高的声誉，沾溉了几代学人，其学术遗产至今在学界有着广泛而深刻的影响。俞敏先生的学术思想，在20世纪中国语言学史上是非常独特的，他既烂熟于传统经史小学，又精通英、俄、德、日、梵、藏、拉丁等欧、亚、古、今语言，但他既不是纯粹的所谓"章黄学派传人"，也从未挟洋自炫标榜某个门派。对古今中外的语言学理论，他只服膺真理而从不拘执；对海内外的名家，他极尽尊重之道却绝无盲从。他的文章言辞通俗平易却新见迭出，赞同者每每惊异于他的眼光独到，持论精辟，而反对者则嫌憎于他的嬉笑怒骂，锋芒毕露。

　　对于这样一份宝贵的学术遗产，这样一种独特的学术思想，怎样才能使之发扬光大，以推进中国语言学的研究，这是摆在我们面前的一个严肃的课题，同时也是一个艰难的课题。《荀子·劝学》有云："学莫便乎近其人，学之径莫速乎好其人。"俞敏先生作古已二十年，近之、好之，唯一的途径就是读他的书。而俞敏先生的书，读起来是不容易的。尽管他的大部分篇章是用通俗口语写成的，但是涉及的内容却很深奥，文字学、音韵学、训诂学、方言学、语法学、汉藏比较、梵汉对音，引用的语言材料，古今中外靡所不包，哪一项都不是轻易可以染指涉足的。

　　海英就读博士之后，弱肩担重任，勇敢地挑战这一课题，沉浸到了俞敏先生著述的汪洋大海之中，数年之间，将俞敏先生的著述啃了一遍又一遍，不但熟悉了他的观点、材料、方法，而且对他的据以立论的想法、思路，都揣摩到位，同时对20世纪中国语言学的发展有了整体的了解和定位，因此能够对俞敏先生的学术成就和贡献讲到位，对俞敏先生学术思想的内涵和意义讲到位。

20世纪中国语言学界涌现过许多巨匠，即使放到世界范围内，他们也可以当之无愧地被称为大师。但是从语言学史和语言学思想史的角度对他们进行研究，至今还是非常不充分的。比起具体的语言学研究来，语言学思想史的研究是一种更为思辨的、更为宏观的研究，它对于语言学研究的指导意义是不容忽视的；语言学家个体的学术思想史，更是至今稀缺的研究。海英的这本书，在这方面做出了努力，是非常值得肯定的。

俞敏先生是我的受业恩师，研究总结他的学术思想是我责无旁贷地应当承担的义务。今天看到海英的这本《俞敏语言学思想研究》即将面世，我在惭愧之余，更多的是欣慰。语言学江河之波，已经一浪高过一浪；学术之火薪传，必将一代更比一代光明。

向东，序于津门何陋室
2015年10月23日

第一章　俞敏生平事迹

俞敏（1916—1995），字叔迟，中国现代杰出的语言学家。他在汉藏比较、梵汉对音、汉语音韵学、训诂学、文字学、方言学、现代汉语语法和古代汉语语法等诸多领域作出了重要的学术贡献。

1916年11月2日（农历十月初七），俞敏出生于天津。祖籍浙江绍兴山阴县桃李村，从其曾祖父开始迁居天津。俞敏的青少年时代是在天津度过的。他从小学到中学阶段都就读于天津的"新学书院"，这是一所教会学校，教师使用英语授课。俞敏上学期间酷爱读书。"新学书院"每周六下午没有课，每隔两周的周三下午也没有课，他就去图书馆看书。有时放学比较早，他也会去看书。他所读的书籍主要是线装书，包括《史记评林》、讲经考史的国学书、围棋书、日文报、笔记小说，等等。俞敏后来说："到今天我的专业是古汉语，业余爱好是围棋，还是那几年打下的基础哪！"[①]

父亲俞人麒先生去世后，因生计所迫，俞敏与母亲、妹妹投靠北京的伯父俞人凤先生。1935年，他考入北大中文系。在北大求学期间，俞敏开始展露语言学方面的才华。当时，沈兼士教授讲授"文字概要"课，他说："咱们中文系语言文字学方面，每隔几年就出个'状元'：魏建功是乙丑科状元（1925年毕业），丁声树是壬申科（1931）状元，现在读四年级的周祖谟看来是丙子科（1936）状元。"[②] 周定一先生（1997）在忆及此事时说："假若借用沈先生的说法，要推举我们班状元的说法，我推举俞敏。"[③]

[①] 俞敏：《我和图书馆》，载俞敏《俞敏语言学论文二集》，北京师范大学出版社1992年版，第156—158页。

[②] 周定一：《纪念俞敏兄》，《文教资料》1997年第1期。

[③] 同上。

1937年秋北京大学南迁，俞敏要照顾母亲及妹妹，不能与同学及老师一起转移，只好留在北京。随后他转入辅仁大学继续学习，中间因病休学一年。1940年，俞敏大学毕业，同时考取了燕京大学文学研究院的硕士生。由于他当时在北京五中做兼职老师，按燕京大学的政策不能拿哈佛奖学金，只好延后一年，于1941年入校学习，师从陆志韦和高名凯两位先生。太平洋战争爆发后，燕京大学也决定南迁。俞敏随后也离开北京，先后在山东鲁南滕县、安徽阜阳以及徐州等地中学任教。他晚年回忆自己艰难求学经历时说："我那时就像一只蜗牛，非常吃力地从墙脚往墙上爬。每爬到一定高度，便'啪'地一声，被一阵风打下来。一次又一次……"①

　　尽管俞敏求学之路几经波折，但幸运的是，北京大学、辅仁大学、燕京大学的图书馆藏书丰富，这为他读书提供了便利。他后来回忆说："这几处的书，特别是外文的，讲语言科学的极多。燕大还有看微缩胶片的设备，方便极了。我有些知识是自修的，都靠图书馆。"②

　　1946年夏，他跟随北大时的老师魏建功先生赴台北做推行国语工作。在台北时，俞敏任方言调查组的组长。他经常到桃源、新竹一带调查客家方言，曾制作了很多台湾省方言地图，还编过学习"客家话"和"闽南话"的教材。他认为一个国语推行工作者只有掌握对方的语言，才能真正做好这项工作。在台湾一年，他能够流利地说客家话或闽南话。陈世骏故去后，俞敏开始兼任编审组组长。③

　　在台期间，俞敏与杨藻清女士相识相知，于1947年6月1日喜结连理。

　　1947年秋，俞敏回到北京，受陆志韦先生之邀在燕京大学担任讲师，讲授语文概论（包括诗韵、校勘、工具书）和大众语等课程。④ 其间在《燕京学报》上发表了大量的文章。由于该学报在中国和美国同时发行，在海内外影响比较大，瑞典汉学家高本汉曾经几次给他写信邮刊物，探讨

---

① 谢纪锋：《俞敏先生传略》，《文教资料》2000年第3期。
② 俞敏：《我和图书馆》，载俞敏《俞敏语言学论文二集》，北京师范大学出版社1992年版，第156—158页。
③ 杨藻清：《俞敏，我的心里仍然充满了你》，《文教资料》1997年第1期。
④ 周绍昌：《戏里戏外》，载周绍昌《苿苢集》，人民文学出版社2006年版，第327—332页。

学术问题。① 1948 年底，俞敏晋升为副教授。1950 年，燕大和北大合并后，他在北大语专任课。1952 年，在中国科学院语言研究所任副研究员。1953 年开始在北京师范大学工作。

在 1948 年到 1958 年期间，俞敏发表的论文主要有《汉语的"其"跟藏语的 gji》《汉藏韵轨》《古汉语里的俚俗语源》《古汉语里的连音变读（sandhi）现象》《论古韵合帖屑没曷五部之通转》《释蚯蚓名义兼辨朐忍二字形声》《什么叫一个词？》《汉语动词的形态》《语音和语法》《汉语的句子》等，专著有《语法和作文》（1955）和《名词、动词、形容词》（1957），并与陆宗达先生合著了《现代汉语语法》（1954）一书。

1958 年，俞敏被戴上了"右派分子"的帽子。当时，"不许教课，不许写文章，不许乱说乱动；只能劳动，只能'夹着尾巴'做人。从戴上右派分子帽子到文化大革命结束，一直做着清洁工一类的工作，如：扫厕所、掏大粪池、挑水、浇麦子、割麦子、扛粮食、做泥瓦小工、挖防空洞等。先生是北师大最后一批摘帽的右派分子，属于'顽固不化'这一类的"②。在此期间，虽然身处逆境，遭受极不公正的待遇，如游斗、挂牌、喷气式等，俞敏依然泰然自若，不仅安详如昔，而且或在锄草、间苗时，或在小息片刻时，不断以风趣的语言论古谈今，讲故事、说笑话、论方言、解俗语，来宽慰大家的情绪。③ 俞敏是围棋高手，十年浩劫期间不能写文章，不能上课，只能看《围棋》杂志④，后来与金宏达偷偷下棋，遭到举报后被隔离。美国总统尼克松要来访华，俞敏提出自己的顾虑："尼克松的随行人员中会不会有他当年燕京的同窗以后又跻身白宫政坛者，若是提出要见一见他这故人，如何是好？"⑤ 因此又被隔离。1975 年俞敏跟着学生下厂，说吕太后不能算是法家，马上又被隔离开来。⑥

处于逆境之中，俞敏也曾有过放弃生命的念头，他的夫人杨藻清女士回忆说："当他从牛棚放回到中文系六楼上打扫厕所时，日日复日日，看

---

① 谢纪锋：《俞敏先生传略》，《文教资料》2000 年第 3 期。
② 同上。
③ 黄会林：《力求新径 薪尽火传——悼俞敏师》，《文教资料》1997 年第 1 期。
④ 刘坚：《我所认识的俞叔迟先生》，载刘坚《人与文：忆几位师友论若干语言问题》，北京语言文化大学出版社 1998 年版，第 51—55 页。
⑤ 金宏达：《围棋·俞敏》，载金宏达《金顶恒久远——宏达随笔》，花城出版社 2011 年版，第 5—8 页。
⑥ 崔枢华：《授业恩师俞叔迟》，《文教资料》1997 年第 1 期。

不见家人，望不到前途。有一次他站在六楼窗口，眼前一片漆黑，对生活完全丧失了信心，下决心要从窗口往下跳，来个一了百了。当他正要这么做的时候，多少年前坐在台北市咖啡馆里、那个目瞪口呆的傻姑娘忽然出现眼前，动摇了他的决心，阻止了他的懦弱。"① 对妻子、对家人的爱使他坚持了下来，度过了人生最为艰难的阶段。

俞敏原本身体极为强健，在运动的折腾下，得了严重的心脏病，他曾说："我的心是大大地坏了。"② 1974 年心肌梗塞发作以后，他血压高，心脏常常疼痛。当时他的工作是在资料室刻钢板，所以能有机会每天去图书馆读"大正藏"，从而于 1979 年呕心沥血完成了《后汉三国梵汉对音谱》一文，并油印分送给学界同仁。③

"文革"后，俞敏于 1979 年被评为硕导，与陆宗达、萧璋两位先生同时招收研究生。在 1979—1981 年间，他亲自为研究生讲授广韵、古韵、马氏文通、毛诗、梵文、拉丁语等课程。1981 年秋天，俞敏的身体已由原先的敦实健壮甚至孔武有力变得动辄气喘、行动蹒跚了。那年的寒冬，他穿着臃肿的冬装，冒着刺骨的寒风，在简陋的地下室里，三字一停、两字一顿地给进修班讲音韵课。他的敬业精神让所有学生为之动容。④

1986 年，俞敏被评为博导。1987 年，他的"汉藏同源词稿"获得国家哲学社会科学"七五"规划项目资助，成果《汉藏同源字谱稿》获得了国家哲学社会科学"七五"规划项目一等奖。

1993 年冬，《中国大百科全书·语言文字卷》编委会筹备组负责人年已八旬的吕叔湘先生亲自登门邀请俞敏参加编写工作时，俞敏还担负着北师大中文系繁重的教学任务，但他仍慨然同意担任《语言文字卷》编委会委员、汉语音韵学分支学科主编，拟定了该学科的框架条目表，展开编委工作，不到一年时间，全组就写出了十余万字的条目，是《语言文字卷》最早完稿的分支学科之一。在编撰过程中，他一改自己的行文习惯，风趣地说："大百科的条目要穿大百科的制服，我也得穿。"⑤ 俞敏亲自

---

① 杨藻清：《俞敏，我的心里仍然充满了你》，《文教资料》1997 年第 1 期。
② 陆昕：《俞敏：老运动员》，载陆昕《祖父陆宗达及其师友》，人民文学出版社 2012 年版，第 202—206 页。
③ 杨藻清：《俞敏，我的心里仍然充满了你》，《文教资料》1997 年第 1 期。
④ 吴永坤：《对俞叔迟老师的回忆片段》，《文教资料》1997 年第 1 期。
⑤ 李鸿简：《在编写〈大百科全书〉的日子里》，《文教资料》1997 年第 1 期。

撰写了"汉语音韵学"、"等韵"、"古音"、"陆志韦"、"罗常培"等词条。

1995年7月2日,俞敏因心肌梗塞突发,抢救无效,不幸辞世,享年79岁。

1978年至1995年期间,俞敏著述丰富,发表了70余篇文章。代表性的文章有《后汉三国梵汉对音谱》《汉藏两族人和话同源探索》《汉藏同源字谱稿》《汉藏虚字比较研究》《汉藏联绵字比较》《古汉语派生新词的模式》《经传释词札记》《北京音系的成长和它受的周围影响》《方言区际的横向系联》等。

俞敏曾任国务院学位委员会第二届学科评议组(中国语言文学分组)成员、中国语言学会常务理事、中国音韵学研究会顾问、中国训诂学研究会顾问、北京师范大学学位委员会委员,又任《中国大百科全书·语言文字卷》编委、《汉语大词典》顾问。

第二章 学术精神和治学思想

俞敏一生忠于学术。他学贯中西，博古通今，无论是借鉴西方还是继承传统，都是为了更好地对汉语的现象作出解释。他之所以能够在语言学诸多领域取得傲人的成绩，是与他可贵的学术精神和富有特色的治学思想分不开的。

第一节　学术精神

一　敢于批判、力辟新径
（一）敢于批判

俞敏主张我们要善于打破权威，在继承前人研究的同时，要不受其束缚。在学术问题上要讲真话，不怕得罪人。如他在《后汉三国梵汉对音谱》中就多次犀利地指出当时音韵学研究中存在的一些问题：

> 咱们的语言学害了个"不治之症"：干什么都讲究用汉字作单位，忽视成段儿的话，所以这些现象常受轻视。
>
> 讲到上古音，好些位的拿手好戏还是"'k'字推上去，不动赢一钟"。看看后汉三国译音，这些位怕要出汗。我并不敢说自己是"发聋振聩"。[①]

该篇文章结尾，他又提出做学问不要依傍门户，要自己发掘新材料，

[①] 俞敏：《后汉三国梵汉对音谱》，载俞敏《俞敏语言学论文集》，商务印书馆1999年版，第1—62页。

创造新见解。

> 高本汉、赵元任……这些位的功绩是不可磨灭的,也没人想磨灭他们。问题是不能让他们限制住了,零修碎补。听说谭鑫培有一回演《打棍出箱》,一出场把鞋甩掉了一只。他赶紧作了个身段,让鞋落到头顶上。台下轰地一声叫好。从那儿以后,再想不掉鞋都不行了。后人没武功,只好伸手剥鞋。音韵学的叫天儿不少,等韵图就是那只鞋。我这个人讨人嫌的地方挺多。就有一条敢儿自信:既不迷信叫天儿,更不信鞋。①

其实俞敏的老师(陆志韦、高名凯、陆宗达、罗常培)都是学术界知名大家,但他从不依傍自己的老师。

在《等韵溯源》(1984)一文中他再次强调:

> 不把它(等韵书)的真面目亮出来,不把崇拜它的狂热动摇,音韵学研究一定要受束缚,缩手缩脚,走上经院化的路。我破这个偶像,并不想建立印度声明或是什么别的权威,当然更不想建立我自己的权威。我只想鼓动大家一齐解放思想,不作"套中人",齐心合力,推动音韵学研究跨进一步就是了。②

他将章太炎的《成均图》与梵文进行比较,明确指出《成均图》受梵文影响较深。

> 从梵文的格局出发来看汉语,免不了有些"削足适履"。这是一切语言学家都容易犯的毛病。马建忠根据拉丁、法文葛朗玛讲古汉语语法,王力用叶斯柏森就英语归出来的"词三品"说来讲现代汉语语法都沾这个气味。这里当然有个程度深浅的问题。太炎确实是程度

---

① 俞敏:《后汉三国梵汉对音谱》,载俞敏《俞敏语言学论文集》,商务印书馆1999年版,第1—62页。
② 俞敏:《等韵溯源》,《音韵学研究》1984年第1辑。

深的,从他的古音系统可以看出来。①

正当人们倡导宏扬国粹,大讲"六书"之时,俞敏发表了《六书献疑》(1979)一文,对"六书"提出了批评,在当时引起轩然大波。他赞同将"六书"作为常识性知识,但他对全民宗仰许氏"六书"的现象提出了尖锐的批评:

> 要是拿着这个当重点题,间接包含中文系学生都得"精研六书""宗仰许氏"这种主张——那我就只有一句话:"我反对"!要是再有人说学了六书能帮助学生学好古汉语,我就还有第二句话:"我不信"!②

在该文章中,他结合例子对"六书"理论进行了批评,明确指出:"六书里真够得上叫造字原则的只不过是象形、形声两条儿。再扩大点儿,加上会意,三条儿,顶天儿了。"③ 他明确指出自己的观点与唐兰的"三书"说大致相同,可见"书而有六"确实没有必要。之后,他又举出很多汉字无法用许慎"六书"来分析,"六书"似乎又太少了,最后指出了要动摇"六书"权威的根本原因:

> 六书说把他们的眼光训练狭隘了,可能成文字拼音化的阻力。这正是我为什么要摇动六书的权威的缘故。④

在具体语音研究中,俞敏对高本汉提出的 i、u 不能作主元音的观点进行了批评,对他的老师陆志韦先生的阴声韵收塞音尾的观点提出了异议,对李方桂一个韵部只有一个主元音的看法进行了反驳。他关于"六书"的论断也与老师陆宗达先生有所不同。

---

① 俞敏:《章太炎语言文字学里的梵文影响》,载俞敏《中国语文学论文选》,日本光生馆 1984 年版,第 247—253 页。
② 俞敏:《六书献疑》,载俞敏《俞敏语言学论文集》,黑龙江出版社 1989 年版,第 235—243 页。
③ 同上。
④ 同上。

这种批判的精神，就是真正学术的精神，科学的精神，这正是我们今人最要提倡的。就是因为俞敏具有勇于批判，不依傍门户，不服从权威的精神，才能够在语言学研究中力辟新径，不断精进。

（二）力辟新径

俞敏酷爱围棋，曾以围棋作喻阐释学问之道："死活易懂，大小难明。一块棋的死活就好像写文章选题目，一个题目能不能写出文章，一望可知。至于一着棋的大小，则是高层次、高境界的事，根本无法用一两句话来说明，这需要对围棋的理解。但有一点可以说，高手绝不走似大实小的着，而是走似小实大的着。这也与做学问的道理相同。"① 他不喜欢编教材或学术史，认为"写通论一类的事，就像对弈时走了一着似大实小的棋，你想想看，一部几十万字或上百万字的书，怎么就句句都是你自己的话呢？势必要讲一些尽人皆知的常识，费了那么大力气，却不得不重复别人说过的话，自己的话淹没在别人的话之中，这不是似大实小吗？反过来，写单篇文章，才是实打实自己的见解，才是自己的研究成果，也就是对弈时走一着似小实大的棋"②。他只希望自己的创作都具有独创性，属于自己的研究成果，而不是大量重复别人的研究。俞敏学术眼光敏锐、学术见解超前，几乎每篇文章都是精心思考的，"他的文章有叫人吃惊的东西，有'人人笔下无'的见解"③。他在语言学研究的各个领域都有自己的创见。

例如，汉藏比较研究中，俞敏主张应从汉藏语自身特点出发去探索新的研究方法。他指出："汉藏比较语言学出现在印欧比较语言学后头，理论、方法都免不了受印欧学影响。另一方面，处理的材料不一样，总也要有自己的创新。"④ 他扩大了汉藏比较的研究范围，指出汉语和藏语的词头（m—）、构词法、词序、句法等都可以进行比较研究，并首次指出历史比较法存在循环论证的问题，将语言和社会文化相结合来证明汉藏同源，丰富了历史比较语言学。

---

① 谢纪锋：《道德文章 万人师表》，《文教资料》1997 年第 1 期。
② 同上。
③ 刘广和：《〈俞敏语言学论文二集〉前言》，载俞敏《俞敏语言学论文二集》，北京师范大学出版社 1992 年版，第 1—2 页。
④ 俞敏：《汉藏两族人和话同源探索》，《北京师范大学学报》（社会科学版）1980 年第 1 期。

又如，俞敏的《后汉三国梵汉对音谱》一文首次利用梵汉对音材料构拟了一个完整的后汉音系，摆脱了由中古音上推的构拟方式，为上古音系构拟提供了新的研究思路。在音值构拟方面，他对坚持上古同一个韵部只有一个主元音的观点进行了批评，认为该部分学者死守押韵，应该活活脑筋。他通过梵汉对音方法对后汉时期的韵部进行了考察，提出大部分韵部只存在一个主元音，但个别韵部可以存在一个以上的主元音。如他整理出的后汉三国时期的韵母体系中，"歌（al）、鱼（a）、盍（ab）、元（an）、谆（un）、清（iŋ）、队（ud/us）、泰（ad/as）"等韵是一个韵部存在一个主元音，而"缉甲（ib）、缉乙（ub/ob）、侵甲（im）、侵乙（um/om）"等韵则是一个韵部存在两个主元音。郑张尚芳（2003）赞同俞敏的观点，也认为一个韵部可以不止一个主元音。他提出30韵部中"一部一元音"的规则只适用于收喉各部（含开尾韵），收舌、收唇各部则皆含两个或三个元音。[①]

再如，20世纪50年代，语法学界对汉语句子的划分主要遵从西方的主谓二分法，但该种方法在分析汉语句子时存在大量无法作出合理解释的现象。针对该种研究现状，俞敏提出："要是一个语法学家没有先入为主的成见，他就能同意：与其用哲学的空话或是别的民族语言的句型作出发点来研究汉语的句子结构，还不如从这种汉语的材料本身表现出来的线索着手好。"[②] 他在研究中对现代汉语的句子进行了客观的分析，主张汉语句子应采用四分法：时间、线索、事件和空间。他明确提出汉语研究应尽量避免西方语言学先入为主的观念，从汉语事实出发才能够揭示出汉语自身的特点及规律，然后提炼出适合汉语自身的理论和方法。这对中国语言学的发展具有重要的实践意义。

二 勤勉踏实、治学严谨

（一）勤勉踏实

俞敏在自述中强调勤奋是成材的基础：

[①] 郑张尚芳：《上古音系》，上海教育出版社2003年版，第57页。
[②] 俞敏：《汉语的句子》，载俞敏《俞敏语言学论文集》，商务印书馆1999年版，第363—374页。

> 我一生有很多坎坷，而且生活一直清贫。但是我有我的财富。那便是不用花钱的图书馆、爱思索的头脑和两只特别灵敏的耳朵，还有，便是人民大众的语言。年复一年，我已经老了。图书馆虽越来越好，但我的腿不听使唤，它走不动了。我的头脑也慢慢地不灵了，耳朵也在退化。我知道这是生命的必然，并不悲观。我寄希望于后来者。不管哪行哪业，没有勤奋这一基础，就别想成材。①

前文提及俞敏的求学经历非常坎坷。自中学开始，他就一直坚持到图书馆读书，到了大学依然坚持读书学习。晚年他的足跟生了骨刺，几乎难以行走，但由于他的藏书多已散失，所以"他拄着拐杖，慢慢地有时几乎是一步一挪地向图书馆的方向走，但脸上的神情总是那么从容、沉静和自信"②。

由于勤奋好学，所以他掌握了扎实的音韵、文字、训诂等传统语言学知识，并精通九经三传之文，而且还精通英语、德语、法语、梵语、拉丁语、藏语，能用俄文进行笔译，并熟读勃鲁格曼（Karl Brugmann）、哈里斯（Z. S. Harris）、齐匍匐（George K. Zipf）、叶斯柏森（Otto Jespersen）、布龙菲尔德（Leonard Bloomfield）、施来歇尔（August Schleicher）、索绪尔（Ferdinand de Saussure）等国外知名语言学家的著作，进而形成了他独特而开阔的学术视野。

他在《经传释词札记·序》中提到，该书的完成并非一蹴而就的，而是经过多年不间断的勤奋研究积累而致。

> 余自弱冠从师，盛耳王氏《释词》之名。求其书而稍涉猎之，每诧其立论之新，为之低徊。顾于经传子史未闲，颇苦其佶屈。是以翻检虽勤，而通读时少，且往往中辍：则谓之未尝肄业焉可也。
>
> 后转而习印欧语，兼治方言。心念所注，未尝暂舍经传。浏览渐广，时有会心。往岁草论"其"字、"所"字、论《诗》"薄言"诸文，刊布海内，当有知音。果有一二可取，皆由博观，益以深思。尤

---

① 俞敏：《俞敏》，载国务院学位委员会办公室编《中国社会科学家自述》，上海教育出版社1997年版，第650—651页。
② 陆昕：《俞敏：老运动员》，载陆昕《祖父陆宗达及其师友》，人民文学出版社2012年版，第202—206页。

以得《诗》、《书》及《春秋左氏内、外传》之力为多。譬诸酿酒，积黍为先，余亦非仓卒间所可就。郁而宿之、趣蘗施功，醇醴生焉。其为物也，纯任自然，不尚悬断，亦忌强就。环观宇内，知余者盖仅，同余者希之希矣。①

俞敏主张为学要勤奋扎实，学无止境，而不能自满。

庄生有言："生也有涯，知也无涯。"学譬犹火矣，待薪而扬。世之学人譬犹薪矣，为焰而销。吾见火之日炎炎矣，未尝见不销之薪也。各尽其材，使火日盛，固所愿也。夫在冶而踊跃，犹为不祥之金，乌得求为不灰之木哉！海宁范西屏，清雍乾间善弈者也。其自序《桃花泉》有云："勋生今之世，为今之弈。后此者安知其不愈出愈奇，用以覆酱瓿耶？"善哉！艺也而幾乎道矣！②

俞敏先生先后开了3次梵文课，第一遍是教刘广和、谢纪锋、施向东和聂鸿音（尉迟治平旁听），第二遍教张富平和储泰松，第三遍教崔枢华。虽然俞敏先生上大学时跟一位德国老师学了梵文，后来又跟一位印度婆罗门学，还利用梵汉对音写过长篇论文，梵语知识非常扎实，但是每一遍讲课他都天天拿着梵文教科书认真备课。③

当他的学生施向东的《玄奘译著中的梵汉对音和唐初中原方音》一文发表后，张琨称赞了该文，学生飘飘然时，俞敏先生严肃地说："为学必须不图虚名，扎扎实实，才可望进步。"④

北京师范大学天文系教授何香涛对俞敏特别崇拜，认为他做事下真功夫，踏踏实实。他曾经这样评价俞敏：

我对一些老先生特别崇拜，举个例子，中文系有个老师叫俞敏，他是全校最后一个摘掉右派的帽子的。当然他已经过世了。他是陆宗达的学生。"文化大革命"期间，我跟他有些接触，他也喜欢围棋。

---

① 俞敏：《经传释词札记·序》，湖南教育出版社1987年版，第1—2页。
② 俞敏：《古四声平议》，《训诂研究》1981年第1辑。
③ 刘广和：《痛悼叔迟师》，《文教资料》1997年第1期。
④ 施向东：《黾勉治学 不务虚名》，《文教资料》1997年第1期。

有些英语问题我问他，他能从源头上讲得非常清楚。我跟他下棋的时候，他儿子学德语，读不出来，弄错了，他下着棋就能指出来。他跟我讲，他在日本，用日文给日本人讲日本的历史。你看他会英语、德语、日语，但他最好的语种还是梵文。并且这些语言还不是他的专业，他的专业是语音学。他一生不得志，从五几年开始当右派，在"文化大革命"以后才摘帽子，这是很少的。一生不得志，但是真下功夫。和他相处，的确令我受益匪浅。[①]

(二) 治学严谨

俞敏治学极为严谨。这种严谨主要体现在两个方面：一是有一分材料就说一分话，二是尊重前人的研究成果。

1. 有一分材料就说一分话

他的每一篇文章都对所要研究的材料进行周密的考证，精心鉴别，对所要作出的结论从来不臆测、不妄断。他坚持有一分材料就说一分话，凭材料说话，决不搞空架子。

在《后汉三国梵汉对音谱》一文中，他对所要研究的梵汉对音材料进行了全面而谨慎的考证后，才对这些材料进行分析研究，这样得出的结论才能具有真正的价值。在该篇文章中，他分析了后汉三国时期20多位经师译的经和律，搜集了500多个音节，可谓材料丰富，但他在描写音值的时候，却惜墨如金。如"精"、"清"、"从"、"床"四个声母在对音中没有找到证据，仅是推断可能存在，所以他将该四母置于括号之中，以表示出与其他音是不同的。可见，他并不主观随意地去拟测音值。再如，在韵母方面，他也只是整理出了梵汉对音材料所体现的音，对音中没有的则阙疑。又如，在声调研究方面，他只是对三个声调的情况进行了描述，并没有牵强地去描述第四个声调以求系统的完整，进一步增强了这种研究方法的科学性和价值。

在《汉藏同源字谱稿》中，他将汉语古韵部与藏语韵类进行了全面的比较，并以藏语为线索来看汉语的古音轮廓。虽然他搜集了近600对汉藏同源字，但他认为声母比较复杂，材料仍是不够充分，所以仅指出了声

[①] 杜云英、刘艳萍:《"重视教育 重视师范"——访北京师范大学天文系何香涛教授》，载周作宇主编《人文的路线》，北京师范大学出版社2008年版，第94—117页。

母方面的一些特点,如存在前缀、后缀等。

2. 尊重前人成果

俞敏善于将现代的科学方法同乾嘉学派的朴学学风结合,合理地利用前人的可信成果,并将其作为进一步研究的起点。也就是说,他坚持力辟新径是在尊重前人研究成果的基础上进行的,这是他治学严谨的一个重要表现。

例如,俞敏利用梵汉对音作出的后汉三国时期的韵部与章炳麟、黄侃的结论相近。他说:"章黄不愧是乾嘉学派的精华浇灌出来的'奇葩'。他们虽然用弓箭射,可比戴着折光的眼镜片,掌握着现代步枪瞄准的人,打的离靶心还近哪!"① 可见,他对章黄学派极为尊重,对传统的研究成果在继承中创新。

再如,俞敏在《古四声平议》(1981)之中的观点与清代江有诰的"古有四声"的主张是相同的,不同之处在于江氏"未能言其多寡及其消长之故也"②。在方法上"余于治经,功力至弱,又拙于文辞。请以算对"③。他利用统计的方法对一些古文献进行了分析,结果见表2.1。

表 2.1　　　　　俞敏抽样统计的四声比例表　　　　单位:%

文献作品	平	上	去	入
《易·上经》	44	21	17	18
《大盂鼎》	41	19	19	21
《颜氏家训·慕贤》	44	23	18	15
《洛诰》(谢纪锋统计)	46	22	15	17
《二南》(刘广和统计)	51	24	11	14
《学而》《为政》《八佾》(施向东统计)	39	28	16	18
《礼·檀弓上》(聂鸿音统计)	42	28	14	16

对于《二南》中平声过多的现象,他解释为是因为"兮"字出现次

---

① 俞敏:《后汉三国梵汉对音谱》,载俞敏《俞敏语言学论文集》,商务印书馆1999年版,第1—62页。

② 俞敏:《古四声平议》,《训诂研究》1981年第1辑。

③ 同上。

数过多所致；对于《学而》《为政》《八佾》《礼·檀弓上》等篇中上声偏多的情况，他解释为"孔子"、"子"出现频率过多使然。

又如，《经传释词》是一部解释儒家经典虚词之书，俞敏几乎逐条对《经传释词》进行了研究，他在《经传释词札记·序》中首先肯定了《经传释词》的历史地位，然后指出了该书存在的不足之处。

> 王氏得失，可得而言。夫其创通新义，使先秦书传句读明晰，词气畅顺：信能度越汉师，追蹑游夏。其病则或失之贪。旧说自不误，而勉求胜之，于是辞不径直而有枝蔓。或先改旧文以证成己说，而后云"俗本有误"。亦或多引实词以就己范，语亦不得不缭绕。复有失之横者：自信过深，臆断经字为"后人妄改"；验以三体石经诸物，今本不误：则其说可不作也。先哲有言："真理持之过当，即为谬误。"惜其未闻此论也！①

他的《经传释词札记》运用藏语语法、梵文和拉丁语的语法、现代语音学知识和北京口语及各地方言"准确地匡正了《经传释词》中的偏颇、疵误之处，对其中的'与'、'目'、'以'、'已'、'犹'等106个文言词重新进行了诠释，对有关词的309种用法提出了自己独到的见解"②。

三　尊师重学、奖掖后学

（一）尊师重学

俞敏特别尊敬自己的老师，他曾在自述中提到：

> 我在古汉语音韵、汉藏语比较、汉语语法等方面都作出了一点儿成果。回想起来这些研究工作的基础是在大学时代打下的。这里面有老师的辛勤和我自己的辛勤。老师们的智慧是通过他们的辛勤换来的，我用我自己的辛勤接受和消化老师们的智慧，通过阅读来开拓视

---

① 俞敏：《经传释词札记·序》，湖南教育出版社1987年版，第1—2页。
② 邹蕴璋：《经传释词札记》，载中国出版工作者协会、中国出版发行科学研究所编《中国出版年鉴1988》，中国书籍出版社1989年版，第461页。

野，明晰思路。①

他认为自己所取得的成就是与老师们的智慧分不开的，但若尊敬老师只恪守师教而不越雷池一步的话，学术就无从发展了，"'吾爱吾师，吾尤爱真理'。俞敏先生可谓'庶几近之'了"②。

1. 陆宗达先生

俞敏早年跟从陆宗达先生学习《说文解字》，是陆先生的磕头弟子。俞敏是陆先生年龄最大的学生。他与陆先生虽称师生，但感情实为师友之谊。他常对陆先生的一些学术观点阐发新义或提出质疑，陆先生对此非常高兴，并且还不止一次地在学生面前说"俞敏的耳音比我好，学语言有天分，又刻苦，很有成绩"。"他这是自成一路。"③

俞敏也很尊敬陆先生，有时会从北京市的北头走到南头，到前青厂52号去看望陆先生。俞敏（1982）对陆先生的尊师之道极为敬佩：

> 黄先生《说文》极熟。因此他曾经整理研究过《说文》说解用语，所以能用整句的《说文》说解原句来达意。颖明先生也能照这个样子对答。比方在让雨濯了以后，就可用"濡"字说解原句"濡上及下也"来描写。这样的话在外行人听起来好像外国话一样。这当然不是为保密，只不过是"熟极而流"罢了。也当然一点儿炫耀的意思也没有。炫耀的人大概是有点儿什么可不多的。那可不是能唤起人们"其弟子如此，其师可知"的感情的，除非是反话。
>
> 这种尊师，真好像佛教的"五体投地"。这里没有杂念。投的不是"资"，也不是"机"，是虚心皈依的"五体"。这才是尊师上乘！④

2. 陆志韦先生

---

① 俞敏：《俞敏》，载国务院学位委员会办公室编《中国社会科学家自述》，上海教育出版社 1997 年版，第 650—651 页。
② 刘坚：《我所认识的俞叔迟先生》，载刘坚《人与文：忆几位师友论若干语言问题》，北京语言文化大学出版社 1998 年版，第 51—55 页。
③ 陆昕：《俞敏：老运动员》，载陆昕《祖父陆宗达及其师友》，人民文学出版社 2012 年版，第 202—206 页。
④ 俞敏：《"尊师之道"》，《师大周报》1988 年 1 月 29 日。

1940年，俞敏考入燕京学院，成为陆志韦先生的音韵学研究生。他在《〈陆志韦语言学著作集〉前言》中回忆了当初入学时陆先生帮他解决困境的情况：

> 他知道我在中学里教书，就提醒我说：照规矩助学金只给不拿工资的人。我听了以后就一愣：我上有老母，下有弱妹，一家儿三张嘴呢！这笔助学金别看还不算薄，可怎么也顾不上来呀！先生看出我为难来了，就给我出了个主意：暂且休学一年，看明年经济情况能好转不能再作决定。我马上同意了，可自己知道眼圈湿了。……因为我头一回遇见这样儿的人。提起我拿不着助学金的时候，他比我还着急、惋惜；出起主意来他比我还想得周到。他图什么呢？小时候儿念《孟子》，念过"思天下有饥者，由己饥之"。长大了光在大夫的匾上看见过这种字眼儿。活人么，没见过。这一次我算开了眼界了，真见着有这种品行的真人儿了。从那以后，我认准了先生是位"婆心"的大人物。①

1946年，燕京大学复校，陆先生给俞敏写信希望他能从台北返回北京。1947年秋，俞敏夫妇回到北京，当时生活很困顿，衣服、被子和煤都非常贫乏，陆先生给予了很多帮助。俞敏住在佟府时，陆先生还常去他家做客。②

在学术观点上，俞敏辩证地看待陆先生的研究，而非盲目依从。例如，陆先生提出的重纽现象和全浊不送气的观点，他利用梵汉对音证据证实了陆先生的观点，并指出陆先生并不排斥对音材料。"我用梵音给先生作疏证决不违反先生的意愿——本来我学梵文还是奉先生之命学的哪！"③

陆先生曾利用统计的方法来量化处理音韵资料。该方法在当时引起争议，俞敏对此方法持肯定态度，认为是值得提倡的：

---

① 俞敏：《〈陆志韦语言学著作集〉前言》，载陆志韦《陆志韦语言学著作集（一）》，中华书局1985年版，第1—9页。
② 杨藻清：《俞敏》，载燕京研究院编《燕京大学人物志第二辑》，北京大学出版社2002年版，第230—231页。
③ 俞敏：《〈陆志韦语言学著作集〉前言》，载陆志韦《陆志韦语言学著作集（一）》，中华书局1985年版，第1—9页。

在讲《诗经》音的时候，先生除了免不了也摆摆七巧板以外，还参用些心理学的方法：概率、统计。这也曾引起过议论。别管把语言算人的行为，还是算社会现象，统计方法都是适用的。就方法论方法，可以说完全合用，"无可非议"。至于有人说作出来的结果不大有说服力，那可抱怨不着统计方法。①

他在语言研究中也继承了陆先生的研究方法，多次利用统计法对语言现象进行量化研究。如对"古四声"和北京话音位出现的频率等进行了统计研究。

关于学术界针对陆先生将古音阴声全都构拟为闭音节的异议，俞敏利用梵汉对音材料证明阴声韵全拟为闭音节确实是不可取的：

这么看起来，先生这次是吃了信高本汉的推理这个亏了。结果弄得古音一个开音节也没有。刚造五十音图的日语大概是几乎没有闭音节的。全用闭音节的语言世上找不出实例来。

我能拿出来的证据只到后汉。不过我要提醒讲《诗经》音的各位：咱们念的《诗经》也不过是汉末三国初郑玄和王肃的本子。宗周钟那样的西周铜器用韵并不按韵谱押。陈寿祺《左海文集·与王伯申詹事论古韵书》说得好："不知所谓古音在某部者，诚三代之韵书乎，抑亦一家之言乎？"先生平常眼光最敏锐。这一次偏受了"不极成"推理的蒙蔽。这叫"君子可欺以其方"。②

陆先生的著作《北京话单音词词汇》出版后，俞敏首先指出陆先生的研究具有开创性。然后他根据自己的研究指出了陆先生的著作存在三个问题：第一是看法上，他不赞同陆先生"汉语的基本资料是单音词"的观点，提出"天底下所有的话的基本资料都是单音缀词，那个单音缀语很多音缀语的分别根本是不科学的"③。第二是方法上，关于陆先生用同

---

① 俞敏：《〈陆志韦语言学著作集〉前言》，载陆志韦《陆志韦语言学著作集（一）》，中华书局1985年版，第1—9页。
② 同上。
③ 俞敏：《评〈北京话单音词词汇〉》，载俞敏《俞敏语言学论文集》，黑龙江人民出版社1989年版，第107—111页。

形代替式求一个东西是不是词的方法，俞敏指出应该加上一个先决条件："代替的最小单位必得是个能独立作一回表达的。"① 第三是拼音的方式，他指出陆先生将"基"、"欺"、"希"三种声音的词分成尖团两类并不能减少同音的机会。

3. 罗常培先生

俞敏在北大读书期间，罗常培先生教授语音学，他非常欣赏俞敏在语言学方面的天赋。罗先生在昆明时曾经感叹："可惜俞敏没有来云南。"② 俞敏曾在《学习莘田师》一文中提及当年是因罗先生的一番话而下定决心加入到了语言学研究的队伍当中。罗先生当时对他说：

> 你家里真要想让你飞黄腾达，那就没法子了。要只不过想过个普通的生活，那倒也为不了大难。作学问刚迈进门儿一条腿，再往回拔，真有点儿可惜你这块材料儿了。③

俞敏高度评价了罗先生在学术上"不断精进"的精神：

> 从现在回头看看罗先生在学术上走的路，就更明白了。一上来他因为不满意清朝学者单纯分类的研究法，进一步上"域外"去求，吸收高本汉他们的拟音研究法。后来因为这一批学者忽略了几种极重要的方言，就吸收他们研究现代方言的办法研究厦门、临川、皖南音系。后来因为书面上还有极重要的材料，就去研究梵汉、藏汉对音。后来又因为单纯依据韵书不够全面，就去研究汉魏六朝诗文。后来因为单纯把研究领域限制到汉语里收不着互相映衬的效果，就又研究汉藏泰系民族语言；用广东音乐的牌子来形容，真可以叫"步步高"了。④

该文章结尾，俞敏以大星为喻，形象地道出了罗先生在语言学领域的

---

① 俞敏：《评〈北京话单音词汇〉》，载俞敏《俞敏语言学论文集》，黑龙江人民出版社1989年版，第107—111页。
② 周定一：《纪念俞敏兄》，《文教资料》1997年第1期。
③ 俞敏：《学习莘田师》，《语文知识丛刊》1983年第6辑。
④ 同上。

影响力。

　　罗先生人离开了,您在学术史这条银河里的光芒是永不熄灭的。现在我们这些在语言学里辛勤工作着的人也是受了这大星引力的吸引,绕着大星转,也放出微微的光。但愿我们也能吸引些小块来参加这个发光的行列,向大星右旋顶礼,也继续往下发光。我想引用先秦人的一句话来表达我的心情,来作这篇小文章的结尾:"指穷于为薪,火传也。"①

　　罗先生的著作《语言与文化》(1950)出版后,俞敏(1950)在书评中指出罗先生搜集材料非常不易,在表述中能够深入浅出,显示出了罗先生不凡的学术造诣。他还对罗先生的研究做了几点补充:

　　我觉乎着有几个地方儿该补充几句预防流弊的话。1. 在第一章后头该加上一段儿话,a. 说明用某一种话里没某一个字证明他没某一种东西是个危险的事儿。比方照马尔学派说有一种话里管"手","石头","铁",都叫"手",可以看出来工具的进化,可是要有人根据这个话就说那种民族还没进到石器时代的文化,可就胡说了。b. 说明用某一种话里有某一个字证明他们有某一种东西也得极小心,……2. 在第二章后头该补上几句话,说明有时候儿从造词的法子也看不出文化程度来……3. 在第七章后头补几句说明用亲属称谓讲婚姻制度是好事儿,用他"推测"婚姻制度是胡来。②

(二)奖掖后学

　　1979年,俞敏先生开始招收硕士研究生。俞敏先生亲自为研究生讲授广韵、马氏文通、毛诗、梵文、拉丁语等课程,并指定历史比较语言学的经典著作作为必读书目,还让他们精读《诗经》《史记》《广韵》《马氏文通》,而且每次批改学生的作业都极为认真,并以朱笔批示。③ 进入

---

① 俞敏:《学习莘田师》,《语文知识丛刊》1983年第6辑。
② 俞敏:《评〈语言与文化〉》,载俞敏《俞敏语言学论文集》,黑龙江人民出版社1989年版,第86—88页。
③ 施向东:《黾勉治学 不务虚名》,《文教资料》1997年第1期。

论文写作阶段时，他认真审查每一个学生的论文资料，逐张仔细地检查每个学生的所有卡片（每个学生都有500—700张卡片）。初审之后，学生修改之后他再仔细审阅，然后才让学生撰写论文提纲和论文，俞敏先生再反复修改，最后定稿。① 1993年夏天，俞敏先生将崔枢华破格招为博士研究生，1994年寒假开学后，每周二便给崔枢华上梵文课，一年后又增加了梵文阅读材料。当时俞敏先生头发灰白稀疏，背微有些驼，两条腿也越来越不吃劲儿，视力也出现了问题，散光加上老花。所幸他的听力一直很好，而且思路开阔，思维敏捷。在身体状况已经如此差的情况下，他仍坚持备课上课，就这样给崔枢华上了3个学期的课，直到1995年6月13日课才结束。②

俞敏先生非常尊重学生的劳动成果。他说："过去的师徒关系是极不公平、极不合理的，师傅教出徒弟，师傅就有权利一辈子吃徒弟，徒弟也有义务一辈子为师傅效力。这种陋习，我坚决反对。""我不能利用学生的劳动造就自己的科研成果，我不能做踏在学生肩膀上的巨人。"③ 所以，他从不让学生帮自己的科研项目做基础的资料整理工作。

他从来不抹杀或忽略学生的劳动。他于20世纪50年代撰写的《名词、动词、形容词》一书，到了80年代要在原来基础上扩充1到2万字，学生谢纪锋帮助增加了一些例子，但基本观点都保持不变，俞敏先生在后记中说谢纪锋出力比自己要多。④

学生施向东完成了《〈史记〉中的韵语》一文，俞敏先生看后大加鼓励，并向中国音韵学会推荐，最终该文被收入了《音韵学研究》第1辑。施向东的毕业论文《玄奘译著中的梵汉对音和唐初中原方音》中关于平声、上声调值的描述与俞敏先生的观点不同，对此，俞敏先生非常宽容，仅是要求学生反复核对资料，确认无误后，便将该文推荐给吕叔湘先生，使得该篇文章能够在《语言研究》发表。之后，在俞敏先生的推荐下，该文获得了王力语言学奖。

俞敏先生对有才气的后辈同样提拔，处事极为公允。例如，1985年他担任王力语言学奖评审工作的评委时，非常欣赏鲁国尧的《元遗山诗

---

① 谢纪锋：《道德文章 万人师表》，《文教资料》1997年第1期。
② 崔枢华：《授业恩师俞叔迟》，《文教资料》1997年第1期。
③ 谢纪锋：《道德文章 万人师表》，《文教资料》1997年第1期。
④ 同上。

词用韵考》一文，并力荐其获得首届王力语言学奖。1986年，见到鲁国尧时，他却只字未提该事，可见其毫无私心。1988年，俞敏先生担任《中国语言学报》第4期主编时，亲自对鲁国尧一篇4万字的文章《论宋词韵及其与金元词韵的比较》进行了认真的修改，该文最终发表在《中国语言学报》上。①

第二节 治学思想

俞敏在研究中将"现代语言科学的理论和语言史的事实结合起来，把汉语史放在各种语言的发展史的大背景下来理解，跳出传统语言学的局限，以求新知"②。他在继承传统语言学精髓的同时，善于借鉴国外各种语言学理论和方法，力辟新径，形成了自己独特的治学思想。

一 重视比较研究

俞敏之所以能够在学术研究上不断取得精进的成就，除了纯熟地掌握丰富的语言材料外，更重要的是运用了非常科学的方法。综观俞敏的所有著述，我们可以发现，他运用得最多的就是比较法，比较的思想贯穿于他语言学研究的始终。

俞敏的《汉语的"其"跟藏语的gji》一文是我国第一篇利用汉藏比较来研究古汉语虚词的文章，他将古汉语"其"和藏语gji的用法进行了全面的比较，之后，他又对汉藏30来对虚词进行了比较研究，为古汉语虚词的解释提供新途径的同时，也证实了古汉语与藏语的密切关系。1989年，他又对汉藏600来对同源词进行了大规模的比较研究，在证实汉藏同源的同时，还首次利用汉藏比较构拟了古汉语的韵母体系。

他的《后汉三国梵汉对音谱》一文利用梵汉对音材料构拟出了后汉三国时期的音系。之后，他又对悉昙与等韵进行了全面的比较，明确指出"等韵是悉昙的仿制品，太皮毛地忠实的仿制品"③。从而对等韵与悉昙的关系作出了全新的阐释。他（1984）将章太炎拟定的诗经音系与梵文进

---

① 鲁国尧：《"学术者，天下之公器"——缅怀俞敏先生》，《文教资料》1997年第1期。
② 施向东：《黾勉治学 不务虚名》，《文教资料》1997年第1期。
③ 俞敏：《等韵溯源》，《音韵学研究》1984年第1辑。

行了系统的比较，指出章氏的音系深受梵语的影响。如在古声纽方面，俞敏指出：

> 在古声纽的拟测这个问题上，他的《古双声说》里有更新奇的议论："百音之极，必返喉牙。喑者虽不能语，犹有喉牙八纽……故喉牙者，生人之元音……然音或有绝异，世不能通，撢钩元始，喉牙足以衍百音，百音亦终辄复喉牙……"这就认为喉牙音是派生一切别的音的"原始音"，可就有点儿怪了。……咱们是想指出来他偏重喉牙音是受梵文影响的。
>
> 梵文有个√duh，当"挤牛奶"讲。派生出来 dugha 当"正在挤奶"讲，dughā 当"奶牛"讲：这是 h > gh，√muh 当"误（人子弟）"讲，mugdha 当"失误"讲，mūḍha 当"神智错乱"讲：这是 h〉dh。√grah（也作 grabh）当"捕捉"讲，grabha 当"占有物"讲：这是 h〉bh。从 pratiduh "鲜奶" 变成 pratidhuṣas 是 h〉ṣ。这就是说，h 可以"舒为牙、舌、唇、齿"了。梵文的 k 也可以有类似的情形。我个人的看法是：章先生深受梵文的模式影响，才特别侧重喉牙音。①

俞敏指出章氏的元音部分（声势）也是全盘比照梵文定的，最后评价章氏的研究为"'考古功多，释言功浅，其失在过信梵文，持为淳枭'。不过'筚路褴褛之功不可没也'"②。

在古代汉语语法研究中，他的《经传释词札记》（1987）一书对清王引之《经传释词》中的虚词进行了系统的研究，利用了藏语、梵文、拉丁语、英语、北京口语和各地方言的语法现象对古汉语的虚词进行了研究，揭示古汉语虚词的特点。他对自己在古汉语虚词研究方法上的地位作了恰如其分的评价："蚕从吃桑叶到作茧，中间要脱三回皮。从蒙昧到《释词》是脱第一回。从《释词》到《文通》是第二回。我这本小书引用的旁证稍微扩大了一些，也开始利用了一些藏文资料。这是继承并且改

---

① 俞敏：《章太炎语言文字学里的梵文影响》，载俞敏《中国语文学论文选》，日本光生馆1984年版，第247—253页。

② 同上。

进了第二波的工作，想开创第三批工作。我愿意作个前驱。第三批的主将准是一位印欧语比我熟的，粘着语跟高度综合语材料熟的，藏文精通，古汉语跟现代方言工夫深的好手。"①

在现代汉语语法研究中，他以北京话为主，同时用四种方言（客家话、粤方言、闽方言、吴方言）进行比较，用古汉语进行比较，用外语进行比较。所以他的语法研究可以称得上是比较语法研究。② 他介绍北京话"热得要命、吃得真饱"时，就指出客家话把"热得要命"说成"热到会死"，厦门话把"吃得真饱"说成"食及真饱"，通过与客家话、闽方言的比较，将北京话的"得"解释得特别清楚。

他在解释北京话中的"晒太阳"时，利用古汉语、藏语和方言进行比较。他首先指出古汉语中"见王"＝"见于王"，"告王"＝"告于王"，"战城南"＝"战于城南"，都是两种结构表达同一种意思。然后，他指出了藏语也有这种现象。

> 同系的话里藏语也有这个现象。比方"打我"可以说成 ŋa rduŋs-kidug，也可以说 ŋala rduŋs - kidug，la 正是"于"字儿。大概最古的汉语是用"Loc ＋ 于 ＋ Phen"这个次序的，正跟藏语一样，"见王"该说"见于王"。这种句型存在《左传》的"室于怒而市于色"，诗经的"谢于诚归"，跟墨子引武观的"野于饮食"这些话里。后来"于"字儿常常磨掉了，就成了"肉食"这种句型。到后来才有"食肉"这种次序。③

最后他得出结论，"晒太阳"就是"晒于日"的意思，在厦门话中说成"暴日"。

二　将语言与社会文化相结合进行研究

针对学界偏重于研究方言语音、词汇和语法特点的情况，罗常培在

---

① 俞敏：《经传释词札记·后记》，湖南教育出版社 1987 年版，第 190—192 页。
② 谢纪锋：《俞敏先生语法研究成就简评》，《贵州大学学报》（社会科学版）2002 年第 2 期。
③ 俞敏：《什么叫一个词？》，载俞敏《俞敏语言学论文集》，黑龙江人民出版社 1989 年版，第 89—106 页。

20世纪50年代就明确提出："语言学的研究万不能抱残守缺地局限在语言本身的资料以内，必须要扩大研究范围，让语言现象跟其他社会现象和意识联系起来，才能格外发挥语言的功能，阐扬语言学的原理。"① 他的《语言与文化》一书有意识地、系统地用利用词汇、借字、地名、姓氏别号等来研究语言与文化等的关系，被称为中国文化语言学的"开山之作"。遗憾的是，在很长一段时期内，罗先生的主张并未引起学界的关注。

直到20世纪80年代，俞敏继承了罗先生的研究思路，将语言内部研究与外部因素结合起来进行研究，摆脱就语言而研究语言的局限。在汉藏比较研究中，他的《汉藏两族人和话同源探索》（1980）一文利用中国古文献史料为汉藏同源的证明提供了新的途径，并摆脱了历史比较法中的循环论证现象。"要是咱们能用史料证明汉、藏两族原是从一个母系氏族派生出来的，语言同源就得到坚如磐石的根据了。"② "上古史料反而可以倒过来给比较语言学提供语言亲缘的证据。这个方法简直是创新。"③

在方言研究方面，俞敏结合北京人口的迁移史，对现代北京话清入派归四声的现象作出了合理的解释。他指出前人的研究之所以未能切中要害，"缘故是只研究语言，忘了研究说这种语言的人的历史。这么办当然收不着好效果。这里头扯着四个地方，三个民族呢"！④ 他在《北京音系的成长和它受的周围影响》一文中指出北京音系是受了周围方言及不同时期移民的影响而形成现在的面貌，在《现代北京话和元大都话》一文中他通过对移民史的研究和现代北京话与中原音韵的比较，指出现代北京不是元大都话的后代，在《现代北京人不能说是元大都人的后代》一文中他更加详细地论证了现代北京人也不是元大都人的后代，在《中州音韵保存在山东海边儿上》一文中他提出中州音韵保留在山东海边儿上，在《驻防旗人和方言的儿化韵》一文中他根据旗人驻防的情况对各地方言的儿化韵来源进行了探讨，在《方言区际的横向系联》一文中他明确

---

① 罗常培：《语言与文化》，北京大学出版社1950年版，第94页。
② 俞敏：《汉藏两族人和话同源探索》，《北京师范大学学报》（社会科学版）1980年第1期。
③ 同上。
④ 俞敏：《现代北京话和元大都话》，载俞敏《俞敏语言学论文二集》，北京师范大学出版社1992年版，第18—24页。

提出应该建立方言区际的横向系联,先列出了"'朱、出、书'等念[pfu、pfʻu、fu]"和"[n]与[l]的混乱"等语音现象的地域分布,然后又从史料中记载的移民情况对这些现象加以解释。

三 重视"活"语言的研究

刘坚回忆说:"俞先生熟读音韵训诂文字之书,但是他不为这类古籍所囿,而能跳出传统的藩篱。他主张拿活的语言做材料来说明历史语言学上的问题,不赞成年轻人言必称《广韵》、《集韵》,不赞成'掉书袋'。他说:'光那股酸味儿就薰得我够呛!'"① 俞敏认为汉字掩盖了汉语自身的很多特点,所以主张摆脱汉字的束缚来研究汉语,发掘出活语言的特点,这是他在汉语音韵学、汉藏比较、梵汉对音、训诂学和汉语语法等领域都取得卓越成就的重要原因,亦是贯穿于他语言学研究始终的基本理念。他的研究为语言学各个领域如何摆脱文字的束缚作出了表率。

在音韵学方面,针对音韵学研究"干什么都讲究用汉字作单位,忽视成段儿的话"② 的现状,俞敏指出"我们除了会查字书韵书之外,还能读些个用连串的语言写成的文献,就很容易发现那'活汉语'的真面目"。"我们所希望认识的是活汉语,而不是表格或字典里面所装的汉语的语词作成的木乃伊。"③ 他主张应该研究"活"的语言,而非"死"的文献语言,并指出"语流音变"就是打破这一局面的科学途径。俞敏明确提出古汉语存在同化、异化、增音、减音等语流音变现象,该种研究模式为汉语音韵学的研究打开了新的视野,使得"汉语语音的历史,不仅可以从'字'出发来研究,也可以而且应该从'语'出发来研究。这里说的'语',既包括'词',也包括大于词的单位。有些单从'字'着眼不能索解的语音现象,在语流中或许可以找到答案。"④

在训诂学方面,俞敏继承了前人"以声音通训诂"的研究方法,并首次将语流音变引入到古文献研究中,使得训诂学研究进一步摆脱了汉字

---

① 刘坚:《我所认识的俞叔迟先生》,载刘坚《人与文:忆几位师友论若干语言问题》,北京语言文化大学出版社 1998 年版,第 51—55 页。
② 俞敏:《后汉三国梵汉对音谱》,载俞敏《俞敏语言学论文集》,商务印书馆 1999 年版,第 1—62 页。
③ 俞敏:《古汉语里面的连音变读(sandhi)现象》,《燕京学报》1948 年第 35 期。
④ 施向东:《梵汉对音与古汉语的语流音变问题》,《南开语言学刊》2002 年第 00 期。

的束缚，从而为声训这一传统训诂学方法注入了新鲜血液。

在《汉藏虚字比较研究》（1984）一文中，他以西藏语为出发点对汉藏虚词进行了比较研究，认为这样可以把汉语里让汉字掩盖住的现象揭示出来。例如，他提出古汉语存在着与藏语相似的添前字和添后字现象，即所谓的前缀与后缀。

在现代汉语语法研究中，以往学者都以书面语为研究对象，而俞敏（1954）则以北京口语为研究对象。他首次明确指出现代汉语语法研究应摆脱方块字的束缚，以口语（有声语言）为研究对象，在《语音和语法》（1955）一文中明确提出："把语法建立到科学的基础——语音学上去！"①他的研究拓展了现代汉语语法研究的材料，为揭示现代汉语语法特点开辟了新径。1983年，他再次强调了口语研究的重要性："不过在现代工业化的社会里，这样的事情越来越衰退了。会写文章的地位正在慢慢地让给会说话的。因为现在是一个有电视、广播、传真电话的时代。如果咱们的社会真正高度工业化了，有声语言的用途就会有更多人注意，写出来的文章就更要退居第二位。应当把口头语言看得比书面语言重要，因为咱的老祖宗把它传下来有几千几万年了。"② 在该文章中，他举出大量实例来证明从北京口语材料出发可以更好地揭示出有声语言的特点，更重要的是可以弥补以书面语为研究对象的语法研究中全部或部分遗漏的特点。

俞敏对汉语史的分期也是以口语为标准的。他选择的文学作品都是重口语的，特别是中古期史书类里特别指出了"对话"。他的汉语史分期观点如下：

名字	朝代	代表当时语言的文学作品
上古期	殷周秦	论语孟子诗经左传
过渡期	两汉	乐府（？）
中古期	魏晋南北朝隋	世说新语，史书里的对话，吴声歌
过渡期	唐	语录，变文……
近世期	宋元明清	小说，戏曲，语录……③

---

① 俞敏：《语音和语法》，《语文学习》1955年第8期。
② 俞敏：《北京话的语音、词汇和语法特点》，载北京市语言学会编《现代汉语讲座》，知识出版社1983年版，第270—289页。
③ 陆宗达、俞敏：《现代汉语语法》（上册），群众书店1954年版，第11页。

四 重视语言应用研究

"学者具有学术和社会的双重使命。其学术使命，乃是推进学术，为人类的知识宝库增加点什么。其社会使命，就是将科研成果应用于生活，服务于社会。"① 俞敏在推进相关领域学术进步的同时，也非常关注社会语言生活，重视语言学术研究的普及应用。

1946 年夏，他赴台北做推行国语工作时，经常到桃源、新竹一带调查客家方言，曾制作了很多台湾省方言地图，还编过学习"客家话"和"闽南话"的教材。②

1946 年，他明确提出汉字是中国扫盲的一大障碍，所以拥护拼音文字，希望让更多的人掌握这种求知工具。

> 如果中华民族要建国，那么现在这种社会上有百分之八九十的人语汇不够用又不会写字的现象，非加以改革不成。咱们得设法保留国语的简易而兼有德语之精确和法语之丰美，设法把文字改得接近拉丁系统，让我华夏之族有一套增进互相了解的工具。③

他在《俞敏语言学论文集·序》（1989）中再次强调自己拥护拼音字的原因：

> 希望扫除愚昧，免得人们因为无知上别人的当。这叫"致用"。用老话儿说，我已经到"古稀之年"了。但愿我能看见拼音文字——一种真正供广大群众使，不由少数儿人摆弄的求知工具推行开了。到那个时候，人们能发现我不光是个咬文嚼字的人。④

可见，他"拥护拼音文字，不是被潮流裹挟的言不由衷之论，而是内心真正为着'广大群众'的一位洞悉语言本质的睿智学者的发自内心

---

① 李宇明：《语言学习与教育·后记》，北京广播学院出版社 2003 年版，第 324—330 页。
② 杨藻清：《俞敏，我的心里仍然充满了你》，《文教资料》1997 年第 1 期。
③ 俞敏：《语言与文字的失真性与独立性》，《国文月刊》1946 年第 46 期。
④ 俞敏：《俞敏语言学论文集·序》，黑龙江人民出版社 1989 年版，第 1—2 页。

的呼声"①。在汉语拼音方案方面,他针对当时拼音方案的五种修正方案进行了批评,指出五种方案元音体系都犯一种共同的毛病:"想事情的时候不从北京语音的实际出发,只是盲目地信赖前人的成案——注音符号。"② 主张汉语拼音方案应从语言实际情况出发来制定。

他明确指出《现代汉语语法》(1954)一书的目的是希望可以"帮助客粤闽吴四区的人学会说北京话",所以常将北京话的语法与别的方言语法进行比较。他的《语法和作文》(1955)一书则是为帮助读者写文章而作,所以只是介绍了在作文时能够用到的语法常识,将深奥的语法道理深入浅出地介绍给读者。《名词、动词、形容词》(1957)亦是普及语言学知识的读物,三类词的辨别方式都非常容易操作,实践性非常强。之后,他发表了《北京口语里的"给"字》《说"跟"跟"和"》《语音和语法》等多篇通俗易懂的文章,对普及普通话具有重要的实践意义。

在《我要说的4个意思》(1982)一文中,他指出不管从语言方面还是从礼节上说,北京市一向是非常讲礼貌的,可是受十年打砸的影响,礼貌已不如前。他提出了两条建议:一是不能借口"熟不拘礼"而忽视礼貌;二是礼貌词汇可以从旧日的词汇里继承一些。

从俞敏的《蔡沈廑丛著》系列和《古四声评议》等文中,我们可以看出他的文言功底极为深厚,可是他的学术著作主要都是用北京话口语来写的,并形成了独树一帜的行文风格。他在《现代汉语语法》一书的序言说:"我们的文章用的文体也许有人看着不顺眼,赏给一个'土话'的头衔。其实这就是我们在讲堂上说的话,不过别人不肯记得这么忠实罢了。"③ 他之所以选择口语风格,一方面是由于他重视口语,另一方面是由于他特别重视语言应用,希望研究成果能够普及。

我们可以用吕叔湘的一首诗来概括俞敏重视语言应用的思想及口语化的文章风格:"文章写就供人读,何事苦营八阵图?洗尽铅华呈本色,梳装莫问入时无。"④

---

① 施向东:《披荆斩棘,勇往直前——俞敏先生对语文现代化的贡献》,《汉字文化》2012年第6期。
② 俞敏:《我怎么看拼音方案草案修正案》,载俞敏《俞敏语言学论文集》,黑龙江人民出版社1989年版,第210—213页。
③ 陆宗达、俞敏:《现代汉语语法·序》,群众书店1954年版,第1—4页。
④ 吕叔湘:《有感》,载吕叔湘《未晚斋语文漫谈》,语文出版社1992年版,第74页。

第三章 汉藏比较研究

1786年，英国学者琼斯（William Jones）在印度加尔各答年会上提出许多欧洲古代语言和梵语具有共同的来源，该观点引起了欧洲学界的兴趣，从而拉开了历史比较语言学的序幕。19世纪，印欧语系诸语言的比较研究已经取得了丰硕的成果，从而促使世界其他地区语言研究提出类似的假设。汉藏语系（Sino-Tibetan Family）的假设就是在这种背景下模仿"印欧语系"而提出的。

由于历史比较法建立于形态比较丰富的印欧语系基础之上，而汉藏语系诸语言形态比较贫乏，所以一些学者认为历史比较法并不适合汉藏语系的研究。如梅耶（1924）就曾指出："一种形态繁杂的语言，包含着很多的特殊事实，它的亲属关系自然比较容易得到证明；反过来，一种形态简单的语言，只有一些一般的规则，如词的次序，要找出有力的证据就很不容易了。……远东的那些语言，如汉语和越南语，差不多没有一点形态上的特点，所以语言学家想从形态的特点上找出一些与汉语或越南语的各种土语有亲属关系的语言就无所凭借。"① "在一种像印欧语这样的语言中，每个词常常至少有两个或三个音节，而它的形式变化又很复杂，所以很便于作完备的词原上的证明。……反过来，词很简短的那些语言，通常是单音节的，里面又没有什么特殊的形式变化，它们的结构就不容许我们作出严格的词原的证明。对于这些语言，如果要想得到一些真正的证明，就非另找一个新方法不可。"②

事实上，形态并非进行历史比较研究的唯一条件。徐通锵和王洪君两位学者（1988）提出："形态变化的相似性确实是历史比较的一根有用的

---

① [法]梅耶：《历史语言学中的比较方法》，岑麒祥译，科学出版社1957年版，第22页。
② 同上书，第33—34页。

拐杖。但是，这并不是说，缺乏形态变化的语言间的历史比较就无所凭借。这些语言虽然词根较短，增加了历史比较的困难，但语音对应规律这个客观根据并没有消失。"[①] 也就是说，历史比较法作为一种语言研究方法也是可以用来研究汉藏语系的，但其适合于印欧语言比较的那些方法和具体操作程序并不完全适用于汉藏语系，所以需要探索适合汉藏语系自身特点的研究思路和研究方法。

劳佛（Laufer，1916）、沃尔芬登（Wolfenden，1929）、西门华德（Walter Simon，1929）、王静如（1931）、李方桂（1937）、邢公畹（1949，1984，1993）、俞敏（1949，1984，1989）、严学宭（1978）、沙佛尔（Robert Shafer，1966）、白保罗（Paul K. Benedict，1972）、包拟古（Nicholas C. Bodman，1980）、柯蔚南（W. South Coblin，1986）、龚煌城（1980，1991）、曾晓渝（1995）、陈保亚（1998）、全广镇（1996）、施向东（2000）、丁邦新和孙宏开（2000，2001，2004）、薛才德（2001）、吴安其（2002）等中外学者都在汉藏比较研究这一领域付出了艰辛的劳动，丰富和发展了历史比较语言学的理论和方法。

俞敏就是这些学者中杰出的一位。早在20世纪40年代，他就开始从事汉藏比较研究，是该领域的开拓者之一。在以后的半个世纪里，他在该领域勤奋耕耘，成果卓著，主要著有《汉语的"其"跟藏语的gji》（1949）、《汉藏虚字比较研究》（1957，1984）、《汉藏两族人和话同源探索》（1980）、《汉藏同源字谱稿》（1989）、《东汉以前的姜语和西羌语》（1991）、《汉藏联绵字比较》（1992）等文。

俞敏具有深厚的国学基础，精通藏语，又熟读西方语言学文献，形成了开阔的学术视野，所以在汉藏比较研究中，他能够不为印欧语系诸语言比较方法所束缚，反而能够从汉藏语系自身的材料出发，寻求适合于汉语与藏语的研究思路和研究方法，从而开辟出新的研究领域和研究思路，丰富了历史比较语言学的理论和方法，恰到好处地诠释了"中学为体，西学为用"的思想。

他在实践中对古汉语与藏语的虚词、单字词、联绵词、词法和句法等方面都进行了比较研究，扩大了汉藏比较研究的范围。他在汉藏比较研究

---

① 徐通锵、王洪君：《历史语言学中的比较方法》，载胡明扬主编《西方语言学名著选读》，中国人民大学出版社1988年版，第147—184页。

中贯彻了系统思想，如以古汉语音系的 32 个韵部为出发点来寻求汉藏同源词，每一韵部内部又包含若干小系统；在虚词的比较中，他将古汉语中一个虚词的所有用法与其在藏文中相对应虚词的所有用法进行比较，形成系统性的对应，而非某个用法的单一对应；在联绵词比较中他寻求了 100 多对具有音义对应关系的词。这种系统的比较为汉藏两种语言的发生学关系奠定了坚实的基础。更为重要的是，他将语言内部因素与外部因素相结合，为汉语与藏语的发生学关系奠定了坚实的基础。也就是说，一方面，他从语言内部寻求证据来证明汉语与藏语之间具有同源关系；另一方面，他利用汉语古文记载从语言外部寻求证据来证明两种语言同源。

俞敏在汉藏比较研究中的独创性主要归结为三点：（1）率先对汉藏虚词进行了系统的比较研究；（2）首次以汉语古韵部为出发点对汉藏同源词进行系统的比较研究；（3）运用上古史料证明汉藏同源，将语言研究与社会文化结合起来证明汉语与藏语同源。

第一节　汉藏虚词比较研究[①]

俞敏（1949，1984）非常重视虚词在汉藏比较中的地位，认为虚词可以作为汉藏同源的重要证据，所以他对汉藏虚词进行了系统的比较研究，在证实汉藏两种语言关系密切的同时，亦为古汉语虚词的研究提供了新的途径。

一　对汉藏虚词进行了系统的比较研究

由于汉藏语系中形态不占重要地位，所以俞敏将虚词视为汉藏语系的重要语法手段，对汉藏虚词进行了大量的比较研究，从而拉开了汉语与藏语语法比较研究的序幕。

（一）对汉藏虚词进行了系统的比较研究

俞敏在《汉语的"其"跟藏语的gji》一文中将古汉语"其"和藏语gji的用法进行了全面的比较。他首先指出，藏语的gji有五种形式：gji、gi、kji、ji和i，然后提出古汉语"朕其弟"、"孺子其朋"、"罔不配天其

[①] 在俞敏的研究体系中，"虚字"和"虚词"的内涵是一致的，都包括形位和独立虚字（独立虚词）两方面的内容。本书在论述过程中统一称为"虚词"。

泽"、"是其生也"、"非此其身"等句中的"其"与藏语gji的用法基本相同。例如，藏语的"ŋad kji"指"我的"，"dei"指"那个的"。然后，他进一步推出汉语的"彼其"相当于藏语的pʻagi，"何其"相当于藏语的gagi。之后，他在《汉藏虚字比较研究》一文指出了汉语与藏语之间存在着大量声音相似、意义和用法基本相同的虚词。由于他主张汉字掩盖住了古汉语中的很多语音现象，所以该文从藏语虚词的形态和作用出发来考辨古汉语的虚词，为大量存在争议的古汉语虚词做出了新颖而可靠的解释，进一步证明了通过藏语与古汉语相比较可以更好地对古汉语虚词进行解释，为汉藏语法比较研究做出了开创性的工作。

例如，他指出汉语古文献中"无"字在有些地方并没有否定的意思。如《诗·文王》说："王之荩臣，无念尔祖"，《毛传》说"无念，念也"。陈奂《疏》说："无，发声；无念尔祖，念尔祖也。"

  如彼泉流，无沦胥以败。（小旻） 民无效焉（左宣）
  王之荩臣，无念尔祖。（文王） 如彼泉流，无沦胥以亡。
（抑）
  执竞武王，无竞维烈。（执竞）①

沃尔芬登曾用下面的图示来解释藏语 m - 的用法：

de ma oŋ – bar m^Δtʻoŋ –nas
他 妈 来了到 看见 然后

kʻji tcʻur | m^Δtcʻoŋs
狗 水到 跳   Δ = de ṇid②

俞敏借鉴了沃尔芬登的研究，进一步指出古文献这些"无"字与藏

---

① 俞敏：《汉藏虚字比较研究》，载俞敏《俞敏语言学论文集》，商务印书馆1999年版，第121—166页。
② 同上。

语 m - 的用法相同,"无"字分别代表《文王》中的"荩臣",《执竞》中的"武王"。

再如,藏语否定字 ma 与古汉语中"无"(毋、亡、罔)用法完全相同,都有三种用法,意义分别为别、没、不。

  apjadlag adi ma ɲo
  东西 这个 别 买
  ŋa adiru joŋ ma mjoŋ
  我 这儿 到来 没 曾
  bodskad daŋ rgjanag gi skadtɕʻa vtɕigpa ma red
  藏语 同 支那 的 话 一样 不 是
  《书经》:尔无不信(《汤誓》) 汝无侮老成人(《盘庚》)
  《诗经》:万寿无期(《南山有台》) 谁无父母(《沔水》)
  《书经》的"无偏无党",《汉书》作"不"①

又如,藏语 ni 的三种用法分别与古汉语中"而、乃"的三种用法相对应["乃"n(d)əg 是"而"n(d)iəg 的洪音,二者常换用]。

  ŋa ni skyo rgju miadug
  我 呢 伤心 去 不
  adi ni mi pʻod do
  这个 呢 不 能 作哟
  da ni mgjogspar bropa jin
  现在 呢 快快儿 跑 了
  《诗经》:彼月而食……此日而食(《十月》) 鸟乃去矣(《生民》)
  《书经》:人之彦圣而违之俾不达(《秦誓》) 《左传》:我此乃止(成2)

---

① 俞敏:《汉藏虚字比较研究》,载俞敏《俞敏语言学论文集》,商务印书馆1999年版,第121—166页。

《左传》：今而始大（昭 30）　　　其明年乃及降娄（襄 30）①

俞敏通过对大量藏文献和汉文献的仔细考证，发现汉语与藏语之间存在 30 来对具有对应关系的虚词，见表 3.1。

表 3.1　　　　　　　　　汉藏虚词比较表②

		藏	汉	藏	汉
字以下的形位	添前字	b -	不	a -	于
		m -	无	d -	由 犹 攸 繇 猷
	添后字	- pa - ba - pʻa	巴	- ka - kʻa - ga	个 介
独立虚词	代字	ŋa	吾	raŋ	卬
		adi	时	ade	是
		pʻa gi	彼 其 彼 己 夫 己	gagi	何 其
	否定字	ma	尤 毋	mi	未
	疑问字	a	与	pa	夫
		am	也 无	ma	么
	助字	gi gji kji ji i	其	gi	己 记 忌 近
		du tu ru r su	由 犹 攸 繇 猷	ni	而 乃
	联络字	jan	焉	na	如
		o	侯	ste	斯
		sa	所	mkʻan	者

从表 3.1 中可以看出，俞敏所列出的藏语中独立虚词与古汉语存在对应关系的有代词、否定词、疑问词、助词和联络词等。藏语中词以下的形位 "b -" 对应古汉语的 "不"， "m -" 对应古汉语的 "无"， "- pa、- ba、- pʻa" 对应古汉语的 "巴"，即古汉语存在词缀系统。王远新（1993）肯定了俞敏关于古汉语存在词缀的观点，"通过和藏文词头系统的比较，认为汉藏两语词头系统有严整的对应关系。作者不仅从音、义两方面进行了比较，而且更重要的是对其语法功能作了深入细致的说明，所

---

① 俞敏：《汉藏虚字比较研究》，载俞敏《俞敏语言学论文集》，商务印书馆 1999 年版，第 121—166 页。

② 该表中所用术语均为俞敏文中原用。

论十分可信"①。

之后，很多学者都强调虚词的比较在汉藏语法比较研究中的重要性。例如，邢公畹（1979）指出汉藏系语言的语法学要从虚词开始研究，并指出汉藏系的某一语言的某一方言的虚词体系大致有三个特点：一是比实词的数量要少得多，二是几乎没有什么孳生能力，三是使用频率很大②。瞿霭堂（1995）指出："真正表征汉藏语言语法结构的应是作为语法标记的特定的虚词系统。""将汉藏语言的虚词作为系统研究的对象，像形态学一样成为一门独立的虚词学，不仅是汉藏语言语法研究的需要，也是语法理论研究的需要，真正符合汉藏语言特点的语法学必定建立在这样的基础上。"③

（二）运用虚词证汉藏同源

汉藏语系仿效印欧语系提出后，从事汉藏语系研究的学者除了寻求汉藏语之间的同源词以建立语音对应规律外，还要不断探索适合于汉藏语系自身的标准。李方桂先生于1937年在《中国的语言和方言》一文中正式提出了汉藏语系的假说，认为汉藏语下分为藏缅语族、壮侗语族、苗瑶语族和汉语。李方桂所依据的标准是这些语言在单音节和声调上的一致性。④ 之后，邢公畹先生在《〈诗经〉"中"字倒置问题》（1947/1983）一文中提出可以从《诗经》的"中林"等例依稀辨认出汉语和台语在原始汉台语中的血缘关系⑤；在《汉语"子""儿"和台语助词 luk 试释》（1948/1983）一文中提出台语助词 luk^8 与现代汉语的词尾"子"、"儿"在语法功能上基本相同，不同之处在于台语的 luk^8 位于所附加的词之前，而汉语的"子"、"儿"位于所附加的词之后⑥。

俞敏（1949）在考察汉语"其"的用法时在《汉语的"其"跟藏语的 gji》中指出，"要净指着中国书，怕是永远找不出个解决的法子来了。

---

① 王远新：《中国民族语言学史》，中央民族学院出版社 1993 年版，第 60—61 页。
② 邢公畹：《论汉藏系语言的比较语法学》，《南开大学学报》（哲学社会科学版）1979 年第 4 期。
③ 瞿霭堂：《论汉藏语言的虚词》，《民族语文》1995 年第6期。
④ 陈保亚：《百年来汉藏语系谱研究的理论进展》，《语言学论丛》1998 年第 21 辑。
⑤ 邢公畹：《〈诗经〉"中"字倒置问题》，载邢公畹《语言论集》，商务印书馆 1983 年版，第 135—141 页。
⑥ 邢公畹：《汉语"子""儿"和台语助词 luk 试释》，载邢公畹《语言论集》，商务印书馆 1983 年版，第 173—188 页。

不过要肯承认汉语跟藏语原是一个系统的话,再肯承认用'其'字儿跟别的写法儿所记的那个话正跟藏语的gji伍的是同根(cognate)的话,就可以把这几种用法儿讲得极透亮"①。在该文章中,他将汉语的"其"与藏语的"gji"进行比较,将汉语"其"的用法阐释得极为清楚,从而也从虚词角度证实了汉藏同源的事实。1980年,他更加明确地指出虚词在汉藏语系中占据着重要地位,"印欧学判断两种话的亲缘,词尾变化的相像是最有说服力的。……汉藏语没有变格和变位(比照梵文捏造的不算),虚字的比较就显得突出了"②。他将虚词视为汉藏亲缘关系的重要证据之一,在考证了汉语的"其"与藏语的"gji"的密切关系后,他又确定了古汉语与古藏语之间30来对存在着对应关系的虚词,为汉语和藏语的发生学关系奠定了坚实的基础,同时亦为汉语与藏语同源关系的证明提供了新的研究思路,即从语法角度(虚词)证明汉语与藏语同源,丰富和发展了历史比较语言学。瞿蔼堂(1995)明确提出在亲属关系的有无及远近判定方面,除了依靠语音的对应关系和词的同源关系外,语法关系也应该是判断语言亲属关系的重要证据。③

事实上,虚词、音节类型、声调和语序等都属于同构标准。所谓"同构","就是指语言结构格局相同,或者说是两种或更多种语言之间在语音、语法或语义结构方面的类同现象"④。同构标准和语音对应标准一样,亦是历史比较法确定同源关系的重要标准。如琼斯(1786)就利用词根和语法相似的标准来证印欧诸语言同源,拉斯克(R. Rask,1818)在证明拉丁语、古希腊语和冰岛语之间的同源关系时,利用塞音语音对应关系的同时,也利用了词的形态变化;葆朴(F. Bopp,1816)和格里木(J. Grimm,1919)也都运用语法同构和语音对应进行比较研究⑤。但之后印欧语系研究的重心在于确定同源词寻求语音对应关系,而忽视了同构标准。但由于汉藏系诸语言形态不像印欧语言那么发达,所以语言的同构标准在汉藏语系确定同源的研究中得到了重视,这是历史比较语言学的研

---

① 俞敏:《汉语的"其"跟藏语的gji》,《燕京学报》1949年第37期。
② 俞敏:《汉藏两族人和话同源探索》,《北京师范大学学报》(社会科学版)1980年第1期。
③ 瞿蔼堂:《论汉藏语言的虚词》,《民族语文》1995年第6期。
④ 徐通锵:《历史语言学》,商务印书馆1991年版,第22页。
⑤ 参见陈保亚《百年来汉藏语系谱系研究的理论进展》,《语言学论丛》1998年第21辑。

究对象从印欧语系扩展到汉藏语系的一个新的发展。

二 运用汉藏比较来研究古汉语虚词

俞敏运用汉藏比较的方法来研究古汉语虚词,为古汉语虚词研究提出了很多独到的见解,同时亦为古汉语虚词研究提供了新的途径。

古汉语虚词的研究已有 1000 多年的历史。俞敏在《经传释词札记》的后记中将古汉语虚词研究分为三期:第一期以《经传释词》为代表。该时期学者主要运用汉语内部材料来研究汉语,并提炼出归纳法、比较法、博引旁证、重视书证、因声求义和依据辞例等方法来推究虚词的用法和意义。但该种研究模式存在一定的缺陷,即"原来一个词用在一定的上下文里,不光受上下文影响意思起些变化,单说这个词时候意思也得起些变化"①。早晚弄出"古虚词一字说"。第二期以《马氏文通》为代表。该时期学者开始引用外语文法作为旁证来研究古汉语虚词,为古汉语虚词研究提供了新的材料和方法,开启了古汉语虚词研究的新局面。但其所取旁证框架多来自于英语、法语和拉丁语等语法,这些语言与汉语属于不同语系,相差较远,难以真正揭示出汉语古虚词的特点。鉴于此,俞敏提出第三个时期应该以藏语材料作为古汉语虚词研究的主要旁证。在汉藏语系中,他认为藏语与汉语的关系最为密切,通过与藏语比较可以更好地揭示出古语虚词的特点。他在汉藏虚词比较研究方面创见颇多,解释了许多千年来争论不休的疑难问题,恰好证实了运用汉藏比较来研究古汉语虚词的科学性。

俞敏的《汉语的"其"跟藏语的gji》一文是我国语言学界第一篇用汉藏语比较的方法解释汉语古文献的专论,探索并开创了一条汉藏文献学相互为用的科学途径②。

在该文中,他首先指出古汉语的"其"字有时粘到前字上拆不开,在《诗经》的《扬之水》《羔裘》《汾沮洳》《椒聊》《侯人》5篇中就有14句"彼其之子"。接着,他指出"彼其"有时亦写作"彼己"、"夫其"或"夫己","夫"是"彼"的轻音形式,"彼其"和"夫其"应是pɪagi、

---

① 俞敏:《经传释词札记·序》,湖南教育出版社1987年版,第1—2页。
② 邹晓丽:《博大 精深 求实 风趣——读俞敏语言学论文集》,《语文建设》1992年第9期。

pɹaki或pagi、paki。

  单分析"彼其"或者"夫己",是有点儿为难。因为汉语的习惯,在"彼"、"此"、"这个"、"那个"这一类指示字后头,向来不许再加别的"之"、"的"那一类字。可是一翻到藏语里去,可就找着对点子的了。藏语的p'agi是个指示字,意思是"那边儿的"或者"那边儿"。……要拿"彼其"伍的跟他一比,咱就可以懂了:1. "彼"字儿的真正意思是"那边儿",所以后头放许加"其"。2. 周朝人拿"彼其"当一个单位看,正好像西藏人拿p'agi当一个是的。由这儿还可以推出来3."彼其之子"就等于西藏的p'agi mi adi,"那个人"。①

  通过与藏语的比较,他将"其"解释得极为透彻。除了将"彼其"解释清楚外,还指出"其"相当于北京话的"的","朕其弟"相当于"我的兄弟",并进一步指出"何其"是一个词,意为"哪一个"或"什么"。"何其"相当于藏语的gagi,"实维何期(其)"相当于de gagi red,"子曰何其"相当于k'jod kji gsuŋ ba adi gagi red。

  他的《汉藏虚字比较研究》一文以藏语虚词为出发点来研究古汉语的虚词,为古汉语虚词研究开辟了一个具有突破意义的新领域。他利用汉藏比较的方法对"无"、"未"、"时"等30来对虚词进行了研究。

第二节　汉藏同源词比较研究

  俞敏在进行汉藏虚词比较研究的同时,亦对汉藏同源词进行了比较研究。他的《汉藏韵轨》在1949年就以《汉语的"其"跟藏语的gji》一文的附录形式发表。在《汉藏韵轨》基础上深入完善而成的《汉藏同源字谱稿》(1989)是他在汉藏语比较研究中的集大成之作,为汉藏比较研究翻开了崭新的一页。该文是国家哲学社会科学"七五"规划项目"汉藏同源词稿"的研究成果,发表在《民族语文》1989年第1期和第2期上,并获得了国家哲学社会科学"七五"规划项目一等奖。

---

① 俞敏:《汉语的"其"跟藏语的gji》,《燕京学报》1949年第37期。

他在汉藏同源词研究中的特色可以归结为四个方面：第一，以汉语古韵部为框架来寻求汉藏同源词，并建立了汉语与藏语的语音对应关系。第二，以汉语韵部为基点对汉藏词汇进行比较研究。第三，运用汉藏比较构拟了上古汉语的韵母系统。第四，他的《汉藏联绵字比较》（1992）一文将汉藏词汇比较研究从单音节字扩展到双音节的联绵字，进一步证实了汉语与藏语的发生学关系。

一 以汉语古韵部为框架寻求汉藏同源词

俞敏以汉语古韵部为框架寻求汉藏同源词，整理出汉语上古韵部与藏语韵类的整体语音对应规律。他以系统的观点来寻求同源词，提升了所选同源词的可靠性，同时也为证明汉藏同源奠定了坚实的基础。

（一）以古汉语韵部为框架建立汉藏语音对应关系

俞敏主张同源字的确定除具备语义条件外，还应从韵的对应关系入手，所以他以汉语古韵部为框架寻求汉藏同源词。

在《汉藏韵轨》中他以黄侃古韵28部为基础将古汉语分为31韵部，在26个韵部中找到了汉藏语同源字（每组语音对应举3例），并列出了韵部与藏语韵类之间的对应关系。例如，汉语的"铎"部对应藏语的"-og"，"先"部对应藏语的"-in、-en"，"怗"部对应藏语"-ab"，"覃$_甲$"部对应藏语的"-im、-em"，等等。在《汉藏同源字谱稿》中他则以罗常培、周祖谟的31韵部为基础整理出古韵32部。两文虽有部分韵目不同，但整个韵部与藏语韵类的对应大致相同，见表3.2。①

表3.2 《汉藏韵轨》和《汉藏同源字谱稿》的韵目比较表②

阴声韵		阳声韵		入声韵	
《汉藏韵轨》	《汉藏同源字谱稿》	《汉藏韵轨》	《汉藏同源字谱稿》	《汉藏韵轨》	《汉藏同源字谱稿》
侯 ou	侯$_4$ o u	东 uŋ aŋ	东$_{24}$ uŋ aŋ	屋 ug	屋$_{14}$ ug

---

① 黄侃认为《广韵》的一、四等是古本韵，而三等非古本韵，故不能立作韵目。而罗常培、周祖谟两位先生则认为三等亦可作韵目。

② 《汉藏同源字谱稿》每韵右下角数字为原文所标顺序。"铎"部在《汉藏韵轨》和《汉藏同源字谱稿》中都只有A类，与藏语-og相对应，B类残缺。《汉藏同源字谱稿》中"鱼"部仅有A类，与藏语-a相对应，B类残缺。

续表

阴声韵		阳声韵		入声韵	
咍 i	之₁ i e	登（无字）	蒸₂₃（无字）	德 ig	职₁₁ ig
萧 u	幽₂ u	冬 om		萧入 ug	沃₁₂ ug ig
豪（无字）	宵₃（无字）			沃（无字）	药₁₃（无字）
	覃甲 im em	侵₃₀ im em	合甲 ib eb	缉₂₁ ib eb
	覃乙 um om	覃（冬）₃₁ um om	合乙 ub ob	合₂₂ ub ob
	添 am	谈₃₂ am	帖 ab	盍₂₀ ab
模 a ar	鱼₅ a	唐 oŋ	阳₂₅ oŋ aŋ	铎 og	铎₁₅ og
齐（无字）	支₇ e	青 aŋ iŋ eŋ	耕₂₆ aŋ iŋ eŋ	锡 ag ig	锡₁₆ ag ig
灰 i e ir er ur or ol is es	脂₈ i e ir er il as is es	先 in en	真₂₇ in en	屑 id ed	质₁₇ id ed is
	微₉ ur or ul ol os	痕 un on en el ul	谆₂₈ un ul on en el	没 ud od	术₁₈ ud od ed
	祭₁₀ ads	寒 an on	元₂₉ an al on	曷 ad od	月₁₉ ad od as al
歌（无字）	歌₆ al				

他根据600来对同源词整理出汉语上古韵部与藏语韵类之间语音对应规律，证实了上古汉语32韵部中有29个韵部与藏语之间存在着有规则的对应关系，只有"宵、药、蒸"三部没有找到与藏语相对应的同源字，见表3.3。

表3.3 汉语古韵部与藏语韵类对应表①

阴声韵		阳声韵		入声韵	
汉	藏	汉	藏	汉	藏
侯	o₁₅ u₃	东	uŋ₁₇ aŋ₃	屋	ug₁₁
之	i₈ e₂	蒸		职	ig₃
幽	u₁₆			沃	ug₁₁ ig₂
宵				药	

---

① 该表格根据《汉藏同源字谱稿》归纳而成，表格中字母下标的数字代表每一韵类所列举的同源字数目。

续表

阴声韵		阳声韵		入声韵	
		侵	$im_{18}\,em_{12}$	缉	$ib_6\,eb_9$
		覃（冬）	$um_{13}\,om_{16}$	合	$ub_5\,ob_4$
		谈	am_{27}	盍	ab_{14}
鱼	a_{52}	阳	$oŋ_{22}\,aŋ_4\,u\,ŋ_1$	铎	og_{28}
支	e_4	耕	$aŋ_{24}\,iŋ_6\,eŋ_5$	锡	$ag_{18}\,ig_8$
脂	$i_9\,e_5\,ir_3\,er_4\,il_3$ $as_1\,is_2\,es_2$	真	$in_7\,en_9$	质	$id_4\,ed_4\,is_2$
微	$ur_5\,ol_5\,ul_2\,or_6\,os_1$	谆	$un_{11}\,on_{13}\,ul_7\,en_2\,el_2$	术	$ud_8\,od_2\,ed_2$
祭	ads_{11}	元	$an_{12}\,al_3\,on_3$	月	$ad_{12}\,od_5\,al_3\,as_1$
歌	al_{32}				

例如，"鱼"部与藏语韵类"a"的对应：

汉语"鱼"部的"瓜"与藏语的ka为同源关系，"鱼"部与藏语的－a可能存在语音对应关系。俞敏又发现鱼部的"鹽（dkaa）、苦（bska）、故（bkaa）、糊（ska）、胡（ga）、五（lña）、唔瘖（sña）、如（na）、女（mnaa）和弩（mdaa）"等50多字的藏语同源字，都含有"－a"，这就可以得出较为可靠的结论：古汉语"鱼"部与藏语的"－a"存在着有规律的语音对应。

再如，汉语"幽"部的"觫"在藏语中的同源字是dkyu，"述"的同源字是khyu，"九"的同源字是dgu，"俦、畴"的同源字是adu，"畴"的同源字是su，等等。俞敏一共列举了16组"幽"部的汉藏同源字，发现并证实古汉语的"幽"部与藏语的"－u"存在着对应关系。

当然，汉语古韵部与藏语韵类之间并非都是一一对应的关系。

例如，汉语"锡"部的"隔"在藏语中的同源字是bkag，俞敏又列举了"逖锡（thag）、啧（gsag）敌（dag）和僻（phag）"等17字在藏语中的同源字，发现"锡"部与藏语的"－ag"存在对应关系；另外，他发现"锡"部的"赐（grigs）、劈（abigs）、适（thig）和策（tshig）"等8字的藏语同源字都含有"－ig"，"锡"部亦对应着藏语的"－ig"。由此可以看出，汉语的"锡"部与藏语的"－ag"和"－ig"两个韵类之间存在着对应关系。

再如，汉语"谆"部的"混（kun）、循（stun）、尊（btsun）和奔（pun）"等10字与藏语的"–un"存在着对应关系；"银（dñul）、钝（rtul）和军（gyul）"等字与藏语的"–ul"存在着对应关系；"纶（kron）、恨（khon）和屯（ston）"等13字与藏语的"–on"相对应；"盆（ben）和分（dbyen）"对应藏语的"–en"；"坟（aphel）和洒（sel）"对应藏语的"–el"。可见，汉语的"谆"部与藏语的"–un、–ul、–on、–en和–el"5个韵类存在对应关系。

俞敏的研究对张琨关于汉藏比较的质疑作出了回应。张氏（1984）曾批评汉藏比较说："偶尔有一两个词，比方说'飞'和藏语的'phur–ba'很相近，可是深究一步，《切韵》里微部的字跟藏语的'–ur'有多少对应的呢？很难说。有人说，'羊'[jaŋ]跟藏语的[luk]有关系……有多少藏语的[–uk]与汉语的[–aŋ]对应呢？这又是一个大问题。"① 俞敏以汉语韵部为框架寻求同源词，每一韵部都列举了大量的汉藏同源词。例如，他列举了"微"部的"贵bkur"、"归skur"、"归akhur"、"帷gur"和"尵a(h)ur"5组同源字，来证明汉语的"微"部与藏语的–ur之间存在对应的关系。再如，他列举了"覃（冬）"部的"三gsum"等13组同源字来说明其对应藏语的–um，列举了"撼skyom"、"歉khom"、"函sgrom"、"农nom"等16组同源字证实其与藏语的–om也存在着对应关系，即"覃（冬）"与藏语的–um和–om皆存在对应关系。这就避免了两种语言之间语音对应关系的偶然性和任意性问题。

（二）每一韵部之内的同源字之间亦存在系统性

就宏观而言，在俞敏的研究中每一个韵部自成体系，所有的韵部与藏语韵类存在整体的对应关系。这种系统性的对应，增强了这些汉藏同源词的可靠性。就微观而言，他的研究中几乎每一个韵部内部都存在一些小的系统，从而进一步增加了这批同源词的可靠性。

古汉语的一组谐声字在藏语中亦有读音相近的一组词分别与这些谐声字存在音义对应关系。如"鱼"部：

btsaa察看　　　狙 ts'ia　btsha
《管子·七臣七主》："从狙而好小察。"

---

① 徐通锵：《美国语言学家谈历史语言学》，《语言学论丛》1984年第13辑。

rtsa根，主要　　　　祖 tsa　　　tsa
《易·小过》："过其祖。"《广雅·释诂》："祖，本也。"
zwa麻　　　　　　苴 tsia　　　dzwa
《诗·七月》："九月叔苴。"①

再如，"侵"部：

khrim法律　　　　　钦 kʰǐəm　　　khrim
《书·尧典》："钦若昊天。"
gyim音乐，铙钹　　 琴 gǐəm　　　gim
《孟子·万章》："舜在床琴。"
grim聪明，快，急　 今 kǐəm　　　mkim
《诗·摽有梅》："迨其今矣。"②

又如，"铎"部：

aphrog、abrog劫财，掠　　博 pǎk　　mphag
《论语》："不有博弈者乎？"
ophog跳　　　　　　　　搏 bǎk　　mphag
《礼记·儒行》："鸷虫攫搏。"
phyogs种类，方面，向　　薄 bǎk　　rphag
《易·谈卦》："风霜相薄。"③

在《汉藏同源字谱稿》中韵部内部存在这种对应关系的很多，笔者按照该文中韵的排列次序，从含有谐声字组的每个韵部中选择了1到2组整理为表3.4。

---

① 俞敏：《汉藏同源字谱稿》，载俞敏《俞敏语言学论文集》，商务印书馆1999年版，第63—120页。"狙"等汉字后面第一个拟音为王力拟古音，第二个拟音为俞敏拟古音。
② 同上。
③ 同上。

表 3.4　　《汉藏同源字谱稿》中汉语谐声字与藏文的对应关系

韵部	汉藏对应词	韵部	汉藏对应词	韵部	汉藏对应词
之	子 rtse 字 brtse 辞 adzi 辤 rdzi	幽	俦 adu 畴 du	鱼	苦 bska 故 bkaa 糊 ska 胡 ga
歌	饿 ṅal 蛾 mṅal	支	是 de 匙 lde	脂	妣 phyi 妣 phyi
铎	略 klog 客 grogs 洛雒 grog	锡	僻 phag 臂 phyag 辟 aphag	月	害 god 割 bgod
盍	盍 bkad/bkab 闔 rgyab	缉	箕 ldeb 堞 ldebs	东	邦 dpuŋ 丰 spuŋ
阳	光 koŋ 桄 skoŋ	耕	净 gtsaŋ 争 atshaŋ	真	摈 phyin 髌 byin
谆	颁 aphul 贫 dbul	侵	禀 abrim(s) 凛 rim(gro)	谈	糁 rtsam 参 atshams

（三）从系统的角度来寻求并确定汉藏同源词

对于历史比较法来说，寻求同源词，确定语音对应规律，是确定两种语言同源的重要途径。罗杰瑞（Jerry Norman）（1983）曾明确提出："要确立汉藏语之间更明确的亲属关系，唯一的途径，是辨认出更多的同源词。这好像是双向并行的街道：语音对应规律基于同源词的分析，而同源词反过来又主要是在语音对应规则的基础上，加以辨别和判断，究竟是或不是同源词。"[①] 事实上，几乎在任何两种语言之间都可以找到个别的字词在声音和意义上相同或相似。例如，英语 pan（盘子）、nip（夹、捏），跟汉语的"盘、镊"在音义上很相似，swallow 有"燕子"和"吞咽"两个意思，与汉语中的"燕"和"嚥（咽）"对应，set（树立）和 setting（放置）分别与汉语的"设"和"设定"相对应。同源词的选取和确定如何

[①] 参见冯蒸《藏语 sdod 与汉语"辍"》，《民族语文》2007 年第 1 期。

避免这种任意性和偶然性，是确认同源词的关键。

王静如在《中台藏缅数目字及人称代名词语源试探》(1931)中对数字词（1—10）和人称代词（吾、汝）在汉台藏缅等语中的对应形式进行了研究，并拟中台藏缅共同单语族的"我、吾、昂"为*ṅa，"尔、戎、汝"为mnaṅ，"一"为*gret，"二"为*niet，"三"为*suom，"四"为*blai，"五"为*ngua，"六"为*gruk，"七"为*ts'iet，"八"为*bgrat，"九"为*(d)kiwok，"十"为*(g)kǐap。① 他的研究为汉语与藏语的同源关系提供了有力的依据，但并未寻求这几种语言之间的语音对应规律。

俞敏的研究为汉藏语系同源词的确定提供了独特的研究思路，即从系统的角度来确定同源词，这对语言间亲属关系的确认有着十分重要的意义。他以汉语韵部为框架来探求同源词，建立语音对应规律，该种研究思路就可以避免所选同源词的偶然性或任意性。若是个别的，就需要找出该韵部是否还有其他的同源字，否则不能建立语音对应关系，音义皆近也只是偶然而已，而非同源关系。他在研究中虽然没有明确提出确定汉藏同源词的方法，但从他的实践研究中我们可以看到，他从古汉语"韵"的角度来确定同源词，将同源词放在一个系统中进行研究，而且内部又以各种关系将同源词构成小系统，从而确定了同源词的可靠性，也为汉藏同源提供了坚实的证据。

在区分汉藏语系的借词和同源词方面，严学宭（1979）提出了同族词比较法。这种方法是从所要进行比较的语言中找出"同族词"，即一种语言内（如汉语）意义上有密切关系（包含相同的"义素"）、读音上相近、可以看作由同一词根分化出来的一组词，而且在另一些语言中也有相似的音义关系②。

邢公畹（1983）提出"同源体系"来区分借词与同源词。"一些在意义上，或者在语音上（包括古文字的谐声关系上）相关联，我们就说它们有同源关系，两个或两个以上的有同源关系的字，构成一个'同源体系'（即同源组）。这个体系如果在另一语言里也有同样反映，就说明两

---

① 王静如：《中台藏缅数目字及人称代名词语源试探》，《中研院历史语言研究所集刊》1931年第3本第1分。

② 严学宭：《谈汉藏语系同源词和借词》，《江汉语言学丛刊》1979年第1辑。

者有同源体系上的一致性。这种一致性的查找是在一般对应（同一词项在两种语言里音韵面貌上的相对应）的基础上进行的。"① 并将其分为同义对应组和同音对应组。

同义对应组：

| 箸 | tuɯ⁶（潮州） | tuɯ⁶（剥隘） |
| 梜 | （礼记·曲礼 *kiap） | taʔkiap⁷（泰）② |

同音对应组：

窦（门）	tau⁶（广州）	to¹（高坝）
豆	tau⁶（广州）	to⁶（高坝）
喉	hau²（广州）	ʔo²（高坝）③

这样一来，汉语和侗台语这些字的对应是词源体系上的对应，而非个别词的对应，排除了偶然性和任意性。

施向东的《汉语和藏语同源体系的比较研究》（2000）将邢公畹的同源体系引入到汉语和藏语的比较研究中，并从四个角度建立汉藏同源词系统：第一类是一词多义的情况，即一个藏语词的几个意思与汉语的几个词音义相对应，一个汉字的几个意思与藏语的几个词音义相对应；第二类是一组同谐声的汉字与藏语中一组词音义分别相对应；第三类为一组意思相同或相近的汉字与藏语中一组同义或近义词分别具有音义对应关系；第四类为汉语中的双音节词与藏语单音节词或双音节的对应。④

可见，各家基本上都以系统的观点来确定汉藏系诸语言之间的同源词，从而增加了同源词的可靠性。

二 以汉语韵部为基点对汉藏词汇进行比较研究

在同源词研究规模方面，俞敏在《汉藏同源字谱稿》（1989）一文中共

---

① 邢公畹：《语言论集·后记》，商务印书馆1983年版，第323页。
② 同上。
③ 同上书，第323—324页。
④ 施向东：《汉语和藏语同源体系的比较研究》，华语教学出版社2000年版，第23页。

提出了 600 来对汉藏同源词,远多于以往学者的研究。例如,劳佛(1916)提出了 96 对汉藏同源词,西门华德(1929)的《藏汉语比较词汇集》是较大规模地系统地对汉藏词汇进行比较的第一部著作,他提出了 338 对汉藏语同源词,沙佛尔(1966)提出了 156 对同源词,白保罗(1972)提出了 342 对同源词,包拟古(1980)提出了 486 对同源词,柯蔚南(1986)提出了 489 对同源词,龚煌城(1989)提出了 182 对同源词。①

西门华德(1929)通过 338 个藏汉语词对应例来归纳观察两种语言的声母、介音、元音和韵尾的一一对应情况,共得出 174 条语音对应条例。他以藏语为基点来看古汉语与藏语的语音对应规律,即看藏语音系的某一音素相当于古汉语的什么音素,根据若干词汇的对应,以归纳出汉藏两语的语音对应的条例,这是《藏汉语比较词汇集》所采用的方法,见表 3.5。

表 3.5　　　　　　　　《藏汉语比较词汇集》的体例②

编号	藏语	意义(德文说明)	—	汉语上古音(高本汉拟音)	西门拟音	汉字

继西门之后,俞敏的《汉藏韵轨》(1949)是对汉藏词汇进行大规模比较研究的又一部力作。他鉴于传统汉语音韵学研究韵部的成绩比声纽好,所以只对汉语韵部与藏语韵类进行了比较研究。与西门的研究不同,他以"汉语古韵部"为出发点来观察与其相对应的"藏语韵类",观察汉语某一韵部的字所对应的藏语同源字的语音特点,如"锡"部分别对应藏语韵类 -ag 和 -ig,"鱼"部对应藏语韵类 -a,从而可以得出汉、藏两种语言的音类对应轮廓,得出 60 多条语音对应规律。《汉藏韵轨》的体例见表 3.6。

---

① 参见全广镇《汉藏语同源词综探》,台湾学生书局 1996 年版,第 14 页。
② 参见冯蒸《藏汉语比较研究的原则与方法——西门华德〈藏汉语比较词汇集〉评析》,《温州师范学院学报》(社会科学版)1988 年第 4 期。

表 3.6　　　　　　　　　《汉藏韵轨》的体例

汉语古韵部	藏语韵类	藏语例字	意思	汉字

1989年，俞敏的《汉藏同源字谱稿》在《汉藏韵轨》基础上将汉藏词汇比较的格式发展为表3.7。

表 3.7　　　　　　　《汉藏同源字谱稿》的体例

汉语古韵部	藏语韵类	藏语、释义	古汉语词	拟古音	藏语指向	用例

他在体例上增加了"拟古音"、"藏语指向"和"用例"三项。"拟古音"是根据王力古音体系所拟的上古音，而西门所采用的古音实际上是根据高本汉所拟的中古音；"藏语指向"是俞敏根据藏语所拟的古音轮廓；"用例"是指经籍里用例。全广镇（1996）曾指出，俞敏汉藏比较研究最独特的地方就是《汉藏同源字谱稿》中的"经籍用例"一项，以往的西方学者及国内学者几乎都没有做过这方面的考证①。

冯蒸（1988）认为："汉藏词汇比较的理想格式，应大致如俞敏教授的《汉藏韵轨》格式而略作修改。"② 他的理想格式见表3.8。

表 3.8　　　　　冯蒸汉藏词汇比较的理想格式

编号	上古汉语声母或韵部	藏语声母或韵类	藏语	意义	汉字	汉语上古音或音韵地位说明	意义	备注

表3.8以汉语的声母和韵部为基点来观察上古汉语与藏语的对应规律；备注一栏是对所列语词的必要的语源或文献考证和说明。

通过表3.7与表3.8的比较，我们可以看出俞敏《汉藏同源字谱稿》的体例与冯蒸的理想格式大体上是一致的。不同之处在于，前者只考证了韵部，所以体例中并未出现上古汉语声母或藏语声母。

俞敏以汉语为出发点来考察汉语与藏语的语音对应关系，更符合汉藏

---

① 全广镇：《汉藏语同源词综探》，台湾学生书局1996年版，第41页。
② 冯蒸：《藏汉语比较研究的原则与方法——西门华德〈藏汉语比较词汇集〉评析》，《温州师范学院学报》（社会科学版）1988年第4期。

词汇比较研究的目的。汉藏词汇比较研究的目的在于揭示出汉语与藏语的韵类对应关系,从而促进汉语上古音的构拟,所以在进行汉藏词汇比较研究时,以汉语古韵类为出发点来进行研究,符合古汉语分为声母和韵母两部分的特点,可以更好地揭示出两种语言的音韵对应关系。

邢公畹的《汉台语比较手册》(1999)亦以汉语古韵部(古声母、声调)为出发点来考察汉语和台语之间的语音对应规律。他确定了台语中可以和汉语对应的"关系字"909组[1]。

冯蒸(2011)以自己在2006年提出的阴、去、入、阳四分法33部框架为基础,吸收了郑张尚芳的脂质真三部各分两类韵尾二分说,俞敏的侵缉部各二分说,提出了作为汉藏比较的上古韵母框架表[2]。

俞敏在汉藏词汇选择方面也具有其独特性。在古汉语方面,西门华德等西方学者主要依据高本汉所编的《分析字典》(1923)或《修正汉文典》(1957),而俞敏则主要根据清朱骏声的《说文通训定声》中的语义材料,并依靠他自己的古汉语知识作判断,更多地搜集了先秦文献中的语义,弥补了《分析字典》收字的局限;藏语方面,西门华德主要采用耶斯克(Jäschke)的《藏英字典》,而俞敏除了采用耶斯克的《藏英词典》外,还采用了张怡荪主编的《藏汉大词典》(1985),格西曲扎的《藏文词典》(1946),达斯(Das)的《藏英词典》(1902),同时还运用到了敦煌古藏文文献资料和其他吐蕃时期的金石铭刻、木简木牍等材料。全广镇(1996)根据李方桂的拟音系统并参考诸家的研究,对俞敏的近600对汉藏同源词进行研究,认为由俞敏首次提出的较可靠的同源词共有126个,并指出这是他在汉藏比较研究中的重要成就[3]。

三 运用汉藏比较构拟了上古汉语韵母系统[4]

汉语传统音韵学发展到"乾嘉学派"已经达到了顶峰。汉语音韵学要想有新的进展,就必须挖掘新材料、新方法。20世纪20年代的古音讨论虽集中探讨梵汉对音的可行性问题,但也有一些学者提倡并开始利用汉

---

[1] 邢公畹:《汉台语比较手册》,商务印书馆1999年版,第19页。
[2] 冯蒸:《论古汉语和藏语同源词比较的音韵框架模式》,《汉字文化》2011年第6期。
[3] 全广镇:《汉藏语同源词综探》,台湾学生书局1996年版,第41页。
[4] 俞敏虽未对汉藏辅音(声母)的对应关系进行单独研究,但也指出汉语古声母的一些特点,如存在d-、r-、s-等。

语周边的亲属语言来考察汉语的个别音类。例如，潘尊行（1923）就提出"章太炎的二十一纽目、二十三部古韵，加以黄侃的阐发，纽减为十九，韵增为二十八，这是国内学者关于古音的最近结论了。可是他们的效果，只能使我们约略地知道古今变迁的大齐，不能使我们明白声韵发展的程序。这实由于他们所根据的材料，读音不能古于《广韵》，参证不外乎谐声、音训、韵文、异文等类的缘故。讲到这里，我们可要感着比较语言学的需要了。"① 林语堂在《印度支那语言书目·译者附记》（1928）中提出若对印度支那系中的语言进行比较研究，就能证实中原音声也有复辅音②。董同龢在《上古音韵表稿》（1937）中曾借助苗语把与晓母谐声的明母字拟为清鼻音 m̥。

俞敏（1949，1989）首次以韵部为出发点寻求汉、藏两种语言的同源词，全面建立起汉语与藏语的语音对应关系，并运用语音对应关系窥测出汉语的古韵母系统。他为古汉语整个音系的构拟开创了一条新的研究途径，打破了上古音系构拟以中古音为基点卜推的唯一思路，从而也使汉藏比较的适用范围由对个别音的考证扩展至一个完整的音系，使得汉藏比较在上古音构拟中的作用得以全面体现。

俞敏指出《汉藏韵轨》的研究目的在于借藏语同源字（morpheme）窥测汉语上古音轮廓，在该文中他只是列出汉语韵部与藏语韵类的对应关系，并未对汉语古音进行拟测。《汉藏同源字谱稿》中增加的"藏语指向"是他通过藏语透露的信息窥测出来的上古音可能有的面貌，见表 3.9。

表 3.9　　　　"藏语指向" 中的上古韵部（轮廓）③

之ei ai	幽u	（宵）	侯o u	鱼a	歌al	支e	脂i e ir er il is es	微ur or ul ol	祭ads		
职ig	沃ug	（药）	屋og	铎ag		锡eg	质id ed	术ud od ed	月ad	缉ib eb	合ub ob	盍ab
（蒸）			东oŋ	阳aŋ		耕eŋ iŋ	真in en	谆un on el	元an on	侵im em	覃om um	谈am

---

① 潘尊行：《原始中国语初探》，《国学季刊》1923 年第 1 卷第 3 分。
② 林语堂：《印度支那语言书目·译者附记》，载林语堂《语言学论丛》，开明书店 1933 年版，第 218—238 页。
③ 该表格是笔者根据俞敏的"藏语指向"一栏整理的，个别音值由于字数较少并未收录。

我们可以看出，他的拟音中有的韵部只有一个音值。例如，祭部为 -ads，铎部为 -ag，鱼部为 -a，职部为 -ig，盍部为 -ab，谈部为 -am，等等。但也存在一些韵部有两种或两种以上拟音的情况。例如，脂部有 -i、-e、-ir、-er、-il、-is和 -es等，微部为 -ur、-or、-ul 和 -ol，谆部为 -un和 -on，质部为 -id和 -ed，元部为 -an和 -on。这与他不主张一个韵部只有一个主元音有关。

值得注意的是，俞敏明确指出他的目的在于窥测出上古音可能有的面貌，这与现代人"构拟"或者说摆七巧板摆出来的并不相同。也就是说，他认为通过寻求汉藏之间的同源词建立起汉语与藏语之间语音对应关系，可以为汉语古音构拟提供极有价值的线索，但并不能仅依靠该种方法就构拟出严整的汉语古音体系。

李方桂（1971/1980）提出："汉语与别的藏汉语系的语言的比较研究，这是将来发展汉语上古音系的一条大路，也有不少人尝试。……可是这种工作一直到现在还只是初步的，还没有十分肯定的结论。我们现在可以应用的也不过是少数比较可靠的例子拿来作上古音系的印证而已，还没有作到成系统的拟测藏汉语系的原始语音系统。"①

龚煌城（1991）也提倡将汉语音韵学与汉藏比较结合起来进行研究。他指出："汉藏比较语言学可以因汉语上古音研究的进步而得到坚实的基础，汉语上古音的许多疑难的问题也可因汉藏比较语言学的研究而得到解决。汉语古代的音韵与形态可以藉同源的另一个语言（藏文）来加以证明，正是汉藏比较语言学可以对汉语上古音研究提供的重要贡献。"②

施向东在《汉语和藏语同源体系的比较研究》（2000）一书中列出了1000余对汉藏同源词，并利用汉藏比较的方法对上古汉语的语音、语义和语法等方面提出很多新的见解。吴安其的《汉藏语同源研究》（2002）一书在构拟汉语上古音时也使用了较多的同源词资料。金理新在《上古汉语音系》（2002）一书中对于汉语上古音的构拟，也大量利用了汉藏同源词，即借助汉藏比较的方法构拟上古汉语的音系。

尽管汉藏比较研究还存在诸多问题，但相关学者在该领域不断地进行探索，已经取得了较为丰硕的成果，也为汉语史的研究提供了新的材料和

---

① 李方桂：《上古音研究》，商务印书馆1980年版，第5页。
② 参见全广镇《汉藏语同源词综探》，台湾学生书局1996年版，第2—3页。

思路。

四 运用联绵词证汉藏同源

俞敏搜集了 600 来对汉藏同源词，为汉藏同源关系打下了坚实的基础。之后，他又对汉藏联绵词进行了比较研究，发现了汉语和藏语间存在着 100 多对具有音义对应关系的联绵词，从而将汉藏比较研究从单字词扩展到了联绵词，进一步证实了汉语与藏语的密切关系，并利用同源词来确定一些古汉语联绵词的读音。

（一）对汉藏联绵词进行了大规模的比较研究

俞敏是首位注意到古汉语中的联绵词与藏语存在密切关系的学者。在《古汉语里的俚俗语源》（1949）中就指出古汉语联绵词"扶疏"、"婆娑"、"勃崒"、"槃姗"和"罦罳"等与藏语的pu‑shu（篱笆）存在音义的对应关系。在《汉藏比较的范围应该扩大》（1982）一文中他又指出古汉语的"薜苈、芄荚、撅镢、讦谦、邂逅"与藏语的gi‑gu（尖、角儿、碰头儿、顶牛儿）属于同一个语根①。1992 年，他的《汉藏联绵字比较》一文首次大规模地对汉语与藏语之间存在对应关系的联绵词进行了研究。他以藏语的联绵词为基点，共搜集了"korekore裾拘"、"gigu邂逅/薜苈"和"khamkhum顑颔"等 100 多对汉藏联绵词。

当然，汉语与藏语之间具有对应关系的联绵词并非都是简单的音义对应关系，大部分都需要一番考证才能确定。俞敏凭借扎实的古文献基础和对藏语的精通，对各种情况都作了深入的考证。

（1）在汉藏同源联绵词中，有的藏语音节与汉语音节次序相反。如古汉语的"涒滩"与藏语的thanthun：

《尔雅·释天》："太岁……在申曰涒滩。"玄应《音义》十七引孙炎曰："万物吐秀倾垂之貌也。"藏音倒。②

再如，古汉语的"遗蛇/逶迤"与藏语的 yalyol：

---

① 参见冯蒸《古汉语同源联绵词试探——为纪念唐兰先生而作》，《宁夏大学学报》（社会科学版）1987 年第 1 期。
② 俞敏：《汉藏联绵字比较》，载俞敏《俞敏语言学论文二集》，北京师范大学出版社 1992 年版，第 217—240 页。

《汉书·东方朔传》："遗蛇其迹。"注："遗蛇犹逶迤也。"案：《列子》所称"虚与委蛇"用此义。藏文次序倒。汉童子逢盛碑："当遂逶迤。"①

(2) 一些古汉语联绵字的读音因同化而有所变化。例如：
古汉语的"阁阁"与藏语的krogkrag(grog)：

《诗·斯干》："约之阁阁。"毛传："阁阁犹历历也。"实际是声音。从各声字有洛、烙、雒、络，都用l起头。所以毛传用历历解释。藏文能说明这里有复辅音。②

古汉语的"顑颔"与藏语的khamkhum：

《楚辞·离骚》："长顑颔亦何伤。"洪兴祖补注："……形容枯槁……顑虎感切，颔户感切。"案：户字音古作g-。可能受m同化浊化。汉以来收-m联绵字常有一个在歌部，如坎坷、媕娿、淋漓。从㻎𤫊作坎侯看，这个词可能和坎坷相应。③

(3) 藏语联绵词的读音也会发生变化。例如古汉语的"迍邅"与藏语ljaŋljin：

《易·屯》："迍如邅如"释文："难行不进之貌。"案：水不流则浊。ŋ系n受j同化后变音。本应作ñ。藏语正字法不许，所以写ŋ。读明母则为绵蛮。《诗》有"绵蛮黄鸟"，《大学》引作"缗蛮"。毛传："小鸟貌。"《吕览·序意》高注："跨人短舌不能言为涽潓也。"④

---

① 俞敏：《汉藏联绵字比较》，载俞敏《俞敏语言学论文二集》，北京师范大学出版社1992年版，第217—240页。
② 同上。
③ 同上。
④ 同上。

（二）确定了古汉语一些联绵词的读音

通过与藏语联绵字的比较，俞敏确定了古汉语一些联绵字的读音。例如：

古汉语的"譠諆"与藏语 ldabldob：

《玉篇》："譠諆，妄语也。" 《广韵·合韵》："譠，妄言。諆……亦作誻……"誻下注云："誻……语多誻誻也。"两个字同音。今日通行音逯音 dài，实在是逯字的音。由此推知譠的元音本是 a，受同化和諆同音。①

古汉语的"呦呦"与藏语 ruru：

《诗·鹿鸣》："呦呦鹿鸣。"毛传："鹿得萍呦呦然鸣而相呼也。"案：后汉人用"优婆塞"对 upāsaka，"呦"在幽部，与"优"不同。"虬"渠幽切，又居幽切，和藏语 klu 相应，推知"呦"字实是 ru 音。幽韵字有"翏"声 gl-，"凡"声（从"梵"推）br-，可以作旁证。②

古汉语的"戌削"与藏语的 sagsig：

《汉书·司马相如传》："纷纷裶裶，扬袘戌削。"注："张揖曰：'袘，衣袖也。'"案藏汉音互倒。戌音收舌，藏音收 g 是正音。汉音是受下音节头上 s 逆同化收舌。同根词有"樧粹"。《广韵》："声。"《说文》："樧粲，散之也。"指散米有声。小虫声音有"蟋蟀"。又名"促织"，经过俚俗语源。③

相对于单音节词而言，双音节词在语音上更具有一定的稳固性，更容

---

① 俞敏：《汉藏联绵字比较》，载俞敏《俞敏语言学论文二集》，北京师范大学出版社 1992 年版，第 217—240 页。
② 同上。
③ 同上。

易保存古代的读音。将汉语与藏语联绵词进行系统的比较，我们可以进一步揭示两种语言的密切关系，也有利于揭示出古汉语的复辅音现象。

冯蒸（1987）指出："亲属语言方面的证据十分有助于说明古汉语同源联绵词的种种关系，但这方面的研究有待于进一步拓展。"① 董为光（1984）通过与侗台语的比较，提出原始汉语关于水势上涌的词有一个 *bl-声母，后转化为联绵词"汤㵽"和"浡㵽"fen（龙州壮语），后又演变为单辅音声母"沸"。汉语蚯蚓的古称"蜸蚕"与侗台语的"蚯蚓"，"辟"的联绵词"劈历"与侗台语的"劈"都有对应关系②。之后，他（1986）又指出异声联绵词作为复辅音消失后的历史遗迹，一些古老的异声联绵词在亲属语言里有着它们的复辅音声母的对应词，或者残存着"格式"分化的痕迹，如"扒拉"族联绵词，格式为 p-l-，与藏文、缅语、苗语、水语等语言中都有对应词；再如，若加入联绵词的资料，汉语"屎"与汉藏系其他语言之间的对应关系更加令人信服③。

徐振邦（1998）指出："这项工作做好了，便给汉藏系各语言的同源词的对应、同源词群的对应、同源词族的对应，提供了广泛的可靠的理论根据，更重要的一个方面，就是要通过亲属语具复辅音的词汇与汉语同源联绵词的对比，证明一部分（或大部分）联绵词的出现是因复辅音声母的分立。"④

第三节 将语言研究与社会文化相结合证明汉语与藏语同源

俞敏的《汉藏两族人和话同源探索》拉开了从语言外部因素来考察语言之间发生学关系的序幕，从而为汉语与藏语的发生学关系提供了坚如磐石的证据。语言离不开说话的人，所以从社会历史文化等角度来探讨汉藏系诸语言之间的关系，将语言研究与语言外部研究相结合，才能更好地解释语言自身的问题。

---

① 冯蒸：《古汉语同源联绵词试探——为纪念唐兰先生而作》，《宁夏大学学报》（社会科学版）1987年第1期。
② 董为光：《汉语侗台语语源联系举例》，《语言研究》1984年第2期。
③ 董为光：《汉语"异声联绵词"初探》，《语言研究》1986年第2期。
④ 徐振邦：《联绵词概论》，大众文艺出版社1998年版，第40页。

一 指出历史比较法存在循环论证问题

历史比较法是研究语言的亲属关系和它们的发展规律的一种特殊方法。它"通过两种或几种方言或亲属语言的差别的比较，找出相互间的语音对应关系，确定语言间的亲属关系和这种亲属关系的亲疏远近，然后拟测或重建（reconstruction）它们的共同源头——原始形式。"① 历史比较法自19世纪诞生后，其发展过程实际上就是不断探索语音对应规律的过程。格里姆（Jacob Grimm, 1822）第一个提出了日耳曼语辅音转移规律，主要涉及三套塞辅音的变化。他用T代表p、t、k，用M代表b、d、g，用A代表送气音：

原始印欧语　　前日耳曼语
T　　＞　　A
A　　＞　　M
M　　＞　　T②

但他的研究中存在三组例外无法解释，后来的学者分别作出了解释。例如，罗德纳（C. Lottner）指出如果T前有一个清辅音的话，它就不会变成A，即音变会受到邻音的影响；拉格斯曼（Hermann Grassman）指出如果日耳曼语的M不与原始印欧语中的A相对应，是受相邻音节的影响而致；维尔纳（Karl Verner）指出了第三组例外（T不变A，而变M）出现的原因与词的重音位置有关，他的研究使得印欧系语言的发展线索更为清楚，关于音变的条件也分析得更为全面。"如果说格里姆定律为历史比较语言学奠定了科学的基础，那么维尔纳定律就标志着历史比较语言学已进入成熟的阶段。"③

德国的施莱歇尔（August Schleicher）设计了一种树形谱系图，使得语言之间的亲属关系得以更加直观的形式展示出来。他的学生施密特（J. Schmidt）提出了"波浪说"，修正了树形谱系图仅考虑语言的分化而

---

① 徐通锵：《历史语言学》，商务印书馆1991年版，第71—72页。
② 同上书，第103页。
③ 同上书，第110页。

不考虑语言统一和语言之间相互影响的观点。也就是说，西方学者虽意识到历史比较法在研究语言之间亲属关系时存在局限性，并做了一些补救，但并未意识到该方法自身可能存在循环论证的问题。

汉藏语系的假设提出后，人们亦运用历史比较法确立汉藏系诸语言的发生学关系，但随之发现建立于印欧语系基础之上的历史比较法并不完全适用于汉藏系语言的研究，所以不断探索适合于汉藏语系自身的具体方法。如李方桂提出以"单音节和声调的一致性"为标准，邢公畹和俞敏从语法角度入手进行比较；在确定同源词方面，邢公畹提出"深层语义法"，严学宭提出"词族比较法"，等等。可见，在20世纪80年代以前，国内并没有学者对历史比较法的研究思路进行反思。

20世纪80年代，俞敏率先对历史比较法的这种研究思路进行了反思。他在《汉藏两族人和话同源探索》（1980）一文中首次意识到运用历史比较法进行操作时存在循环论证的问题：

> 我们一上来说汉话 x 和藏话 y 音、义都近，证明汉、藏两种话是从一个来源分化出来的，也就是说汉、藏话是亲属语言。反过来，我们又用汉、藏同源理论证明汉话 p 和藏语 q（好比"鱼"，北京人说"y"，藏话说"ńa"）音不近是后来演变的，原来应该一样。这真够引起人冷嘲热讽的。反响微弱，是赶上读者好脾气儿了。
>
> 这种循环论证，印欧比较语言学里也有。可是人家材料丰富，方法严密，形态变化相像这种证据很强。别看它那理论始终是个假设，可是人们信这个假设信到把它当作事实的程度。咱们这里就没这些条件。①

他明确提出单纯从语言材料入手来证明两种语言同源存在循环论证的问题。但在印欧系诸语言研究中，由于材料丰富，证据比较强，所以人们很容易将这种假设看作现实，而没有意识到该种研究思路存在循环论证。而在汉藏语系中，由于材料不足，方法上也不够严密，导致历史比较法存在循环论证的问题得以凸显出来。

---

① 俞敏：《汉藏两族人和话同源探索》，《北京师范大学学报》（社会科学版）1980年第1期。

之后，日本的桥本万太郎（1985）亦指出历史比较法存在循环论证："成问题的是'音韵法则'这个引起误解的术语（这和自然科学的'法则'，性质很不一样）。从两个语言间发现音韵对应，来建立'音韵法则'，再用这个'音韵法则'来证明谱系关系。——这样，比较语言学的看法就成了问题。"①

尽管俞敏指出了历史比较法的循环论证问题，但他并未就此否定历史比较法在汉藏语系中的地位，他的目的在于指出对两种语言的发生学关系并不能局限于历史比较法，不能局限于语言本身。历史比较法并不是历史语言学的唯一方法，在运用历史比较法进行研究的同时，应再从新的思路入手，来证明两种语言之间的亲属关系。

二 运用上古史料证汉语和藏语同源

俞敏主张应从汉藏语自身特点出发去探索新的研究方法。他指出："汉藏比较语言学出现在印欧比较语言学后头，理论、方法都免不了受印欧学影响。另一方面，处理的材料不一样，总也要有自己的创新。"② 由于汉藏系诸语言形态贫乏，语言材料的积累也没有印欧语系丰富，所以直接运用历史比较来证汉藏同源，难度较大。

> 正面突破做不到，咱就迂回。本文就是企图从语言事实以外找材料来证明汉、藏两种话是同源的。这种材料就是上古史。
> 要是咱们能用史料证明汉、藏两族原是从一个母系氏族派生出来的，语言同源就得到坚如磐石的根据了。③

俞敏（1980）运用《国语》《水经注》《说文》《尚书》《后汉书》等古代文献，考察了姜、姬两姓的发展演变，指出了姜族、羌族、秃发氏之间的分化融合关系。

他根据《国语·晋语》的记载："昔少典氏娶于有蛴氏，生黄帝、炎

---

① [日] 桥本万太郎：《语言地理类型学》，余志鸿译，北京大学出版社1985年版，第201页。
② 俞敏：《汉藏两族人和话同源探索》，《北京师范大学学报》（社会科学版）1980年第1期。
③ 同上。

帝。黄帝以姬水成，炎帝以姜水成。成而异德，故黄帝为'姬'，炎帝为'姜'"，又根据司马迁的《史记·五帝本纪》的记载："黄帝者，少典之子，姓'公孙'，名曰轩辕……轩辕之时，神农氏世衰……诸侯咸归轩辕"得出结论：

> 炎帝跟黄帝是两个部族或者部落联盟的大酋长，也就是这两个部族的代表。这两个部族本来是从一个母系氏族——有蟜氏派生出来的，是兄弟部族。①

随后他又考察了姜水和姬水的位置：

> 《水经注·渭水篇》："……大峦水注之。水出西北大道川，东南流入漆，即故岐水也……又屈迳周城南……又历周原下……岐水又东径姜氏城南，为姜水。按《世本》：'炎帝姜姓。'《帝王世纪》曰：'炎帝神农氏姜姓，母女登游华阳，感神而生炎帝，长于姜水。'是其地也。"这么说炎帝部族是从现在的陕西省岐山县西北兴旺起来的。顺着渭水到黄河，再顺着黄河南岸往东移民，先到河南，后到山东："初都陈，又徙鲁。"
>
> 姬水呢？《渭水篇》上文说："……轩辕谷水注之，水出南山轩辕溪。南安姚瞻以为黄帝生于天水，在上邽城东七十里轩辕谷。"姚的话要是可靠，那么黄帝部族是从现在的宁夏自治区兴旺起来的。以后也顺着渭水到黄河，再顺着黄河北岸往东移民，在现在的河北省北部跟一个敌对部族打了一个决定性的胜仗："与蚩尤战于涿鹿之野，遂擒杀蚩尤，而诸侯咸尊轩辕为天子，代神农氏，是为黄帝。"
>
> 从上头这些材料看，这两个兄弟部族发源地都在渭水跟它的支流的源头，兴旺起来以后都往东走，顺着黄河，都往黄河入海口奔。②

最后俞敏得出结论：姜、姬两姓的人是同源的。既然两族人同源，那

---

① 俞敏：《汉藏两族人和话同源探索》，《北京师范大学学报》（社会科学版）1980 年第 1 期。
② 同上。

么语言呢？他根据《说文解字·后叙》《国语》《春秋》《史记》等文献记载，指出周人母亲始祖是姜嫄。"姜"与"羌"同源。姜、姬两姓，从后稷弃开始，辈辈通婚。两个部族说的是同一种语言的两个方言。

> 在决战以前，武王在军队面前作了一个演说——《尚书·牧誓》。……在当时听讲的联军里就有羌人。铜器《羌白簋》说："王若曰：羌白！朕丕显且文王武王雁受大命。乃且克奔先王，异自他邦！"这些甲骨金文史料比书本上的证据更硬。羌人真出席了，而且他们听话不用翻译。①

可见，当时方言分歧还不是很大。武王统一天下后，大封姬姓、姜姓等大臣到各地做诸侯。"这样，用姜（羌）、姬作骨干，吸收了别的部、姓的血液，形成一个统一的'华夏族'。"②

然后，他对羌族的历史进行了考察。

> 《后汉书·西羌传》说："西羌之本，出自三苗，姜姓之别也。其国近南岳……舜……徙之三危，河关之西南，羌地是也。"《说文》说："羌，西戎牧羊人也。"③

这就是说，姜部落回到游牧生活的就叫"羌"。他又根据《隋书·西域传》《旧唐书·吐蕃传》等文献的记载，指出留在西北的姜姓在唐朝称为"吐蕃"，元朝开始称为"乌斯藏"、"卫藏"，这个民族就是汉人5000年来的亲骨肉——藏族。即现在的藏族来自"出自三苗，姜姓之别"的西羌，藏语可以说就是古代羌语的延续和发展，与以姜、姬两姓为基础而形成的汉语具有亲属关系，尤其是跟姜姓独有的方言更像。

姜、姬形成汉族————汉族
羌族（留在西北的姜姓）————藏族

---

① 俞敏：《汉藏两族人和话同源探索》，《北京师范大学学报》（社会科学版）1980年第1期。
② 同上。
③ 同上。

关于羌族地区曾经由其他民族统治的情况，俞敏指出："他们的王是哪里去的无关紧要。现在的英王室本是德国人，可是他们得说英国话。吐蕃是羌人的国，谁去作王也得说羌话——现在叫藏话。"① 邢公畹先生赞同俞敏这一观点，并补充例子说："隋代的建国者杨家，唐代的建国者李家，都是鲜卑化的汉人，而他们的母亲和妻子又都是汉化的鲜卑人；当他们当权之后，如果推行鲜卑语，那就会立刻丧失政权。再如元代的建国者是蒙古族，清代的建国者是满族，在语言文化问题上，他们无法消除汉语的抗入侵性。"②

俞敏从历史学、文献学的角度，用严密的方法和确凿的史料，详细论证了汉藏两族人和话有同一个起源。与历史比较采用以今证古的"回顾"的方法不同，他用"前瞻"的方法考察了汉语与藏语之间的亲属关系，为汉藏语亲缘关系的研究提供了新的思路和方法。"印欧学可以给上古史研究提供材料。……上古史料反而可以倒过来给比较语言学提供语言亲缘的证据。这个方法简直是创新。"③

在汉藏比较研究中，他指出单纯地从语言自身出发无法自足地解释或证明汉藏诸语言之间的亲缘关系，所以他将语言与社会文化相结合来证明汉语与藏语的发生学关系，从而开启了从语言外部因素证明语言亲属关系的新途径。之后的学者对此评价都非常高，如徐通锵（1991）指出，俞敏的《汉藏两族人和话同源探索》一文结合汉语历史文献丰富的特点利用"前瞻"的方法考察了汉语与藏语之间的亲属关系，这种探索是很有价值的④。施向东（1996）指出，为了解决历史比较法循环论证的问题，俞敏采用了双管齐下的做法：一方面从历史学和文献学的角度严密地论证了汉族和藏族的人和话有同一个起源；另一方面在汉语和藏语中寻找同源词以建立语音对应规律，使得汉藏比较研究建立在无懈可击的坚实基础上⑤。

受该种新思路的影响，之后大量的学者都开始从语言外部因素来考察

---

① 俞敏：《汉藏两族人和话同源探索》，《北京师范大学学报》（社会科学版）1980年第1期。
② 邢公畹：《汉藏语系研究和中国考古学》，《民族语文》1996年第4期。
③ 俞敏：《汉藏两族人和话同源探索》，《北京师范大学学报》（社会科学版）1980年第1期。
④ 徐通锵：《历史语言学》，商务印书馆1991年版，第34页。
⑤ 施向东：《有关汉语和藏语比较研究的几个问题》，载谢纪锋、刘广和主编《薪火编》，山西高校联合出版社1996年版，第235—247页。

汉藏语系诸语言的发生学关系。如邢公畹（1984）运用考古学和体质人类学的成果来进行研究，指出："有一个与后世藏族有关的古种族在远古从华北平原向西南逐步迁徙，沿甘肃、青海、四川而入西藏，还有一部分顺着川康之间的横断山脉而入云南，并且在漫长的迁徙过程中，他们的语言发展成为藏缅语族，则似乎是可以这么说的。"[①] 黄树先（2002）从文献记载、考古学、人类学和语言的角度对汉语和缅语的关系进行了研究[②]。吴安其（2002）通过对考古中各种文化背景的分析，认为在整个藏缅语链中，实际上古藏语与汉语的关系最为密切，尤其是从词汇方面来观察，再次证实古藏语与汉语的关系最为密切[③]。潘悟云（2008）指出：从生物学角度看，汉藏两族相同的基因突破位点数比其他人群更多；从语言学角度看，汉藏两族共有的同源词也最多。他也主张汉语与藏语有着最密切的发生学关系[④]。

三　将语言研究与上古史料相互印证

俞敏（1980）运用史料证明汉语与藏语同源之后，随即发表了他在汉藏比较研究的代表作《汉藏同源字谱稿》(1989)，该文列出了近600对汉藏同源词，从语言自身因素证实了汉藏两种语言之间的同源关系。前文提及，羌族是留在西北的姜姓，那么藏语（吐蕃）应该跟姜姓独有的方言关系更为密切。1991年，俞敏指出春秋时代的齐国是姜姓第一大国，故将齐话作为姜话的代表。他选择了齐语著成的《公羊传》《方言》中的词汇和郑注三礼等零星记录，分别从语音、虚词、词类、词组、词序、主谓和词汇等方面证明齐语与藏语关系密切。

（一）语音方面

在语音方面，由于材料比较琐碎，他找出了四条相对应的规律。

第一，位于 i、e 元音之后的 -ŋ 常变成 -n。例如：

《说文·厶部》："韩非曰：'仓颉作书，自营为厶。'"今本韩子

---

① 邢公畹：《汉藏系语言及其民族史前情况试析》，《语言研究》1984年第2期。
② 黄树先：《从史实看汉缅语关系》，《语言研究》2002年第3期。
③ 吴安其：《汉藏语同源研究》，中央民族大学出版社2002年版，第65页。
④ 潘悟云：《汉藏二族，血肉相连——生物学与语言学的视角》，载上海市社会科学界联合会编《现代人文：中国思想·中国学术》，上海人民出版社2008年版，第137—143页。

作"环"。《公羊传》庄十年:"以地还之也。"何注:"还,绕也。"

《公羊传》僖元年:"公败邾娄师于缨,"《左传》作"偃"。反映齐人"缨"读yen一类音。

藏文动词 len-pa 的将来式是 blaŋ-ba。元音变是 ablaut,尾音-ŋ、-n 互换也是 e 元音影响-ŋ 变-n。①

第二,动词长短音的区别作用相同。例如:

庄廿八年《传》:"春秋伐者为客,伐者为主。"注:"伐人者为客,读'伐'长言之。齐人语也。见伐者为主,读'伐'短言之,齐人语也。"②

藏文动词 hbod pa 是"叫人来",bos 是过去式,"叫来了"。主人请客用"入声"。叫来的是客人,用-s,"去声"。别看不包含打仗的意思,长短的区别是一样的。③

第三,辅音的清浊交替作用相同。例如:

桓十一年《经》:"柔会宋公陈侯蔡叔盟于折。"《释文》:"折,之设反,又时设反。"《广韵·薛韵》:"折,旨热切……又常列切。"用现在的话说,之设、旨热 zhé 是动词。时设、常列 shé 是分词(=形容词)。藏文动词"毁" hdźoms pa 的过去时是 btśompa,命令式是 gźom pa。tś 是"之、旨"类,ź 是"时、常"类。④

第四,s-使浊声母清化。

《颜氏家训·音辞》说:"江南学士读《左传》,口相传述,自为凡例。军自败曰'败'。打破人军曰'败',音补败反。"……从藏文反映的情况看 bred 是"害怕",象自败;sbres 是"饥寒憔悴",是叫

---

① 俞敏:《东汉以前的羌语和西羌语》,《民族语文》1991年第1期。
② 同上。
③ 同上。
④ 同上。

对手倒霉，使动词，正象打败人军。声母清化是受s顺同化。①

（二）语法方面

在虚词研究方面，他指出了齐语的"其、所、与、以（已）、焉、若、者、是"等虚词分别与藏文的"gji、sa、ya、re、yan、ṅag、tśa、de"等虚词存在着对应关系。如"与"：

《公羊传》隐元年说："会、及、暨、皆与也。"这就是北京口语的"和"。藏文"结亲"说gńen ya，ya就是"与"，gńen就是《礼记·中庸》郑《注》"读如'相人偶'之'人'"。《正义》："仁谓仁爱相亲偶也。"齐语藏语完全相合。②

在词类活用研究方面，他指出齐语与藏文皆有名词动用、名词作状语、被动、使动等用法。如"名词动用"：

庄十二年《传》："手剑而叱之。"是用手拿剑。藏语semspa又是"心"，又是"想"。正好象古汉语"意"是"心意"，《汉书·货殖传》："赐不受命而货殖焉。'意'则屡中。"是"推测"一样。③

再如"名词作状语"：

公羊僖十九年《传》："自亡奈何？鱼烂而亡也。"《注》："百姓一旦相率俱去，状若鱼烂。鱼烂从内发，故云尔。"这就是"象鱼那样儿烂"。……藏文有rtariŋ（马长），"象马儿那样儿长鸣"。ña gźib gźib（鱼列），"象鱼那样儿排列"——"鳞次"。④

在词序方面，例如：

---

① 俞敏：《东汉以前的姜语和西羌语》，《民族语文》1991年第1期。
② 同上。
③ 同上。
④ 同上。

原始汉语的常见词序是"头词"(head‑word)在前,"定语"在后。这种遗迹在《诗·大雅》还残存一些,象桑柔(柔软的桑树条)、王季(顶小的王)。《易》也有,第2个"九"叫"九二"。藏语这种排法极多,比方 śiŋ ḥdźampo(树柔)。①

(三)词汇方面

他共搜集了107对齐语与藏文存在音义对应的词,排列顺序:左边为藏语词,是按藏文词典的次序排列的,中间为释义,右边为典籍中记录的齐语,由于《汉藏同源字谱稿》中音的对应比较详细,这里就没有再列出古汉语的拟音。如:

kyoŋbu　小锄　《释名·释器用》:"锄……齐人谓其柄曰檀。"
gu　　　弯曲　《说文·肉部》:"齐人谓腪'脄'也。""瘦就显弯。"
rten　　附着　《诗·鸤羽·疏》引孙炎:"物丛生……齐人名曰'稹'。"
thalba　失言　玄应《音义》引《篡文》:"衮州人以相欺为诧人,音汤和反。诧,避(隐瞒)也。"
slom　　筛子　《说文·网部》:"罧,积柴水中以聚鱼也。"②
rtolpa　戳刺　《说文·木部》:"椎,击也。齐谓之终葵。"
dmepo　近亲　《礼记·礼器》:"不麛蚕。"注:"齐人所善曰麛。"

可见,俞敏在通过史料发现藏语与齐语的密切关系后,又专门从语言角度入手来考察两种语言在语音、词汇和语法各个方面的关系,使得语言外部材料和语言材料相互印证,在充分地证明了齐语与藏语具有同源关系的同时,进一步证实了汉藏两种语言的发生学关系。

---

① 俞敏:《东汉以前的姜语和西羌语》,《民族语文》1991年第1期。
② 同上。

第四章 梵汉对音研究

　　梵汉对音亦称华梵对音，是利用梵汉对音材料（主要是汉语音译梵文名词术语或密咒），通过梵文的读音来了解汉语古音的一种音韵学方法，是译音对勘法的一种。汉译佛教文献中保存的梵汉对音材料跨度长达千余年，从东汉到宋代都有陆续译出的佛典。汉语本身在这千余年中从上古阶段经历中古阶段而至近代阶段，语音面貌决不可一概而论。朝代更替，经师有别，其所操方音自然代表了古今南北的不同语音，所以他们的译音材料就成为后代音韵学家研究历代语音体系的珍贵资料。

　　梵汉对音方法的产生可以归结为两个原因：第一，整理国故是其产生的外部动力。《国学季刊》发刊词对整理国故的新方法提出了意见，其中一个就是提倡利用比较的方法来帮助国学的材料的整理与解释，并以音韵学为例来说明比较方法的效用："音韵学上，比较的研究最有功效。用广东音可以考侵覃各韵的古音，可以考古代入声各韵的区别。近时西洋学者如 Karlgren，如 Baron von Staël-Holstein，用梵文原本来对照汉文译音的文字，很可以帮助我们解决古音学上的许多困难问题。不但如此：日本语里，朝鲜语里，安南语里，都保存有中国古音可以供我们的参考比较。西藏文自唐朝以来，音读虽变了，而文字的拼法不曾变，更可以供我们的参考比较，也许可以帮助我们发现中国古音里有许多奇怪的复辅音呢。"[①]为了说明比较研究的功效，发刊词还附上了钢和泰的《音译梵书和中国古音》一文，该文指出："在那些外国字的汉文译音之中，最应该特别注意的是梵文的密咒（Mantras）一类。这些梵咒（亦称'陀罗尼'Dhāraṇi，译言'总持'）曾经用汉字译音，使那些不懂印度文的人也可以依汉字念诵。""只要我们能寻出梵文原文来和音译的咒语对照，便可以知

[①] 胡适：《发刊宣言》，《国学季刊》1923 年第 1 期。

道那些汉字在当时的音读了。"①

第二，音韵学本身的发展是其产生的内部原因。运用传统的材料和方法研究汉语音韵学，至清"乾嘉学派"已经达到了顶峰。"古韵之学，自崐山顾氏，而婺源江氏，而休宁戴氏，而金坛段氏，而曲阜孔氏，而高邮王氏，而歙县江氏，作者不过七人，然古音廿二部之目遂令后世无可增损。故训诂名物文字之学，有待于将来者甚多，至古韵之学，谓之前无古人后无来者可也。"② "等韵图的编制，至劳乃宣已走到穷途；宋元等韵的解释，至黄季刚亦陷入绝境。设若没有新的血液灌输进来，恐怕我们中国的音韵学永永远远停留在株守和妄作的阶段里。"③ 可见，汉语音韵学研究要想有所发展，就必须挖掘新的材料采用新的方法。因这种时代要求，梵汉对音材料进入了研究者的视野。它的出现为汉语古音音值的拟测开辟了新的道路，"表明汉语音韵学的研究从此获得了新观点、新材料和新方法，并进而完成了传统音韵学向现代音韵学的转变"④。

罗常培（1933）指出："自从 1923 年钢和泰 A. Von Staël – Holstein 发表了那篇《音译梵书和中国古音》之后，国内学者第一个应用汉梵对音来考订中国古音的，要算是汪荣宝的《歌戈鱼虞模古读考》。因为这篇文章虽然引起了古音学上空前的大辩论，可是对于拟测汉字的古音确实开辟了一条新途径。我在《知彻澄娘音值考》那篇论文里也曾经应用这种方法考订过中古声母的读音问题，我相信如果有人肯向这块广袤的荒田去耕植，一定还会有更满意的收获！"⑤ 但由于梵汉对音材料错综复杂，以往学者的研究也因目的的不同而仅局限于对某些韵母、声母或声调的考证，所以取材范围较小，操作方法比较简单，致使这种方法在产生以后的半个多世纪里都没有获得实质性的发展。

俞敏非常重视梵汉对音材料在汉语古音研究中的价值。他完成于 1979 年而发表于 1984 年的《后汉三国梵汉对音谱》⑥ 一文打开了梵汉对音研究的新局面，使得该方法在理论上进入成熟与完善阶段。他在实践中对梵汉

---

① [俄] 钢和泰：《音译梵书和中国古音》，胡适译，《国学季刊》1923 年第 1 期。
② （清）王国维：《观堂集林》（第 2 册），中华书局 1959 年版，第 394 页。
③ 赵荫棠：《等韵源流》，商务印书馆 1957 年版，第 315 页。
④ 杨剑桥：《汉语现代音韵学》，复旦大学出版社 1996 年版，第 9 页。
⑤ 罗常培：《唐五代西北方音·序》，中研院历史语言研究所 1933 年版，第 1 页。
⑥ 《后汉三国梵汉对音谱》一文于 1979 年完成时，俞敏就油印分送给学界同仁，所以在 1984 年正式发表之前，该文就已经产生了广泛的影响。

对音材料进行了全面而谨慎的考证，并创造性地将梵汉对音方法的适用对象从个别声母、韵母及声调的考证扩展至一个完整的音系，使得这批材料的价值得以完全地显现出来，并进一步提升了梵汉对音方法的可靠性。

他在这一领域的独创性主要体现于以下三点：（1）开创了利用梵汉对音研究汉语某一完整音系的新范式；（2）为梵汉特殊对音关系的解释树立了绝佳的范例；（3）首次对梵汉对音材料进行了全面而谨慎的考证，并将其列为梵汉对音研究不可或缺的一部分。

第一节 开创了利用梵汉对音研究汉语某一完整音系的新范式

陆宗达先生曾高度评价俞敏的《后汉三国梵汉对音谱》一文："俞敏所撰古声韵论述已脱稿，全书约五万字。确是创造性的著作。他从大藏经中梵文藏语用很精密审音方法得出东汉人的读音，由此上溯古音而摆脱了根据《诗经》押韵的框框儿。确是开辟了研究古韵的一条新途径……"[①]

一 将梵汉对音的适用对象扩展至一个完整的音系

钢和泰（1923）率先从理论上提出可以利用梵汉对音方法来研究汉语古音，但他实际考证的内容并不多。之后，汪荣宝（1923）利用梵汉对音材料考察汉语古韵"歌、戈、鱼、虞、模"五部的音值，认为唐宋以上"歌、戈"的韵母是a，魏晋以上"鱼、虞、模"的韵母是a[②]。他的研究打破了汉语无a音的观点及顾炎武认为a来自西域的观点。罗常培（1931）利用梵汉对音材料证明了"知、彻、澄"三母从6世纪末（592）到11世纪初（1035）曾有过读作 $ṭ$、$ṭh$、$ḍ$（或$ḍh$）音的事实[③]。周法高（1948）运用唐初和尚的译音材料考察出唐初甚或较早时候四声中平仄有长短的区别[④]。李荣（1952）利用隋以前对音材料来证明汉语古音浊塞不

[①] 谢栋元：《怀念陆颖明师》，载北京师范大学民俗典籍文字研究中心编《陆宗达先生百年诞辰纪念文集》，中国广播电视出版社2005年版，第66—76页。
[②] 汪荣宝：《歌戈鱼虞模古读考》，《国学季刊》1923年第1卷第2分。
[③] 罗常培：《知彻澄娘音值考》，《中研院历史语言研究所集刊》1931年第3本第1分。
[④] 周法高：《说平仄》，《中研院历史语言研究所集刊》1948年第13本。

送气①。

在前人的研究中，梵汉对音材料的适用范围虽已由韵母扩展至声母及声调，但其研究对象主要在于考证个别声母、韵部的音值及其古今沿革，所以并没有将梵汉对音材料的价值充分挖掘出来。直到20世纪80年代，俞敏注意到汉末翻译印度佛经的文献是研究上古音珍贵的语言材料，并运用这些材料构拟了汉代音系，从而将梵汉对音材料的适用对象扩展到一个完整的音系，才使得这种材料及方法有了新的突破。自此之后，人们开始运用梵汉对音材料来考察断代音系或古方言音系。耿振生（2004）以俞敏的《后汉三国梵汉对音谱》一文为标志将梵汉对音的发展分为两个时期："20世纪前期，用梵汉对音的材料以及其他古西域语言的对音材料构拟汉语古音，主要是针对某一时代汉语的某一部分音类而进行。"② "利用梵汉对音材料全面系统地研究某一时代的汉语音系，在20世纪80年代以后广泛展开。俞敏的《后汉三国梵汉对音谱》是一篇代表性的文章，也是在80年代以后才正式发表的。"③

相较于以往学者的研究，俞敏取材范围比较广泛，涉及后汉三国时期摄摩腾、竺法兰、安世高、支谶、康僧会、支谦、竺律炎等20多位经师翻译的300多卷经和律，基本上包括了那一时期所有经师的译音材料。前人对后汉三国时期的对音材料只是零零碎碎地引用，俞敏对该时期的材料重新整理（很多材料以往的学者们几乎都没有利用过），并首次穷原竟委地利用这一批可靠的材料将其所代表的方音系统给拟测出来。他选取了500多个对音用字来考察当时的语音系统，成功地整理出后汉三国时期汉语的语音系统。

他以梵文辅音和半元音为出发点，考察了k、kh、g、gh、c、ch、j、jh、jñ、ṭ、ṭh、ḍ、ḍh、ṇ、t、th、d、dh、n、p、ph、b、bh、m、y、l、v、ś(ç)、ṣ(ṣ)、s、h、kṣ（tṣh）等音在汉语中对音用字的情况，整理出了后汉时期的25个辅音声母，见表4.1a。由于"精"、"清"、"从"、"床"四个声母在对音中没有找到直接证据，仅是推断可能存在，所以他将这四个声母置于括号之中。

---

① 李荣：《切韵音系》，中国科学院1952年版，第113—116页。
② 耿振生：《20世纪汉语音韵学方法论》，北京大学出版社2004年版，第267页。
③ 同上书，第274页。

第四章 梵汉对音研究　71

表 4.1a　　　后汉三国时期辅音声母系统（老式拉丁转写）

k 见	kh 溪	g 群，匣[1]	ñ 疑
t 端	th 透	d 定	n 泥
p 邦	ph 滂	b 並	m 明
(ts) 精	(tsh) 清	(dz) 从	
tṣ 庄	tṣh 初	(dẓ) 床	
y 喻		l 来	v 匣[2]
ś 审	ṣ 山	s 心	h 晓

按新的国际音标转写为（见表 4.1b）：

表 4.1b　　　后汉三国时期声母系统（国际音标，2005 修订版）

k 见	kh 溪	ɡ 群，匣[1]	ŋ 疑
t 端	th 透	d 定	n 泥
p 邦	ph 滂	b 並	m 明
(ts) 精	(tsh) 清	(dz) 从	
tṣ 庄	tṣh 初	(dẓ) 床	
j 喻		l 来	v 匣[2]
ɕ 审	ʂ 山	s 心	h 晓

在韵母方面，他先以梵文的元音 a、ā、i、ī、u、ū、e、ai、o、au 为出发点探讨后汉三国时期的元音系统；然后确定韵尾，有 -l、-r、-d、-b、-g、-s、-m、-n、-ŋ 等，最后整理出该时期的韵母系统，见表 4.2。

表 4.2　　　　　　　　后汉三国时期韵母系统

阴	歌 al	鱼 a	幽侯 u o	宵 au	脂支 i ɪr		之 ɐi			
入（去）	泰 ad as				至 id ed is	队 ud us		职 ɐig ib	缉甲 ub ob	盍 ab
阳	元 an				真 in en	谆 un	清 iŋ ɐiŋ	蒸	侵甲 im	侵乙 om	谈 am

在声调研究方面，他不赞同汉人分四声是因为摹拟印度声明的观点，而是主张汉语本就有四声的存在，只是受了声明影响，才意识到这种现象而已。他先对《切韵》12158字进行了统计，得出上平占23.9%，下平占22.1%，上声占17%，去声占19.1%，入声占17.7%，而后他又对嵇康的《与山巨源绝交书》进行了统计：得出平声占39%，上声占21.6%，去声占19.5%，入声占19.8%。通过他对文献中四声出现情况的统计分析，我们完全可以看出四声的区别在当时已存在，而且人们能够自觉运用。

俞敏先是根据梵汉对音材料对隋唐时期的声调情况进行了考察。他指出，安然《悉昙藏》用上声汉字来对译梵文的高调，即udātta，所以确定上声为高调；《无量寿佛往生净土咒》用汉字的去声对译最轻尾音节，所以推断去声是低调，即anudātta；根据《悉昙集纪》附《林记》中的描述情况来看，平声要比上声低，所以他推断平声是个中平调。他只对隋唐时期三个声调的情况进行了描述，并没有牵强地去描述另外一个声调。该种处理方式进一步提升了这种研究方法的科学性和严谨性，见表4.3。

表4.3　　　　　　　　　　隋唐时期的声调系统

声调	调值
平声	中调
上声	高调
去声	低调
入声	（未定）

在此基础上，他指出后汉的去声和隋音一样，是低调，后汉平声是udātta中调，上声几乎不用，入声不管开头为清辅音还是浊辅音，高低调的情况都有。

二　将个别音类研究与音系研究相结合

俞敏创造性地将梵汉对音方法的适用对象从个别声母、韵母的考证扩展到一个完整的音系，使得该方法的音韵学价值得以完全体现。在具体研究中，他将个别音类研究与音系研究结合起来，从部分与部分的联系出发来构建整体，与此同时，又以整体的视野确定局部，实现了部分与部分、部分与整体的相互印证，克服了一直困扰人们的梵语与汉语语音格局存在差异的问题，从而在很大程度上增加了梵汉对音方法的可靠性。他对每一个声母和韵母音值的确定，基本上都通过与其他音相比较并根据其在整个音系中的地位来加以确定。

例如，梵文a与汉语的"歌"部和"鱼"部都存在着大量的对应关系。汪荣宝曾据此证明汉语"歌、戈"两韵与"鱼、虞、模"三韵在魏晋以前都读a，该种构拟引起了诸多学者的批评。俞敏发现在后汉三国时期的对音材料中，"歌"部与"鱼"部确实存在着大量的混用现象。例如：

歌：阿a ar　呵ha　多ta　叉差kṣa　沙裟ṣa
鱼：车cha　无ma　疏ṣya　屠dha　吐tā①

他从音系入手来确定"歌"部和"鱼"部的音值。首先，他通过汉语与藏语比较，发现"脂"部有一部分字对应藏语的－ir、－il，这就证明同属平声的"脂"部字有收－r或－l的可能。此外，"歌"部的"陀"字也有一个收－r的音，那么"歌"部就有可能收－ar或－al。然后，他又考察了对音中所有的收尾辅音，发现入声收－r的较多，若拟"歌"部为－ar，则很容易与入声相混，故将其拟为－al，而将"鱼"部拟为－a，并提出可以通过"歌"部－l尾的脱落来解释梵汉对音中"歌、鱼"两部的混乱现象。

由以上分析我们可以看出，只有把一个音置于一个完整的音系中，才能给它一个合适的位置。这样尽管两种语言的语音格局不同，但经过整体对应之后，每个音系格局中每个音的位置基本上是相对的，所构拟的音也更有说服力，同时也增加了该方法的可靠性。

三　开创了研究汉语某一音系的新范式
（一）为上古（后汉）音系的构拟提供了新思路

清代及以前的学者对上古音的构拟主要依靠先秦时期的诗经韵文、谐声和假借等材料。由于材料所限，他们在韵母方面取得了极高的成就，但

---

① 俞敏：《后汉三国梵汉对音谱》，载俞敏《俞敏语言学论文集》，商务印书馆1999年版，第1—62页。

在声母方面成就不大。到了近代，高本汉首次全面系统地构拟了汉语的中古音系统。他首先根据汉语的现代方言和切韵系韵书构拟了中古音体系，然后以所拟的中古音为出发点来构拟汉语的上古音和近代音，从而开创了汉语语音史研究的新局面。自此之后，人们的上古音研究基本上都沿袭这一思路进行，即在高本汉研究的基础之上补苴罅漏，也就形成了汉语史研究中一个重要的传统倾向，即"把中古《切韵》阶段作为一个台基，往上可以构拟上古音，往下可以推论今天的方言分化"[①]。

上古音的构拟若以中古音为出发点，就已经预设上古音与中古音在结构、层次等方面类型一样。由于上古声母方面的研究材料比较少，人们在构拟上古音时对中古音的依赖性比较强，以往构拟的上古音对中古音的依赖性比较强，很多学者所拟的上古声母系统基本就是中古声母系统的复制。俞敏利用后汉三国时期的梵汉对音材料成功地构拟出了汉代音系，突破了以中古音为出发点构拟上古音的一贯思路。他所构拟的音系更接近于上古音（后汉三国时期）的真实面貌。

人类的认识规律自然是由近及远的，在对上古音缺乏认识的情况下由中古音往上推，是可以理解的，但是，我们必须看到，汉语语音从上古发展到中古，很多老的语音现象可能消失，一些新的语音现象可能产生。过分依赖中古音来构拟上古音系，是很危险的。一方面，这样做可能忽视、遗漏上古音系中有而后世消失的语音现象，如俞敏提出的"至部、祭部去声收-s尾、入声收浊塞尾"等观点，若以中古音为出发点，则很难拟测出来；另一方面，则可能将后世新产生的语音现象强加给上古音系。例如，高本汉所构拟的中古和上古音系中都存在"邪"母，而俞敏利用梵汉对音材料证明"邪"母在后汉三国时期尚未产生，在先秦时期更不可能存在。之后，郑张尚芳等学者根据汉藏比较等材料的研究也证明了汉语上古时期（先秦）"邪"母并未产生。

可见，利用梵汉对音材料来构拟上古音在一定程度上可以摆脱中古音的束缚，弥补了以中古音为出发点来构拟上古音的一些不足。梵汉对音材料可以将上古汉语（至少是上古后期汉语）的一些语音现象客观地呈现在我们面前，故我们可以利用它来构拟上古音系。

---

① 丁邦新、孙宏开主编：《汉藏语同源词研究（一）》，广西民族出版社2000年版，第111页。

（二）克服了上古（汉代）音系的杂糅现象

以往人们拟测汉代音系所运用的材料，韵母方面主要依靠韵文。声母方面，陆志韦在《说文解字读若音订》（1948）中利用《说文解字》中的读若进行研究；王力在《汉语语音史》（1985）中认为汉代声母并无足够材料可供考证，便假定它与先秦相同或变化不大。他们所构拟的汉代音系实际上是不同时空声、韵、调的杂糅。他们研究声母与韵母所采用的材料分属于不同的时期。另外，学者们常常引举为佐证的谐声与读若所反映出来的声韵系统亦是不同时空的产物。所以，依靠这些材料构拟出来的音系，当然难免有杂糅之嫌。

俞敏通过梵汉对音材料所构拟的汉代音系克服了以往汉代音系构拟中的杂糅现象。也就是说，他所选的对音材料代表了后汉三国时期的洛阳（建业）音系，比谐声、读若和韵文等材料的时空性要集中和明确得多。人们在译经时，所选用的汉字同时涉及了声母与韵母两方面的信息，反映的自然是后汉三国时期汉语的声韵拼合规律，所以通过该方法构拟的声母与韵母基本属于一个共时的音系。他所整理出的21个声母、23个韵母和2个声调（另外两个未加以描述）基本上属于一个共时系统。

（三）开创了研究汉语某一音系的新范式

20世纪70年代以前，人们对某一音系的构拟，主要是依靠韵书、韵图、现代方言、韵文及谐声等材料。俞敏开创性地提出了利用梵汉对音材料构拟断代语音系统的研究框架，并成功地运用这一研究框架整理出了后汉三国时期汉语的语音系统，从而为汉语某一音系的构拟开辟了一条新的途径，建立了一种汉语完整音系研究的新范式，对后来的研究产生了重要的示范作用。

在他的影响之下，之后的学者都开始利用梵汉对音材料来考察某一完整音系，他们的研究基本上都是针对某一译者的译著而进行。[1] 例如，尉迟治平（1982，1984）以北周至隋代在长安翻译佛经的阇那崛多等人的对音来考察公元6世纪时的长安音系，施向东（1983）通过玄奘译音考察并整理出了公元7世纪时中原方言的语音系统，刘广和（1984）以不空等的译音考察中唐时期的长安音系，聂鸿音（1985）对唐朝慧琳译音所代表的音系进行了研究，张福平（1996）通过天息灾的译经材料来考

---

[1] 20世纪80年代以后从事梵汉对音研究的主要是俞敏先生的弟子。

察宋初的语音系统,储泰松(1996)通过施护译音研究宋初汴洛方音的语音系统。

相较于以往利用传统材料(韵书、韵文)所拟的音系而言,通过该种方式构拟的音系时间跨度一般都比较小,地域性比较强。通过他们的研究,我们可以对汉代到宋初这一段时期的语音进行细致的分期,同时也为汉语方言史的研究提供了重要的线索,对于整个汉语语音史的构拟起着重要的作用。

第二节　为梵汉特殊对音关系的解释树立了绝佳的范例

梵语与汉语的语音格局并不相同,所以梵语与汉语在语音上并非简单的一一对应关系,而是存在着大量的特殊对音关系。这些特殊对音关系能否得到合理解释,对梵汉对音材料的可靠性起着决定性的作用。在20世纪20年代的古音大辩论中,一些学者对梵汉对音方法提出了质疑。例如,章炳麟曾提出:"内典译者,自隋以上,皆略取相似,不求谐切。玄奘、窥基、义净之书,译音渐密,然亦尚有疏者。如宋明人书译金元音不能正确,盖不足为典要矣。"[①] 高本汉也认为:"因为各民族要迁就自己语言的读音习惯,对于外来的借字都有曲改读音的倾向,甚至改的认都认不出来了,所以有时简直连相近的音值都不一定找得到了。例如蒙古书中把汉语爆发音里的清音写作浊音,浊音写作清音。"[②]

罗常培(1931)在利用梵汉对音材料考证"知、彻、澄"三母从6世纪末(592)到11世纪初(1035)曾有过读作 ṭ、ṭh、ḍ(或ḍh)音的事实时,发现在27种经典译音里,以 ṭ、ṭh、ḍ、ḍh、ṇ 来对译"知、彻、澄、娘"四母二等字最少在60%以上。他分析了三类例外情况:第一,对音中若出现鼻音对音浊塞音的现象,他认为是译者自身具有北天竺方音所致;第二,部分译者以"咤"译 ṭh,以"侘"译 ṭ,他分析可能是因为版本不同,也可能是方音中容易混淆;第三,梵语的 ḍh 音汉语中

[①] 参见徐通锵、叶蜚声《译音对勘与汉语的音韵研究——"五四"时期汉语音韵研究方法的转折》,《北京大学学报》(哲学社会科学版)1980年第3期。

[②] [瑞典]高本汉:《中国音韵学研究》,赵元任等译,商务印书馆1930年版,第15页。

没有，所以用澄母字对译，并加注"重音"等，或加"口"旁于"茶"左以示区别①。

陆志韦在《古音说略》（1947/1971）中指出，隋唐以前的译经中，梵文的不送气浊音与《切韵》的浊音构成简单的对音关系，而梵文的送气浊音好像无从对译，从而提出古汉语的浊音是不送气的，反驳了高木汉构拟的全浊声母送气的观点②。之后，李荣在《切韵音系》（1952）中考察了西晋竺法护、东晋法显、刘宋慧严等、北凉昙无谶、梁僧伽婆罗、隋阇那崛多等人梵文塞音字母的对译情况（见表4.4），发现不送气浊塞音用普通的浊音开尾字去对译，而送气浊塞音则用二合、加说明、加偏旁等各种办法来对译，可见浊塞音本来不是送气的③。

表4.4　　　　　　　　　　李荣的梵文塞音对译汉字表④

	ga	gha	ja	jha	ḍa	ḍha	da	dha	ba	bha
西晋竺法护（286年）	迦	迦何	阇		咤	吒	陀	陀呵	波	披
东晋法显（417年）		重音		重音		重音		重音		重音
刘宋慧严等（424—432？年）	伽	音伽	阇	音阇	茶	音茶	陀	音陀	婆	音婆
北凉昙无谶（414—421年）	伽	哦	阇	膳	茶	袒	陀	弹轻	婆	湛轻
梁僧伽婆罗（518年）	伽	恒	阇	禅	陀	檀	陀	檀	婆	梵
隋阇那崛多（591年）	伽	哦	阇	社	茶	嗏	陀	咃	婆	噤

与以往学者不同的是，俞敏考察的是一个完整音系，所以其研究几乎涉及了所有类型的特殊对音关系，并分别对其做出了合理的解释，从而为梵汉特殊对音关系的解释树立了绝佳的范例。他首次将普通语言学理论和印度方言差别引入梵汉对音研究中，使得梵汉对音中的特殊对音关系得到了全面的阐释，从而提升梵汉对音方法的可靠性。

---

① 罗常培：《知彻澄娘音值考》，《中研院历史语言研究所集刊》1931年第3本第1分。
② 陆志韦：《古音说略》，哈佛燕京学社1971年版，第7—9页。
③ 李荣：《切韵音系》，中国科学院1952年版，第113—116页。
④ 同上书，第113页。

一 梵有汉无的对音现象

梵语的语音格局与汉语不同，所以对音中肯定存在着梵有汉无的情况，这种情况比较复杂。如梵文辅音 k 组：

  ka 姑 kha 佉 ga 伽 gam 含 gha 伽 ṅ: aṁ（g）鸯

这里包括等韵家叫"见、溪、群、疑"的四个辅音，再加"匣"的一部分。gh 呢，汉语没有这种浊送气音，请看陆志韦《古音说略》、李荣《切韵音系》两部书。……"匣"和"群"并没有互补的关系，在汉语里"匣"和"于"互补……多数等韵图用"见"开头，无非照猫画虎。[①]

在对音谱中，俞敏找到与梵文 gh 对音的汉字有"伽、迦、祇、犍、竭、瞿"等字，其中 1 个见母字，4 个群母字，可见后汉时汉语并无 gh 音。这与李荣和陆志韦先生的研究结果是一致的。

再如梵文 t 组：

  ta 都 tha 陀（佗？） da 陀 dha 陀 na 那

这就是等韵图的"端、透、定、泥"。等韵家把它放到"见"组后头，因为汉语没有 c、t 两组。正好轮到它。这也是比着葫芦画瓢。

看看 tya 译作"提、遮、阇"；tyā 译作"遮"；tyāyan 作"旃延"；tyu 作"舟"；tye 作"支"；可以说明"照、穿、禅"分化出来的条件。看看"提"，可以知道到后汉这组音还在"端"音位里。

看看 ti 译作"致"、"知"和"坻"，和"提(堤)、底、题"杂用。到唐译密咒里这个音节固定了用"底"字译，再注上"丁里反"。可以同意"舌音类隔之说不可信"。

再看"尼"字可以译 ni、nī、ne、nai；"然"字可以译 ntya（>＊nyaṁ）；知道"娘日归泥"这个学说到汉末还是真的。[②]

---

  ① 俞敏：《后汉三国梵汉对音谱》，载俞敏《俞敏语言学论文集》，商务印书馆 1999 年版，第 1—62 页。
  ② 同上。

第四章 梵汉对音研究

以上两组都是梵文的个别音在汉语中没有对应音的情况。有时，梵文的开头辅音整组在汉语中都没有相对应的音。如 ṭ、ṭh、ḍ、ḍh、ṇ。

梵文辅音 ṭ、ṭh、ḍ、ḍh、ṇ 在后汉三国时期的佛典中并不像中古时代那样都用"知、彻、澄、娘"组声母的字来对译，而是常常用其他声母的字来对译。我们在俞敏的对音谱找出该组的对音汉字：①

  ṭa 罗 ṭak 勒 ṭi 利梨瓈
  ṭha 兜 ṭhak 特德乐
  ḍa 罗头 ḍak 特 ḍa 陀 ḍu 楼 ḍu 瑠 ḍo 头
  ṇa 那 ṇav 纳 ṇas 奈

俞敏将对译辅音 ṇ 和 n 的字都列出来，发现二者存在很多相同的用字，即在汉语中很难分开 ṇ 和 n。根据这些现象，他得出结论：汉末的汉语中没有音值为 ṭ 组的声母。这就证实了钱大昕"古无舌上音"的理论，并进一步证明，该组音到汉末尚未产生。

再如，梵文的 c 组辅音：

  ca 遮 cha 车 ja 阇 jha 阇 jña 若
  c 组：周、舟、旃、招、遮、占、瞻、震、支、真；这些字都是陈澧叫"'照'之类"的。不和它们同类的有檐、坻、作、甾、沙、懿、阇。
  ch 组：车、阐；这是"'穿'之类"。不和它们同类的有佉、秦、孙、先。
  j 组：禅、涉、殊、逝；这是"'禅'之类"。不和它们同类的有耆、祇、啴、茶、瞻、涧、辐、旬、蚰、越、炎、夷、耶、延、悦、阅、逸、阇。
  jh 组：茶、耶。
  ñ 组：若、然；这是"'日'之类"。这"若"字也用来译 nya 和 nya。

---

 ① 俞敏：《后汉三国梵汉对音谱》，载俞敏《俞敏语言学论文集》，商务印书馆 1999 年版，第 1—62 页。

从这些字看，可以有资格作"正例"候选者的在c里占10/17，ch里占1/3，j里占5/22。例外字的来源又那么杂乱，结论只可能有一个：即汉末的汉话里没有c组塞擦音。"日"也不能单成一个音位。①

俞敏将每个梵文辅音的汉语用字分成两类，经过统计分析后发现，例外字所占比例较高，而且来源比较混乱，所以得出结论，汉末时汉语中没有这组塞擦音。

二 梵汉皆有的音出现的特殊对音现象

梵语与汉语皆有的音，本应是一对一的对音关系，可实际对音材料中却存在一些特殊现象，俞敏分别对这些现象作出了合理的解释。

（一）一个中古汉语声母对译两个梵文字母

后汉三国时期的对音材料显示，汉语中的"匣"母分别对译梵文的g和v。例如：

　　agama阿含（含，匣母字，对gam）；ganga恒伽（恒，匣母字，对gan）

　　vaśavartin和邪拔致（和，匣母字，对va）；antaravasaka安陀会（会，匣母字，对vas）

俞敏解释为："匣"母在汉代本就是两个声母[g]和[w]，至中古才合二为一。

（二）同一个汉字对译两个梵文字母

关于同一个汉字对译两个梵文字母的情况，俞敏主要将其归结为三方面的原因。

（1）该汉字在后汉三国时期有两个读音。如船母"术"字既对译梵文字母ṣ，又对译梵文字母y(孟加拉方言中读y为j)。他指出"术"字本有二音，在后一个对音中，用的是"遹"的音，即余律切。

---

① 俞敏：《后汉三国梵汉对音谱》，载俞敏《俞敏语言学论文集》，商务印书馆1999年版，第1—62页。

（2）梵语读音发生同化，导致两个梵文字母读音相同。如"邪、耶、阅"等字既对译梵文字母ś，又对译梵文字母y。他指出y是ś的浊音，即ś若处于两个元音之间，则浊化为y，两个元音中间夹着的清音极容易浊化，这是印欧语言的普遍现象。

（3）梵语方言的原因。例如，汉字"斯"既对译梵文字母s，又对译字母ś，这是因为在巴利型的方言中ś一律读作s。

（三）一个梵文字母对应两个中古汉语声母

例如，梵文字母p，在mahāprajapati一词中，昙无谶译作"摩诃波阇波提"，梵文p对译汉语的"波"字，该字声母为清音p；在kapilavastu一词中，安世高译《拔陂菩萨经》时译作"迦维罗卫"，康孟祥译《兴起行经》时将其译作"迦毗罗越"，梵文的p对译汉语的维或毗，该两字声母分别为v和b。也就是说，梵文的字母p既对译汉语的清音又对译汉语的浊音，俞敏解释为梵语连读音变所致，后一个词中p位于a和i之间，故发生浊化。

再如，梵文字母v，在汉语中可以用匣母（或于母）和并母的字来对译。比如，kapilavastu一词译作"迦维罗卫"或"迦毗罗越"，v用"卫、越"（于母字）来译；在nirvaṇa一词中，牟融译作"泥洹"，而支谶译作"涅槃"，前者用"洹"（于母字）来译v，后者用"槃"（并母字）来译v。俞敏翻译了惠特尼（Whitney）的《梵文文法》其中一段："从语言史的早期开始，晚期更甚，b跟v就互相换用，或在抄本里混乱。因此词根里既有brh，又有vrh，既有badh，又有vadh，诸如此类。在孟加拉抄本里，原始的b一律写v。"① 在古印度方音中梵文字母v本有[v]和[b]两个读音，sanskrit作v的，在一些印度方言中念作b（比如在北印度以及佛的出生地尼泊尔，至今人们把"天"叫作deba，sanskrit作deva，汉译"提婆"）。梵文的nirvāṇa，巴利作nibbana。另外，梵文不论天城体还是悉昙体，b、v两字都非常相像（天城体b可v可，悉昙体b可v可），抄写辨识极易混淆。汉语中实际上是用匣母（或于母）对译[v]，用并母对译[b]。

之后的学者都极为重视对特殊对音现象的解释。例如，刘广和（1991）提出了元音替换规律，指出古印欧母语的ai在梵文的不同轻重音

---

① 参见施向东《玄奘译著中的梵汉对音研究》，载施向东《音史寻幽——施向东自选集》，南开大学出版社2009年版，第1—79页。

节里有元音替换,梵文i在弱音节里是i,在重音音节里是e,在强重音节里是ai。另外,他还指出一些字形混淆的问题,如悉昙字的ᚠ(ti)、ᚦ(te)、ᚧ(tai)字形相近,i和e易混,e和ai易混①。储泰松(1995)指出,上一词的最末一个元音与下一词的起首元音相连时会发生有规律的变化,从而将梵文连读音变扩展到相连的两个词之间。

$$a/ā + a/ā = ā \qquad a/ā + i/ī = e$$
$$a/ā + u/ū = o \qquad a/ā + ṛ = ar$$
$$a/a + e/ai = ai \qquad a/ā + o/au = au②$$

三 梵文音节的切分原则

梵语与汉语的音节结构不同,导致对音中会出现一些音节切分方面的问题。俞敏提出"梵文的音节划分法是尽可能把一连串儿辅音放到音节头上"③,但由于经师们受汉语音节结构的影响,常常会对梵语的音节重新切分来对译汉语音节。俞敏归纳出了4种情况:

第一,将梵文二合复辅音的第一个辅音分给前一音节,第二个辅音分给后一音节,作为起头辅音,即将梵语的复辅音一分为二。例如,意译为"莲华"一词的梵文本应切分为pa + dma,而支谦将其译为"钵摩",显然是将其切分为pad + ma。

第二,译者为求译文准确,常常会把梵文的一个辅音分属两个音节。如namo中的"m"在"南无"两个音节中都得到了反映,既作了上一个音节的韵尾,又作了下一个音节的声母,即切分为nammo。④

第三,一个梵语音节对译两个汉字的情况。如《旧杂譬喻经》中的dra -对译成"陀罗"。译者将梵语前一个辅音后面添加一个元音,构成一个音节,后一个辅音与元音成一个音节。

第四,两个梵语音节对译一个汉字的情况。如康僧会在《六度集经》

---

① 刘广和:《唐代八世纪长安音的韵系和声调》,《河北大学学报》1991年第3期。
② 储泰松:《梵汉对音概说》,《古汉语研究》1995年第4期。
③ 俞敏:《后汉三国梵汉对音谱》,载俞敏《俞敏语言学论文集》,商务印书馆1999年版,第1—62页。
④ "南"字在中古上古汉语中皆为泥母覃韵咸摄的字,收"m"尾;"无"中古上古皆为明母字,声母为"m"。

中把四个音节的mahānāma译成了两个汉字"摩南"。

之后的学者都在俞敏研究的基础上，尽力寻求译音材料梵语音节划分的规则。例如，施向东（1983，2009）通过对玄奘大量译例的研究，归结出四条规则：一是汉译中多用词干或体声形式；二是改变梵语切分音节的规则以适合汉语的音节结构；三是一个梵语字母前后两个音节兼用；四是将一个音节化为两个音节，他指出这种情况主要发生在梵语音节前辅音连缀[1]。之后，他（2011）又指出由于音节结构和划分音节的原则不同，所以译者在处理时会形成一定的对音规则，并总结如下：梵语元音起头的音节，对音用影母字；将梵语复辅音的头一个辅音移作前一音节的韵尾。梵语两个音节中间的一个辅音，一音二用；增音；减音。[2] 储泰松（1995）总结了译者一些处理特殊梵文音节的规则：梵语复辅音的切分规则；单辅音的前后兼用；译音固定用字；一些辅助条例等[3]。

第三节　全面考证梵汉对音材料

梵汉对音材料错综复杂，在材料处理方面存在着诸多困难之处，只有审慎地对待，才能真正挖掘出它的价值。罗常培在《唐五代西北方音·序》（1933）中就曾指出："然而汉梵对音的材料只限于一些零碎的释名，并且新旧译的纠纷，底本来源的异同，口译者跟笔受者的方音差别，这都得经过一番审慎的考查。"[4]

俞敏也充分意识到了梵汉对音材料的复杂性，所以对梵汉对音资料的处理非常谨慎。他对梵汉对音材料进行了全面的考证，以自己的实践做出了表率。他对梵汉对音材料的谨慎考证可以归结为以下三个方面。

一　严谨校勘对音材料

梵汉对音材料的利用，必须经过严谨的校勘，这一点尤甚于一般古籍

---

[1] 施向东：《玄奘译著中的梵汉对音研究》，载施向东《音史寻幽——施向东自选集》，南开大学出版社2009年版，第1—79页。

[2] 施向东：《梵汉对音与"借词音系学"的一些问题》，载徐时仪、陈五云、梁晓虹编《佛经音义研究——第二届佛经音义研究国际学术研讨会论文集》，凤凰出版社2011年版，第1—16页。

[3] 储泰松：《梵汉对音概说》，《古汉语研究》1995年第4期。

[4] 罗常培：《唐五代西北方音·序》，中研院历史语言研究所1933年版，第1页。

的利用。这不仅是由于时代久远,更由于梵汉对音是在两种不同的语言文字体系之间进行的转换,再加上译音材料在传抄、印刷过程中难免有讹脱衍倒现象,常存在一些汉译与梵语原词无法吻合的现象,所以对这些材料的校勘工作,关系到梵汉对音的可信与否和精确与否。若不进行校勘工作,就把有些可能是校勘上的问题极力解释成汉语语音上的某种特殊现象,从而大大降低结论的可信性。

早在 20 世纪 20 年代,钢和泰就已意识到了校勘在梵汉对音研究的重要性。胡适在日记(1921 年 9 月 22 日)中提到,钢和泰近来在研究菩提流支译的《大宝积经论》(金陵本),并利用藏语本进行对校,勘正了很多错误。例如:

卷三,页六:"迦叶,若有国中有骆驼咽黑头仰明(日本本校,一作眠,眠是也)者,"乃至"彼国无有恐怖畏等事"。

此处经文在汉、晋、秦三译皆无有骆驼咽黑头等字,宋译本作"所有国土孛星现时头黑偃寐,令彼国土灾难竞起□于苦恼;迦叶,若彼国土……"①

钢和泰指出:

原文 U shtradhūmaka 前半 U shtra 译为骆驼,下半 dhūmaka 译为烟,乃是一种虫名,相传此虫黑头仰眠时,必有灾难。宋译经误认此字为 dhumakatu,故译为孛星。菩提流支直译为骆驼烟,又讹"烟"为"咽",讹"眠"为"明",故不通了。②

再如:

卷三,页四:"虽迭"等喻。③

钢和泰根据经文及藏本对照,指出:

---

① 胡适:《钢和泰论梵文与中国古音》,载胡适《胡适学术文集·语言文字研究》,中华书局 1993 年版,第 226—238 页。
② 同上。
③ 同上。

"虽迭"乃"水滴"之讹！此亦笔述的人的罪过。①

俞敏在处理梵汉对音材料时，非常重视校勘工作。他首次对后汉三国时期的译音材料做了大量的校勘工作，增加了这批对音材料可靠性的同时，也使得校勘真正成为梵汉对音方法的重要组成部分。

（一）校勘梵文

俞敏提出梵本中一些词的梵文拼法有时也会存在不一致、有错误的地方。例如：

> 支谦译的《撰集百缘经》第五卷第四十九缘有个人名 Nālada，汉译"那罗达多"，"多"字是衍文，要不然原文是 Nāladatta。根据 Williams《梵英字典》，人名应该拼写为 Nārada。咱们就不用《大正藏》附的梵本。②

《梵语千字文》将 1000 个常用的汉字与 1000 个梵文词按意义连缀成篇，是梵汉双语对照的词汇集，主要是供中国佛教僧俗大众学习梵语时使用。俞敏非常重视《梵语千字文》，并对《大正藏》二一三三号的《梵语千字文》进行了校勘。

> 一九七九年秋，北师大古汉语研究生四人从余治音韵之学。余取陈澧以下诸家韵学书授之。封域内外时彦，有所论述，亦或入录。观其部署、弥缝，备极工巧：如玩七巧、益智之图。独病其比量充斥、杂以圣言，欲求现量，百无一二焉。夫比量固足立宗，如喻依常违共诺之条何？余惧其易滋凿空之疑也，乃取内典音译示之。夫以唐拟梵，虽不无粗略哉，幸较未失、亦足以准现量：视于沙碛上起楼阁者，过之远矣！欲事斯学，宜略解梵语。余昔日弟子二三人，亦来问业。或年齿稍长、或讲授罕暇；恐其不耐记诵之劳也，遂就《大正藏》所收义净《梵语千字文》三本，为之校定，以利讽籀。《千文》

---

① 胡适：《钢和泰论梵文与中国古音》，载胡适《胡适学术文集·语言文字研究》，中华书局 1993 年版，第 226—238 页。

② 俞敏：《后汉三国梵汉对音谱》，载俞敏《俞敏语言学论文集》，商务印书馆 1999 年版，第 1—62 页。

作者名氏，虽曾致疑。要须亲履五天之境，始克艸此。其书讹脱不免，语则纯正，未若《梵语杂名》之遭"间以毘舍遮语"之讥也。全篇体制，苏漫多声，例不转读。偶用一言体声，似钞手加之。今从通例更定。独父为 pitā 则存原本，以千文祖作 pitāmaha, 不欲使之两歧也。父字既尔，母亦从之作 mātā。此实自乱其例，读者谅之。此篇为利学人，求其便不期其必复原本也。《千文·序》云："若兼〈悉昙章〉读梵文，一两年间即堪翻译矣。"叹缁徒求法之途若是其勤苦，精进之愿若是其坚贞也。亦望诸生勉效之。①

他以《梵语千字文》（A 本）的体系为主，参照了《别本》（B 本）和《唐梵文字》（C 本），主要利用威廉姆斯（M. Williams）编的《A Sanskrit English Dictionary》（1899）和惠特尼（Whitney）的《Sanskrit Grammar》（1941）进行了校勘，共修正了 A 本中的梵文词 255 个（详见附录 2）。

他直接根据威廉姆斯的字典进行校勘的梵文词有 140 个左右。如"eṣa 来"：

  三个本子都作 aiśa。据 W. 字典，这个字的意思是"和湿婆神有关或是从他那儿来的东西"。和来的意思相合的是 eṣa。现在改写为 eṣa。ai 和 e 的关系，ś、ṣ 混乱都是常识，不说了。②

再如，"nasate 洽"：

  A 本脱落。B 本作 nasati, 是钞书人添上的。汉字对音写"那悉地"，有错儿。W. 字典 √nas 下给的形式是 nasate。用 atmanepada。现在按照它写。

又如，"punar 频"：

---

① 俞敏：《梵语千字文校本》，载俞敏《中国语文学论文选》，日本光生馆 1984 年版，第 254—268 页。
② 同上。该处例子较多，不再一一注释。

A·B 本作 puna，恐怕原本写 punaḥ，传钞脱落 ḥ。现在据 W. 字典作 punar。

他根据梵文的语法和音变等情况对 A 本中的梵文词进行校勘。例如："ṣaḍyoni 六趣"：

A·B 本都作 ṣatyoni。B 本汉字注"洒觐愈二合你"。照音变规矩，ṣaṣ 在复合词里作 ṣaṭ，后头有 y，应该作 ṣaḍ。所以现在写 ṣaḍyoni。A 本汉字六也脱落了。

"āloka 明"：

A 本、B 本、C 本都用体声，作 °kaḥ。现在把 ḥ 去了。

"karman 业"：

三个本子都作 karma。体声。

"mā 勿"：

A 本作 ma，现在用 C 本。

有的汉字缺对应的梵文，俞敏将其补上。例如：

"斯"字缺梵文。应该补上 etad。

(二) 校对译文

俞敏强调要注意汉译经本中译音过多的地方（抄手有时因不懂这些话而出错），提出应借助梵文和别种译本加以校正。例如：

支谶译的《佛说阿阇世王经卷上》有这么一段："何谓二十五人者。悉是菩萨各各有名。名曰若那师利。那罗达师利。三波师利。劫波头师利。波头师利。劫阇因陀楼陀罗尼陀楼罗陀波尼罗……。坻陀阿喻达萨恕领悉是为二十五上人名。"①

在后文中，支谶又将这一段以意译形式表现出来。俞敏便根据支谶的意译，参考了晋竺法护译《文殊支利普超三昧经》和宋法天译《佛说未曾有正法经》两个译本，并结合梵文原本，对支谶的这一长段音译进行了校勘，纠正了大量的讹误（包括标点和文字的错误），使译文变得可读，因而使对音成为可能。他指出"若那师利"对 jñānaśrī，"那罗达"对 Nārada，"师利三波"对 śrīsambhava，"师利劫"对 śrīgarbha 等，那么根据他的校对结果，该段文字应断为"若那师利，那罗达，师利三波，师利劫……"。如此一来，该段文字就容易理解了。

另外，他对译音中出现的一些异常现象也作出了解释。如他指出"以"母的"维、惟"可能是"帷"的形讹，"夷"字可能是经师偶然翻不准，邪母的"随"和定母的"堕"可能是"隳"的错字。

由以上的论述我们可以看出，俞敏对译音材料的运用是十分谨慎的，必须经过谨慎校勘之后才加以运用。对于一些无法得到考证的材料，他的原则是"宁缺毋滥"。例如，支谶译《文殊师利问菩萨署经》中有个"阿禾真"，俞敏据音推测，应该是"avadirna"，却又查不到可靠证据，所以就舍弃了这一条材料。正因为如此，所以其结论也就更为可靠。

俞敏对后汉三国时期各经师的译音材料及《大正藏》的《梵语千字文》进行了校勘：一方面，使经师们的译著变得有可读性，利于佛学研究者的研究；另一方面，利于后来研究者对该时期材料的利用，更好地研究汉语古音体系。在他的带动之下，自东汉到宋初期间主要经师的译著基本上都得到了严谨的校勘，使得经文的真谛得以体现，为译经事业的发展做出了重要的贡献。

在他的影响之下，之后学者的研究都极为重视梵汉对音材料的校勘，并视之为梵汉对音研究不可或缺的一部分。例如，张福平在《天息灾译著的梵汉对音研究与宋初语音系统》（1996）中利用《梵英词典》、丁福宝《佛教大词典》、日本中村元《佛教语大词典》、宋法云《翻译名义

---

① 俞敏：《后汉三国梵汉对音谱》，载俞敏《俞敏语言学论文集》，商务印书馆1999年版，第1—62页。

集》等书及内部互证法进行对勘，订正原文和译文的错误，如 ananta-kuṭi 作"阿难哆致"，译文脱了"俱"字，patāgra 作"钵多迦誐罗"，原文脱了 ka 音节。另外，他还提出了校勘的两条原则：第一，所改为单字孤证；第二，与对音体系明显乖异①。储泰松在《施护译音研究》（1996）中将梵文一一验之于威廉姆斯（Williams）《Sanskrit English Dictionary》、麦克唐内尔（A. A. Macdonell）《Sanskrit English Dictionary》，同时用中村元《佛教语大词典》核对，并参考了惟净的《景祐天竺字源》②。刘广和（1997）对《圆明字轮四十二字诸经译文异同表》的梵汉对音进行了考订，提升了该表的使用价值③。可见，校勘在梵汉对音研究中逐渐得以完善，使得材料更为可信。经过如此慎重校勘的对音材料，其可靠性是极具说服力的。

同时，我们也应该看到，任何对音材料都或多或少地存在一些疑点，但大致还是可信的。与大批可靠材料相比，例外毕竟是少数，何况这些例外大部分可以得到合理的解释。运用这些可靠材料而得出的结论，其准确性也就有了保障。

二 明确对音材料的时空性

早期研究者对梵汉对音材料的时空性重视不够。如钢和泰用唐宋时的译音材料来论证上古汉语音。汪荣宝的研究在方法论上具有着重要的意义，他提出梵语是考订古音最好的材料，"夫古之声音既不可得而闻，而文字又不足以相印证，则欲解此疑问者，惟有从他国之记音文字中求其与中国古语有关者而取为旁证而已"。"若夫中国古来传习极盛之外国语，其译名最富而其原语具在不难覆按者，无如梵语；故华梵对勘，尤考订古音之无上法门也。六朝唐人之译佛书，其对音之法甚有系统，视今人音译泰西名词之向壁自造，十书九异者，颇不相侔。"④ 他利用梵汉对音材料证明了"歌戈"韵与"鱼虞模"韵在魏晋以前都读 a。"然则读歌戈收 a

---

① 张福平：《天息灾译著的梵汉对音研究与宋初语音系统》，载谢纪锋、刘广和主编《薪火编》，山西高校联合出版社 1996 年版，第 264—339 页。
② 储泰松：《施护译音研究》，载谢纪锋、刘广和主编《薪火编》，山西高校联合出版社 1996 年版，第 340—364 页。
③ 刘广和：《〈圆明字轮四十二字诸经译文异同表〉梵汉对音考订》，《中国人民大学学报》1997 年第 4 期。
④ 汪荣宝：《歌戈鱼虞模古读考》，《国学季刊》1923 年第 2 期。

者，唐宋以上之音；读鱼虞模收a者，魏晋以上之音。南山可移，此案必不可改！"① 林语堂对此提出批评："今据汪君所说，魏晋以上'鱼'部既与'歌'部相合（同为a），何以魏晋以下，'鱼'、'歌'的历史有不同呢？'鱼'、'歌'之演化既异，岂不是其本来的发音有不同吗？所以就使'鱼'部古读极与'歌'部相似，也绝对不能与'歌'部合一，否则其两部变迁的历史不可复析，这是理之最易明而常人所最易晓的。"② 事实上，在魏晋以前"虞模"韵与"歌戈"韵分得很清楚，汪荣宝将这两组韵同拟为a有违汉语语音事实。"歌戈"韵读为a，可成定论，但"鱼虞模"韵的拟音有待考证，这就是他没有从历史角度审视对音材料、没有分清对音材料的时代所致。

罗常培（1931）利用梵汉对音材料证明"知、彻、澄、娘"四母曾有过舌尖后音的音值。他指出："知彻澄三母在六朝的时候或者还有些地方保存上古的舌头音，没有完全分化；然而从六世纪之末（592），到十一世纪之初（1035），它们确曾有过读作ṭ、ṭh、ḍ（或ḍh）音的事实，至少在梵文字母译音里找不到反证。"③ 他研究所选的对音材料在时间上跨度近500年，但由于他的研究目的在于考察知、彻、澄三母在历史上曾经有过"ṭ、ṭh、ḍ（或ḍh）"的读音，所以对材料的时空性并没有做出较为严格的要求，并不影响结论的可靠性。

俞敏非常重视梵汉对音材料的时空性，主张在利用梵汉对音材料来研究某一音系或某一语音现象时，应该首先对所选对音材料的时空性进行考证。他选择了后汉三国时期摄摩腾、竺法兰、牟融、安世高、支谶、竺佛朔、安玄、严佛调、支曜、康巨、康孟祥、竺大力、昙果、康僧铠、昙谛、帛延、康僧会、支谦、维祇难和竺律炎等20多位经师的梵汉对音材料，据此来研究后汉三国时期的语音系统。

他提出该段时期经师们译经采用的是当时的汉语通语。

要谈后汉往下的汉族语音概况，我只信佛典的译音。这里包括得了梵文一切可能出现的音节。本谱收的这一部分反映得了后汉三国汉

---

① 汪荣宝：《歌戈鱼虞模古读考》，《国学季刊》1923年第2期。
② 林语堂：《读汪荣宝〈歌戈鱼虞模古读考〉书后》，《国学季刊》1923年第3期。
③ 罗常培：《知彻澄娘音值考》，《中研院历史语言研究所集刊》1931年第3本第1分。

族语音里的一部分音节。年代再往后，赶上外族入侵，政治区域分裂，方言的差别恐怕就大了。三国里有译场的只有魏国的洛阳和附近、吴国的建业（支谦竺律炎在吴国武昌译过经；分量极少，咱们表里收的更少，不至于有什么影响）这两处的方音大致是统一的。颜之推说过，语音清正的地方"独金陵与洛下耳"，正反映这一点。①

储泰松在《梵汉对音概说》（1995）中也明确指出，译经是为了让佛教教义流播各地，译者追求的目标肯定不只是让译地的信徒看懂，而是让普天下的信徒都能看懂，所以译主译经时一般都用流行于当地的通语②。曾晓渝（2009）对俞敏所拟的后汉音与刘广和拟的两晋及唐代的长安音进行了比较研究，发现后汉、晋朝的通语音与唐代的长安音基本上是一脉相承的，具有可比性，可以从中观察到汉语声母历史发展的轨迹③。

在俞敏的带动下，之后的学者在研究中更加注意选材的时间性和地域性。尉迟治平（1982）在考察6世纪长安音系时，只选用了阇那崛多在长安所译的著作，排除了他在益州等地的著作④。施向东（1983）通过玄奘译音来研究唐初中原方音时，首先根据玄奘的语言造诣、正史和内典的记载以及玄奘的译作和《大唐西域记》等材料，考察出玄奘译著中的梵汉对音反映的是7世纪的洛阳方音，并指出中原方音是切韵音系的重要基础方言之一⑤。储泰松（1996）通过施护译音研究宋初汴洛方音的语音系统时，亦结合《宋史》《中国佛教》《刊误》等文献材料考察出施护译经的基础方言是汴洛方言⑥。

三 明确提出早期佛经材料主要源于梵本

唐以后的经文基本上都直接源于梵文，在学界已达成共识，所以关于经本来源问题的争论在于后汉三国时期。汪荣宝和李荣等运用到该时期译

---

① 俞敏：《后汉三国梵汉对音谱》，载俞敏《俞敏语言学论文集》，商务印书馆1999年版，第1—62页。
② 储泰松：《梵汉对音概说》，《古汉语研究》1995年第4期。
③ 曾晓渝：《后汉三国梵汉对音所反映的次清声母问题》，《中国语文》2009年第4期。
④ 尉迟治平：《周、隋长安方音初探》，《语言研究》1982年第1期。
⑤ 施向东：《玄奘译著中的梵汉对音和唐初中原方音》，《语言研究》1983年第1期。
⑥ 储泰松：《施护译音研究》，载谢纪锋、刘广和主编《薪火编》，山西高校联合出版社1996年版，第340—364页。

音材料的学者基本上都默认早期经文是由梵文直译而来。俞敏也坚持后汉三国时期译经所依据的文本主要是梵文本，但并不排除含有印度方言（巴利文）和中亚语言的因素，所以他在处理材料时对这些因素都做了大量的说明。他从考古学和语言学等角度对早期经文的梵本来源提出了有力的证据，从而使梵汉对音材料的价值得以充分体现。

首先，他对中亚发现的古写经本残卷进行了考察，发现除了古和阗文、藏语译本以外，只有梵本。

其次，他对后汉三国时期支谦、竺律炎、维祇难、康僧会、摄摩腾、竺法兰、安世高、支谶等 20 多位经师翻译的 300 多卷经和律进行了仔细的考证，相互比照之后，发现除了支谦的译文偶尔流露些巴利文（pali，梵文的一种方言）的痕迹外，其他经师大致都是纯用梵本。中亚地区语言（方言）众多，这些西域高僧来自不同的国家（如支娄伽谶是月支人，安世高是安息人，康孟祥是康居人，帛延是白国人），应该操有不同的语言（方言），但他们在译文中却出现大量一致之处，这充分说明了他们所依据的经本来源是相同的。由于中亚地区的文字产生比较晚，不可能形成自己的经本，所以他们所持的经本一定是梵文本。

俞敏所选的 500 多个音节都是十分可靠的例证，经过严格检验的梵文例子，并据此整理出了后汉三国时期的语音系统。可见，该时期不同经师的译音用字存在着一致性，并与梵文有着系统的对应关系，从而可以证明这些经文的来源基本是一致的，就是梵文。

最后，俞敏主张佛说的是梵语。他指出吴国康僧会译《旧杂譬喻经》所依据的经文为梵本。

吴国康僧会译的《旧杂譬喻经》第五十四章说："昔有六人为伴，俱堕地狱中，同在一釜中。皆欲说本罪。一人言'沙'。二人言'那'。三人言'特'。四人言'涉'。五人言'姑'。六人言'陀罗'。佛见之笑。目捷连问佛：何以故笑？佛言：有六人为伴俱堕地狱中，共在一釜中。皆欲说本罪。汤沸踊跃不能得再语。各一语便回下。……。"这里"沙"是 ṣa-，"那"是 na，"特"是 dhik，"涉"是 jīv，"姑"是 ka，"陀罗"是 dravya 或 draṣṭhhavya 里的 dra-。用梵文理解顺当极了。P. 文里根本不可能有 ṣa- 和 dra-，佛说的法就成了无的放矢或是对牛弹琴了。①

当然，俞敏并不排除这些来自中亚的经师自身语言在译经过程中有一定的影响因素，他也承认这些译音材料中可能掺杂有一些中亚方言。例如：②

> 魏昙无谛译《羯磨法》"和上"跟梵文upādyāya不合，就是中亚的讹变了。慧琳《一切经音义》廿二说："案五天雅言，和上谓之'邬波地耶'……彼土流俗谓和上'殟社'，于阗疏勒乃云'鹘社'，今此方音谓之'和尚'。""布萨"，梵文 upavasatha，现在的 posadha 音，据《行事钞》上说："是憍萨罗国语。"那么印度本土方言也夹在里头了。③

后汉人的"阿罗汉"，不是译自梵文 arhan，而是译自古于阗话 arahan。

此外，俞敏指出一些经师也会有自己的译音特点。如：梵文的音节"vka"，支谦译为"伽"和"加"，支谶译为"敢"。可见，支谶在译音中有加ṁ的习惯。

耿振生（2004）曾指出，俞敏所研究的译经材料出自20多位译者之手，这些译者分别在不同的时代从不同的国家来到中国，早期落脚在不同的地方，学习汉语的条件未必都相同，学习对象也许有差别，他们使用的汉语难免杂有方音，若把众多佛经里的对音当作同一种语音系统恐怕是不可靠的④。

事实上，从前文所举的例子中，俞敏在处理对音材料时已经考虑到经师的方言和个人习惯等因素对译音的影响，并非避而不提。而且，个别词语所反映的中亚语言或个别经师方音的存在并不能否定早期梵汉对音材料的价值。俞敏的研究都选取经过严格校勘的例证，并且对译音材料进行系

---

① 俞敏：《后汉三国梵汉对音谱》，载俞敏《俞敏语言学论文集》，商务印书馆1999年版，第1—62页。
② 同上。
③ 同上。
④ 耿振生：《20世纪汉语音韵学方法论》，北京大学出版社2004年版，第80页。

统的研究，这样就可以排除中亚语言的影响，由此而构拟的音系在语音史上有着重要的价值。

之后，很多学者的研究都支持早期的经本是梵本。例如，吴焯在《从考古遗存看佛教传入西域的时间》（1985）一文中指出：在于阗、鄯善等地发现的佛寺遗址及壁画、雕塑均不早于公元3世纪；在疏勒、龟兹等地的石窟寺等佛教遗址一般属公元3—6世纪的，这为经本的梵文来源提供了考古方面的证据；据史料记载，班勇在公元122年也未言于阗信奉佛教，而当时中原已译经文多部。种种史料和考古证据都证明后汉三国时期中亚地区未曾有过大规模翻译佛经时期[①]。李葆嘉在《吐火罗语文与早期汉译佛经文本》（1998）中指出，吐火罗文字产生于公元6—8世纪，而东汉译经远在此之前，所以吐火罗语不可能对早期汉译佛经有所影响。[②] 王新青的《于阗文明与于阗语言在古和阗》（2007）一文考证了于阗地区在6世纪以前，通行汉文、佉卢文和婆罗米文，佉卢文大约于公元2世纪传入，婆罗米文大约于公元4世纪传入，传统的藏语大概产生于公元7世纪中叶，由此推断，古和阗文和藏语的佛教译本都远远要晚于汉本[③]。

---

① 吴焯：《从考古遗存看佛教传入西域的时间》，《敦煌学辑刊》1985年第2期。
② 李葆嘉：《吐火罗语文与早期汉译佛经文本》，《语言研究》1998年增刊。
③ 王新青：《于阗文明与于阗语言在古和阗》，《西北第二民族学院学报》（哲学社会科学版）2007年第1期。

第五章 音韵学研究

俞敏在汉语音韵学研究方面主要著有《古汉语里面的连音变读（sandhi）现象》（1948）、《等韵溯源》（1984）、《后汉三国梵汉对音谱》（1984）和《汉藏同源字谱稿》（1989）等文。

在音韵学研究中，他主张古汉语是"活"语言，以数量可观的确凿证据证实了古汉语确实存在同化、增音、减音等活语言必有的连读变调的现象，从而使得音韵学的研究摆脱了字书的束缚，开创了新的局面。他将汉藏比较和梵汉对音相结合对前人音韵学研究成果进行印证或修正，同时也体现出了他兼收并蓄的语言观。

他在汉语音韵学中的成就可以归结为四点：（1）由于精通梵语和藏语，所以"利用梵汉对音和汉藏语音比较来研究相应时代的语音系统，是俞敏研究汉语音韵学的突出特点"[①]。从而为汉语古音音系的构拟提供了新的范式（详见第三章和第四章）。（2）他利用梵汉对音和汉藏比较为汉语古音构拟提出了很多独到的见解，促进了古音音值的研究。（3）他主张古汉语存在连音变读现象，并利用连音变读对一些语音现象作出了解释。（4）他对等韵在音韵学研究中的价值进行了辩证的研究。

第一节 为古音构拟提出了很多独到的见解

俞敏利用梵汉对音和汉藏比较的方法证明了"重纽三四等的区别在于介音、入声收浊塞尾、阴声韵存在开音节、去声存在 s 尾和闭口韵离析

[①] 中国语言学会《中国现代语言学家传略》编写组：《俞敏》，载《中国现代语言学家传略·第四卷》，河北教育出版社 2004 年版，第 1711—1718 页。

为6部"五种语音现象。

一　重纽三四等的区别在于介音

所谓重纽，是指《切韵》音系中"支、脂、仙、祭、真、宵、侵、盐"八个三等韵的喉、牙、唇音字，除开合口的区别外，它们的反切下字仍存在对立关系，在韵图中分别置于三等与四等的格子之中。该现象最早由清代陈澧在《切韵考》中提及，但得到学界的真正关注则始于近代学者陆志韦，他在《三四等与所谓"喻化"》（1939）中指出，韵图把重纽各韵形成的喉、牙、唇音字分别置于三等和四等的位置，故称重纽为"三四等合韵"，并指出二者是主要元音不同[①]。人们关注的问题主要有两个：一是重纽是否客观存在；二是重纽的具体音值。关于第一个问题，现在绝大多数学者都给予肯定的回答。关于重纽音值的争论主要有三种观点：一是董同龢[②]等主张的元音不同说；二是李新魁[③]等坚持的声母不同说；三是陆志韦[④]等提出的介音不同说[⑤]。

俞敏（1984）运用梵汉对音材料再次证明了重纽是介音的不同。

（一）再次证实了重纽是客观存在的语音差别

以往的学者运用汉语的韵书、字书、音义、安南译音和日本译音等材料来证实重纽的客观存在。俞敏（1984）发现梵汉对音材料确实客观存在着重纽三四等对译不同梵文音节的现象。例如：

> 到唐朝释慧琳作《一切经音义》，第廿五卷里把 ṛ ṝ 写成"乙[上]乙[去声]"。很显然，他的读音是跟 Monier–Williams《梵英字典》一样——ṛi, ṛī。从这儿进一步往下推，他的"乙"念 ʔrid，"一"念 ʔyid。这一下儿可以分清一连串音了：

[①] 陆志韦：《三四等与所谓"喻化"》，《燕京学报》1939年第26期。
[②] 董同龢：《上古音韵表稿》，《中研院历史语言研究所集刊》1937年第18册。
[③] 李新魁：《汉语音韵学》，北京出版社1986年版，第187—188页。
[④] 陆志韦：《古音说略》，哈佛燕京学社1971年版，第4—7页。
[⑤] 陆志韦起初主张元音不同说，后来支持介音不同说。

字音 等					
三	笔 prid	密 mrid	暨 krid	乙 ʔrid	颴 ɣrid
四	必 pyid	蜜 myid	吉 kyid	一 ʔyid	逸 yid

要是这个假说成立，志韦先生的ɿ"比 i 低而且后"的音色也好定了。①

他从《一切经音义》中的"ṛ ṝ"写成"乙上乙去声"出发，并列举了"密 mrid、蜜 myid"、"笔 prid、必 pyid"、"暨 krid、吉 kyid"等重纽字组来加以验证，指出重纽三等与四等的区别是介音的不同。由于汉字并非表音文字，而梵文是表音文字，所以译音汉字的读音可以通过梵语原文的读音来研究。梵文的读音，基本上可以体现音译梵词的那些汉字当时的读音。相对于其他材料而言，它的可靠性更强。俞敏运用梵汉对音材料再一次证实了中古重纽的客观存在，是一个音系中客观存在的语音差异，而决非拿"方言现象"就可以随便搪塞过去的。

（二）为重纽的介音不同说提供了有力的新证

以往学者关于重纽音值的三种观点，基本上用的是相同的材料，即反切、韵图、现代方言及域外译音等，但由于切入角度及具体的研究方法不同，故得出了不同的结论。根据同样的材料却得出不同的结论，这样的证据难以令人信服。俞敏指出梵汉对音材料中大量存在着重纽三四等对译不同介音的梵文音节现象，运用新的材料证实了重纽的介音不同说。梵汉对音材料显示，重纽三四等仅是介音的不同，之后很多学者运用梵汉对音材料来探讨重纽问题，都得出相同的结论，即重纽三四等的区别在于介音。

（三）重纽三等介音拟为 -r-，重纽四等介音拟为 -j-

关于重纽介音的音值，陆志韦（1947/1971）拟重纽三等为 -ɪ-，认为是"比i低而且后"的音②，王静如在《论古汉语之腭介音》（1948）中

---

① 俞敏：《等韵溯源》，《音韵学研究》1984 年第 1 辑。
② 陆志韦：《古音说略》，哈佛燕京学社 1971 年版，第 4—7 页。

根据安南译音主张重纽是强介音i和弱介音i的区别①，李荣（1952）将重纽四等与三等舌齿音归为一类，拟作 -i-，重纽三等拟为 -j-②。他们拟音的共同之处在于重纽三等的介音较后较开，而重纽四等的介音则较前较闭。俞敏关于重纽三四等的拟音 -r- 和 -j- 的关系亦是如此。他将重纽三等拟为 -r-，可以更好地解释两种古音现象：其一，解释了重纽中"来"纽从来不到四等去的原因。因为"来"纽字里本有好些是古r，与重纽三等的介音同，故与三等关系密切。其二，他认为一些象声词若照着有介音念的话就会更加形象生动。如他将《诗·大雅·生民》："释之叟叟，蒸之浮浮"中的"浮"拟为 *bru，"伐木许许"中的"许"拟为 *xra。他的研究揭示了重纽的上古来源为 -r-。

之后，关于重纽三等介音在中古的具体音值，施向东（1983）根据玄奘译音中所得重纽三等有 -r- 的现象出发，推测在唐初读音应该为[ɻ]，并赞同重纽三等上古带 -r- 介音③。刘广和（1987）根据唐代不空和尚的汉译梵咒材料将三等拟为 -r- 介音，四等拟为 -i- 介音，并指出三等 -r- 介音应当不颤舌，像舌尖后半元音〔ɻ〕，在唐朝没有颤舌音④。郑张尚芳（1987，1995）则通过大量的汉语内部材料与外部材料比较，明确了重纽三等字上古有 -r- 介音，在中古时为 -ɯ-⑤。

（四）重纽三等与齿音二等介音相同，重纽四等与齿音三等介音相同

俞敏明确指出了中古齿音二等含有介音，并且与重纽三等有着共同的介音 -r-。刘广和（1987）也主张重纽三等字和庄组字具有相同的介音，四等和章组、精组（四等）具有相同的介音。李方桂（1971/1980）在其上古音体系中将二等字一律拟有 -r- 介音，并用以解释庄、知两组的形成，⑥ 而后，郑张尚芳、潘悟云、金理新等学者根据汉藏比较等方法把 -r- 介音从二等字扩展至重纽三等字。可见，齿音二等与重纽三等具有相同的上古来源已得到学界的普遍承认。

---

① 王静如：《论古汉语之腭介音》，《燕京学报》1948 年第 35 期。
② 李荣：《切韵音系》，中国科学院 1952 年版，第 100—108 页。
③ 施向东：《玄奘译著中的梵汉对音和唐初中原方音》，《语言研究》1983 年第 1 期。
④ 刘广和：《试论唐代长安音重纽——不空译音的讨论》，《中国人民大学学报》1987 年第 6 期。
⑤ 郑张尚芳：《上古韵母系统和四等介音声调的发源问题》，《温州师院学报》（社会科学版）1987 年第 4 期。
⑥ 李方桂：《上古音研究》，商务印书馆 1980 年版，第 21—24 页。

综上所述，我们可以看出，俞敏运用梵汉对音材料再次证实了重纽是客观存在的语音差别，并为介音不同说提供了有力的新证，同时对重纽音值的确定、上古来源及其与二等韵之间的关系提出了极有价值的线索。

二　入声收浊塞尾

人们在入声韵存在塞音韵尾的问题上观点基本一致，争论焦点在于收浊塞尾还是清塞尾。高本汉根据汉语现代方言和日本译音拟《切韵》入声为清塞尾 -p、-t、-k，并推上古音亦为 -p、-t、-k后[①]，陆志韦、王力、李方桂、董同龢、包拟古等国内外学者基本上都主张入声收清塞尾。李方桂（1971/1980）指出："在语音上，*-p 跟 *-b、*-d 跟 *-t、*-g 跟 *-k 等并不一定含有清浊等的区别，但也不敢说一定没有区别。"[②]

唯西门华德（1928）曾根据藏语提出应将入声拟为浊塞尾 -b、-d、-g[③]。但在藏语中只存在一套塞尾，无法断定清浊，以此来证明汉语的入声收浊塞尾并不充分，所以他的观点并未引起学界的重视。直到20世纪80年代，俞敏运用梵汉对音材料再次主张古汉语入声韵应拟为浊塞尾 -b、-d、-g，由于证据充分，论证严谨，使得该种构拟方式引起学界的关注，亦引发了入声收浊塞尾还是清塞尾的争论。

俞敏在《后汉三国梵汉对音谱》中首先对高本汉的构拟思路提出质疑。高本汉发现一些方言的入声收清塞音 -k、-t、-p，并参考了日本译音，故拟《切韵》音的入声尾为 -k、-t、-p，至于上古音则是直接拿中古的 -k、-t、-p 上推。俞敏认为高本汉的构拟受汉字所限，而忽略了成段的话，即仅注意孤立的汉字而没有注意到语流。事实上，汉语的很多古音现象常常保留在语流之中。如在闽南话中，收舌的字后面一加 a 这个小称、蔑称后缀，就会变成浊音。闽南话的"贼"单念是 [tsʻat]，加上 a 为"贼仔"，念 [tsʻa⁶la³]。闽南的方言学家写作 d，罗常培《厦门音系》写作 l。俞敏认为从切韵音上推古音，远不如依靠后汉三国时期的译音材料所体现出的语音信息可靠。

[①]　[瑞典] 高本汉：《中上古汉语音韵学纲要》，聂鸿音译，齐鲁书社1987年版，第36—37页。
[②]　李方桂：《上古音研究》，商务印书馆1980年版，第33—34页。
[③]　参见李开《现代学术史关于古音学的三次大讨论》，《南开语言学刊》2006年第1期。

然后，俞敏指出后汉三国时期的梵汉对音材料反映了汉语古入声字收浊塞尾 -b、-d、-g，并指出将入声字拟为浊塞尾后，对一些语言现象作出的解释要优于清塞尾。

（1）收唇音的入声字，常译梵文的 -b、-v，如纳 nav、猎 rav，在印度北部方言中 b=v，故俞敏将收唇的入声韵尾拟为 -b。如此构拟也为章氏《成均图》中的"侵冬缉"跟"幽"对转，"谈盍"跟"宵"对转作出了合理的解释。若拟为清塞 -p，则无法解释这两种现象。

（2）收舌的入声字在对音中情况比较复杂，多用来译梵文的 -d、-dh、-r、-l。高本汉也注意到收舌入声字在高丽译音中用 -l，在古代对译外国字音也可以看出有许多处用这类入声字的韵尾辅音来对译外国的 -r，但他认为某些方言的 -d 是后起现象，该种 -d 可以变成 -r，就可以解释高丽的 -l 了。事实上，他对此问题并未解释清楚。俞敏对梵汉对音的情况进行统计，发现频率最高的是 -d，将塞尾拟为 -d，是因为 -d 变 -l/-r 比 -t 变 -r/-l 容易；可以更为合理地解释高丽译音中的 -l 和唐五代藏汉对音中对译 -d、-l、-r。

（3）收舌根音的入声字，在对音中除收浊塞尾外，还有很多收清塞尾的，将其拟为浊音，因为它可以解释以下两种现象：第一，-g 脱落。汉朝人的著作里把印度称为天竺（hindu），用入声字译开音节，说明收尾辅音已经脱落。-k 比较顽强，不易丢，-g 容易弱化变成喉擦音［ɣ］，这样容易解释幽、宵、侯三部的阴入通押现象。第二，-g > -ɣ、-h。这可以解释对音中出现的以收舌根音入声字对梵文 -h 的现象，如"莫"对 maḥ。

之后，俞敏在《汉藏同源字谱稿》（1989）中也明确将入声韵皆拟为浊塞尾。如"锡"部为 -eg，"质"部为 -id、-ed，"月"部为 -ad、-od，"合"部为 -ub、-ob，"盍"部为 -ab，缉部为 -ib、-eb，"铎"部为 -ag，"屋"部为 -og，"沃"部为 -ug，"职"部为 -ig。

郑张尚芳在（1990）也主张将上古入声拟为浊塞尾。他在肯定了俞敏提出的梵汉对音证据外，还补充了三方面的证据：其一是粤语连山话和赣语湖口流芳话中存在着浊塞尾，为古汉语入声收浊塞尾提供了方言证据；其二是日本的上古汉语借词也反映了入声带浊塞音尾；其三为古藏语

为浊塞韵尾 – b、– d、– g。①

三 阴声韵存在开音节

押韵和谐声都显示出上古汉语的阴声韵和入声韵存在着极为密切的关系。如何解释阴入之间的密切关系，是阴声韵构拟的关键，同时也决定着上古汉语的音节类型。

高本汉认为清塞与浊塞的通转更容易解释阴入的密切关系，因此拟入声韵为清塞尾，将与其发生关系的阴声韵拟为浊塞尾，仅将歌、鱼、侯三部中不与入声韵发生关系的字拟为开音节②。西门华德（1927）将入声韵尾拟为 – b、– d、– g，而将阴声韵尾拟为擦音 – β、– θ、– γ。③ 之后，董同龢（1937）、陆志韦（1947）和李方桂（1971）三家则认为高本汉拟为开音节的部分与入声字也存在着谐声关系，所以将阴声韵全都拟为闭音节，这样上古汉语就成了全闭音节。针对胡适将绝大部分阴声韵（仅承认脂部是阴声韵，为 i 尾）归到入声韵并拟为塞尾的现象，魏建功（1929/2001）指出上古汉语"鱼、宵、幽"三部中表示叹息声、伐木声、群虫鸣声、哀鸿之声、鸡叫、淘米声、鹿叫、马鸣、风雨声等摹声词和"支、之、侯"三部的语气助词及语气词都是阴声字，是引音而呼的，若都是带收 – k 的闭音节，就违背了自然发音的省力原则④。王力先生（1960/2000）指出世界上不曾有过完全为闭音节的语言，反对阴声韵带有辅音韵尾⑤。1985 年，他再次强调："据我所知，世界各种语言一般都有开音节（元音收尾）和闭音节（辅音收尾）。个别语言（如哈尼语）只有开音节，没有闭音节；但是，我们没有看见过只有闭音节、没有开音节的语言。"⑥ 他将阴声韵皆拟为开音节，入声收清塞辅尾。但该种构拟方式无法对阴入的押韵谐声现象作出合理的解释。例如：为什么ə与ək押

---

① 郑张尚芳：《上古入声韵尾的清浊问题》，《语言研究》1990 年第 1 期。
② ［瑞典］高本汉：《上古音当中的几个问题》，赵元任译，《中研院历史语言研究所集刊》1928 年第 1 本第 3 分。
③ 参见李开《现代学术史关于古音学的三次大讨论》，《南开语言学刊》2006 年第 1 期。
④ 魏建功：《阴阳入三声考》，载魏建功《魏建功文集》，江苏教育出版社 2001 年版，第 176—274 页。
⑤ 王力：《上古汉语入声和阴声的分野及其收音》，载王力《王力语言学论文集》，商务印书馆 2000 年版，第 130—169 页。
⑥ 王力：《汉语语音史》，中国社会科学出版社 1985 年版，第 47 页。

韵谐声，与əŋ对转，却不能跟ət、əp押韵谐声，跟ən、əm对转？

俞敏（1949，1989）利用汉藏比较的方法全面考察了上古汉语的阴声韵，发现"歌、脂、微"三部收流音尾 -l、-r 尾，其中歌部为 -l，脂部为 -r、-l 尾，微部为 -r、-l，其余的阴声韵皆为开音节。他（1984）发现，后汉三国时期的梵汉对音材料中"歌、脂"两部的字常对译含有辅音韵尾 -l、-r 的音节，而其他阴声韵的字常对译梵文的开音节。例如：

歌部：潘——phal　　波——par；

脂部：尼——nir　　比——br̥；

幽部：丘——kṣu　　优——u；

侯部：布——po　　头——ḍro；

宵部：骄——kāu　　桥——gav；

之部：持——ti　　辎——jī。①

根据梵汉对音的材料，他将后汉三国时期的阴声韵分别拟为：之ɐi，歌al，鱼a，幽侯u、o，宵au，脂支i、ir。

据此，他主张上古汉语音节只有一套塞音韵尾，存在于入声韵中，由此证明了上古汉语阴声韵存在开音节。他对阴声韵的构拟合理地解释了阴入的密切关系、歌元的通转现象及歌鱼、侯幽的界限混淆等现象。

首先，他的构拟合理地解释了章炳麟《成均图》中"侵冬缉"与"幽"对转、"谈盍"与"宵"对转的现象。俞敏根据梵汉对音材料将"幽"部拟为 -u，"宵"部拟为 -au，将与其相对应的收唇入声字拟为浊塞尾 -b，-b 与 -v(u) 极为接近，从语音上为两组对转作出了解释。另外，他认为"幽宵"两韵除了与收唇入声韵"缉盍"关系密切外，还与收舌根入声韵关系密切。他将收舌根入声韵拟为浊塞尾：-g。-g 容易变成喉擦音［ɣ］，若是在 u、o 这类后元音之后，更容易被它们吸收，这样更容易解释"幽、宵、侯"三部的阴声韵与入声韵的通押现象。②

---

① 俞敏：《后汉三国梵汉对音谱》，载俞敏《俞敏语言学论文集》，商务印书馆 1999 年版，第1—62页。

② 还有一部分阴声韵中的去声字与入声韵关系密切。如"脂"部，详见下文。

其次,关于"歌"、"元"两部的通转,王力曾将"歌"部与"元"部分别拟为-ai、-an,认为-i、-n都是舌尖音可以通转。俞敏将"歌"部拟为al,认为"歌"部与"元"部通转的实质是al与an相混。例如,后汉支谶译《道行般若经》把bṛhatphala写"惟于潘",从"番"得声的字,既有"元"部的音,又有"歌"部的音。"元"部的"还"字有时也用来对译梵文val。另外,藏语"银"说成dŋul。在汉语方言中,声母n、l不分的现象也极为普遍。相对而言,他对"歌"、"元"两部通转的解释更有说服力。

最后,在上古汉语中,"歌鱼、侯幽"的界限并不清晰。他提出可以通过"歌"部-l尾的脱落造成的链式音变对此现象加以解释:①

```
上古韵部   歌al    鱼a    侯o    幽u
                   \      \      \    \
后汉韵部            a      o      u    ū
```

俞敏主张上古汉语阴声韵存在开音节,同时也存在部分流音韵尾,既没有违背语言类型学标准,又对阴入的密切关系作出了全面而合理的解释,为阴声韵尾的争议提出了较为科学的解决途径。

郑张尚芳(2003)认为歌部在上古早期是-ar/-al,到晚期变ai。他的拟音体系中歌、微、脂都带有流音尾,其他阴声韵则为开音节②。

四 "至、祭"两部后汉时期存在-s尾

上古音系中去入关系密切,尤其是中古的"泰、夬、废、祭"四韵只有去声,没有平上声韵相配,而在上古又都与入声相叶、谐声。清王念孙在《与李方伯论古韵书》中说:"去声之至霁二部及入声之质栉黠屑薛五部中……皆以去入同用而不与平上同用。"他将至、祭两部独立。章炳麟证明了"脂"部的去声及相配的入声韵不与平上声韵同押,故将它们独立出来成立"队"部。这样,去入关系密切的韵就有四个:脂、至、队和泰。王力(1957)提出了"长入说",对这批上古去入一家的字作出

----

① 俞敏:《后汉三国梵汉对音谱》,载俞敏《俞敏语言学论文集》,商务印书馆1999年版,第1—62页。

② 郑张尚芳:《上古音系》,上海教育出版社2003年版,第164—165页。

了解释，在《汉语语音史》中，他再次强调："我认为上古入声有两种，一种是长入，其音较长，后来变为去声；另一种是短入，其音较短，直到今天许多方言里还保存这种促音。"① 俞敏（1984）运用梵汉对音材料对"脂至队泰（王念孙的祭部）"②进行了考察，对该问题提供了新的解释途径。

他发现后汉三国时期的梵汉对音中，梵语收 -s、-ś、-ṣ 的音节基本上都用中古汉语的去声字来对译。例如：

奈 ṇas　替蛭 tiṣ　突 duṣ(k)　达 dhas　卫（v）paś　陛 pas　沸费字弗 puṣ(y)　会（v）bhās　赖奈 raṣtr　卫会越维夷 vas③

由于在梵文中，i、u 可以使其后头的 s 变成 ṣ，附近的 r 也能使 s 变为 ṣ，ś 在方言中亦常作 s，所以这些字里的 ṣ/ś 一律可以当 s 看，除"维夷"两字非去声外，梵文的 -s 大体上都是用汉语的去声字来对译的，即后汉时一部分去声字存在 -s 尾。这批后汉带 -s 尾的字演变为中古的去声字，-s 变成了 -i。在梵汉对音材料中的证据如下：

奈 * nay　替 * tiy　腻 * niy　卫 * vay(pay)　陛 * pay 沸费字 * puy　会 * vay(bhay)　赖奈 * lay　会卫 * vay④

俞敏指出，在梵文中元音中间的 ś 会浊化成 y，s 浊化也是 y。在藏语中，-s 变 -i、-y 亦是重要的音变现象，汉语中 -s 的演变途径亦是如此。

此外，他还发现，与对译梵文 -s 的字同属一批的中古去声字在后汉时期亦对应收塞尾的梵文音节。例如：

类 rod　制逝 jet　卫 pat　贝 pat　世贳 śat⑤

---

① 王力：《汉语语音史》，中国社会科学出版社 1985 年版，第 73 页。
② 该四部取章炳麟古韵目名：脂、至（质）、队（微物）、泰（祭祭月）。
③ 俞敏：《后汉三国梵汉对音谱》，载俞敏《俞敏语言学论文集》，商务印书馆 1999 年版，第 1—62 页。
④ 同上。
⑤ 同上。

也就是说，中古的去声字在后汉时既可以分别对译梵文塞尾或 -s尾，亦可同时对译塞尾和 -s尾。例如，"卫"就可以分别对译pat和pas两个音节。俞敏对这批去入一家的韵进行了构拟：脂部为i、ir；泰部为ad、as；至部为id、ed、is；队部为ud、us。可见，在后汉三国时期这些韵是塞尾与 -s尾平行的，即中古的去声字一部分源于后汉时期的塞尾，另一部分源于 -s尾。

关于舌尖塞音与 -s尾并行的情况，早在1948年，他在研究"合、怗、屑、没、曷"五部之间的通转现象时，就提出 -b型动词可以派生出 -s型动词、名词（多为中古去声字）[①]，在《汉藏文献学相互为用一例》(1991) 一文，他更明确地提出了演变路线：-bs > -ds > -s > -i。[②] 储泰松（1999）将俞敏关于 -b型动词派生 -s型动名词的演变途径如下：[③]

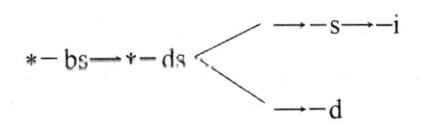

$$*-bs \longrightarrow *-ds \begin{cases} \longrightarrow -s \longrightarrow -i \\ \longrightarrow -d \end{cases}$$

原始韵尾 -bs经过逆同化变成 -ds，到先秦就分化成 -d、-s两类，《切韵》时，-s类就变成了 -i，归属为去声字，而 -d类没有发生变化，归属为入声字。可见，俞敏主张上古去入一家的字有共同的来源，即 -ds尾，并对"秦陇则去声为入"作出了解释，是就秦方言把收 -i的去声字念成收 -d的入声字说的。俞敏的研究对至、泰、队、脂等部去入关系密切做出了合理的解释。在汉藏比较中，他（1949，1989）将泰部分为祭部和月部，赞同罗常培、周祖谟将"祭泰夬废"独立为"祭"部的观点，将祭部上古音值拟为ads，月部拟为ad。

冯蒸（1989）亦提出相同的看法，"在梵汉对音中以祭泰夬废等韵为主的这些去声字的这种舌尖塞尾（-t、-d、-th）和擦尾（-s）的平行表现，正反映了它们的早期形式应是 -ts尾（如果认为入声的 -p、-t、

[①] 俞敏：《论古韵合帖屑没曷五部之通转》，《燕京学报》1948年第34期。
[②] 俞敏：《汉藏文献学相互为用一例》，《语言研究》1991年第1期。
[③] 储泰松：《梵汉对音与上古音研究》，《南京师大学报》（社会科学版）1999年第1期。

-k尾应是浊音的话，则应是 -ds尾"①。刘宝俊（1990）根据沃尔芬登提出的原始藏缅语 * -ds→ -s 和俞敏提出的拉合尔藏语 * -ds→ -s 等音变程式，断定该三部的去声字在后汉三国时期表现出来的 * -s 韵尾以及它们与梵文 -d、-t 的对译，应该是来源于早期的复辅音韵尾 * -ds（← * gs）的分化②。郑张尚芳（1994）利用朝鲜汉语借词（mais 石磨）、日语译音（nasi 梨）、梵汉对音、藏文（量 graŋs）和汉语现代方言等材料支持汉语去声上古为 -s 尾③。刘广和（1996）指出东晋时代"祭泰"两类存在舌尖塞音、擦音两种韵尾，而"夬废"两韵各在对音中找到一字，已失入声尾，收 i 尾，由此推断可能是"祭泰夬废"由入声转到阴声韵的先声。s尾变成 i 尾的路线是 s > ś, ś 浊化 [ʑ]，然后摩擦削弱变成 i。他还列出了俞敏先生面授他的例子：拉萨属于前藏，明代小说《西游记》把前藏称为乌斯藏，后来改叫卫藏，由乌斯到卫，就是 s 变 i，us > ui④。

施向东（2012）指出，在十六国和北朝时代，"泰祭"部有 as 和 ai 两种对音情况，显示 -s 尾正在逐渐弱化向 -i 尾过渡，南朝个别对译 -s 尾。除了"泰祭"部，其他去声字也有对 -s 尾的。如东晋"腻"，十六国的"贰腻"，北朝的"泪贰"。十六国和北朝时去声字的对音中仍存在塞尾和塞擦尾⑤。

关于去声收 -s 尾的研究，自奥德里古尔（Haudricourt, 1954）根据越南语用带擦音 -s 尾中的问声和跌声来对译汉语中的去声字这一现象，提出中古汉语的去声来自 -s尾，经过蒲立本（Pulleyblank, 1962, 1973）、梅祖麟（1980）、俞敏（1948，1984，1991）、郑张尚芳（1994）等国内外学者的研究，由于证据确凿，音变解释科学合理，在学界已形成共识。⑥

---

① 冯蒸：《〈切韵〉祭泰夬废四韵带辅音韵尾说》，《湖南师大社会科学学报》1989 年第 6 期。
② 刘宝俊：《论原始汉语"二"的语音形式》，《语言研究》1990 年第 1 期。
③ 郑张尚芳：《汉语声调平仄之分与上声去声的起源》，《语言研究》1994 年增刊。
④ 刘广和：《东晋译经对音的晋语韵母系统》，载谢纪锋、刘广和主编《薪火编》，山西高校联合出版社 1996 年版，第 217—234 页。
⑤ 施向东：《梵汉对音和两晋南北朝语音》，《语言研究》2012 年第 3 期。
⑥ 参见潘悟云《汉语历史音韵学》，上海教育出版社 2000 年版，第 154—159 页。

五 闭口韵离析为六部

黄侃曾指出："我自己对古韵分部倒有一个设想，就是覃、添、合、帖四部应当离析为覃、谈、添、合、盍、帖六部。可惜这些部字数太少，用诗经押韵无法证明。希望将来能有更新的方法来证明它。"① 俞敏用汉藏比较和梵汉对音的方法证明了闭口韵应析为六部，与黄侃的结论基本一致，使古韵闭口韵分为六部的结论建立在了更加坚实的基础之上。

俞敏运用汉藏比较和梵汉对音的方法证明汉语上古音闭口韵"覃、怗、合、添"四韵应离析为六韵。他在《汉语的"其"跟藏语的 gji》一文的附录《汉藏韵轨》（1949）中，分别举三对汉藏同源词加以验证：

覃甲　对应藏语 – im　　– em　　寝 gzim　　心 sems
覃乙　对应藏语 – um　　– om　　三 gsum　　暂 rtsom
合甲　对应藏语 – ih　　– eb　　汁 adʑib　　吸 lheb
合乙　对应藏语 – ub　　– ob　　入 nub　　合 kob
添　　对应藏语 – am　　　　　　蓝 rams
怗　　对应藏语 – ab　　　　　　法 babs②

而后，在《后汉三国梵汉对音谱》（1984）一文中他重申了这一观点，并用梵汉对音方法又给予新的证明，改称为侵甲、侵乙、谈、缉甲、缉乙、盍六部。

侵甲　深 śim
侵乙　金 kum　　三 sum
缉甲　涉 jiv　　叠 dvīp
缉乙　合 gup　　塔 stup
谈　　蓝 lam　　含 gam
盍　　猎 rav　　纳 ṇav③

---

① 参见陆宗达《我所见到的黄季刚先生》，《训诂研究》1981 年第 1 辑。
② 俞敏：《汉语的"其"跟藏语的 gji》，《燕京学报》1949 年第 37 期。
③ 同上。

他将各部分别拟为：侵_甲 im、em，侵_乙 um、om，谈部 am，缉_甲 ib、eb、缉_乙 ub、ob，盍部 ab。在《汉藏韵轨》中，他只是将闭口六韵与藏语韵类对应关系列出来，并未对其拟音，在《汉藏同源字谱稿》(1989)中，他将闭口音六部韵目定为侵、覃（冬）、缉、合、谈、盍，具体拟音与《后汉三国梵汉对音谱》相同。

他直接根据汉藏比较和梵汉对音分部归字的结果是出现了"同声未必同部"的现象，使得分韵归字有了新的依据，新的参照系，就不必再绝对地以谐声符为准绳了。他的研究与黄侃的研究六部类别并不相同，但二者的差别是局部的、次要的，二者本质是一致的。

施向东（1993）详细地对黄侃与俞敏古韵闭口六部进行了比较研究（见表 5.1），指出俞敏的出色工作使古韵闭口音分六部的结论建立在了更加坚实的基础之上，并进一步指出从黄侃对古韵闭口六部的划分到俞敏对这一问题的新的论证，所涉及的问题已从古韵部划分、拟音扩大到梵汉对音、汉藏语言的比较等一系列新的领域[①]。

表 5.1　　　　　　　　黄侃与俞敏闭口六韵之异同[②]

黄侃《音略》	覃部		添部		合部		帖部
黄侃《谈添盍帖分四部说》	覃部		谈部	添部	合部		盍部	帖部
俞敏《汉藏韵轨》	覃_甲	覃_乙	添部		合_甲	合_乙	帖部
俞敏《后汉三国梵汉对音谱》	侵_甲	侵_乙	谈部		缉_甲	缉_乙	盍部
俞敏《汉藏同源字谱稿》	侵部	覃_冬部	谈部		缉部	合部	盍部

第二节　首次提出古汉语存在四种连音变读现象

俞敏（1948）指出，在传统语言学研究中，"汉语变得枯燥，机械，死气沉沉"。但若"我们除了会查字书韵书之外，还能读些个用连串的语言写成的文献，就很容易发现那'活汉语'的真面目。这决不像许多学

[①] 施向东：《黄侃古韵闭口六部与俞敏古韵闭口六部之异同》，载《中国海峡两岸黄侃学术研讨会论文集》，华中师范大学出版社 1993 年版，第 56—61 页。

[②] 同上。

者形容给我们看的那么样儿呆板，而是那么是生动，活跃，近人情——自然必不可免的有点儿凌杂散乱的———副面孔"①。他主张应研究"活"的语言，而非"死"的文献语言，并指出"连音变读"就是打破这一局面的科学途径。他认为，既然现代汉语中存在各种连音变读现象，梵文及西洋语言中也存在各种连音变读现象，那么古代汉语中也应该存在连音变读现象，并将古汉语中连音变读的现象分为四种：

第一种属于"暖和型"的音变，即"两个紧紧连接着的语音里的一个，受了另外一个的影响，而把发音部位或方法改得和后者相同或相似"②。例如，北京话"暖和"的音变：nuanxuo→nuaŋxuo→naŋxuo。

这种现象在古文献中亦存在。如"历阶"与"栗阶"：

《仪礼·燕礼记》："凡公所辞皆栗阶。"郑注："栗蹙也，谓越等急趋君命也。"……《礼记·檀弓下》："杜蒉入寝，历阶而升。"《燕礼记》的"栗阶"亦就是《檀弓下》的"历阶"。"历"字当作"越"字讲。《孟子·离娄》下："礼，朝廷不历位而相与言，不逾阶而相揖也。""历"与"逾"同义。朱骏声在《说文通训定声》"栗"字下面说："假借……为历，《仪礼聘礼》'栗阶升'；案：越也。"这话很正确。但是这个成语的第一个音缀分明是[liek]，为什么会用一个平常读作[liet]的"栗"字来代表他呢？这理由很明显：因为两个音缀分读虽是[liet]和[kai]，但是连读起来，第一个音缀的[t]会自然而然的被第二音缀的[k]给同化成[k]呀！③

其公式为：liet kai→liek kai。

他列举了很多该种音变的例子，例如："道、导"变为"襢"的音变公式为dˊog bˊjuk→dˊob bˊjuk→dˊom bˊjuk(→切韵dˊam bˊjuk)；"邯（音酣）郸"变为"邯（音寒）郸"的音变公式为gam tan→gan tan。

第二种是"鼓捣型"的音变，即"两个或两组语音虽然分在两个音缀里，但是却因为这两个音缀的地位紧接着，所以其中的一个或一组就蒙

---

① 俞敏：《古汉语里面的连音变读（sandhi）现象》，《燕京学报》1948年第35期。
② 同上。
③ 同上。

上了另外一个或一组的色彩"①。如北京话"鼓捣"的音变公式：ku tau →ku tu。

他指出，古汉语中"蚯蚓"音变为"蜷蚓"就属于这一类型音变现象。"蚯"受"蚓"的同化而变成"蜷"，成为叠韵联绵词，其公式为：kʼju zjen→kʼjen zjen。再有"䬼饐"一词的音变亦属此类，其公式为：ʔən ŋəi→ʔən ŋən或ʔuən ŋən→ʔuən ŋuən；《字林》的"玁余"聚，到《颜氏家训》里成了"猎闾"，音变公式为 l-j- → l-l-，这是声母的同化。

第三种是"啊型"音变。"一个在前边的音缀的末一个音读得长了一点，听起来好象占着两个音的长短，于是后一期的语言里，后边那个音缀的头上突然添出一个音来。"② 早期北平话的惊叹词"啊"[a]，因置于不同的音后，长期使用而分裂成五个不同的新词：[a]、[ua]、[na]、[ŋa]和[ia]。

他认为古文献中"亨、享、烹"的音变即属于这一种：

> 案：由亯、饗的互用和"亨通"的亨字的读法来推测，亯的上古音只有[xaŋ]和[xjaŋ]两种。那么这个"普庚切"的读法究竟是从那里来的呢？……《周礼·天官·大宰职》："及纳亨，赞王牲事。"郑注云："纳亨，纳牲将告杀；谓饗祭之晨，既杀以授亨人。"《释文》："亨，普庚反。"……"亨"是祭品，"纳亨"和北平话的"上供"的句法组织是一样的。这个手续在古礼里极普遍，所以"纳亨"是一句很流行的话。"纳"的上古音是[nuəp]，经过相当长时期的使用，"亨"的头上就受"纳"的尾音的影响，添出一个[p]来。如果用一个简单的式子来表示这次的音变，那么就该是：——
> nuəp xaŋ→nuəp pxaŋ→nuəp pʼaŋ③

他又指出陕西方言中有[px-]的音，天津方言说"烹"的时候还是说[pxəŋ]的。前文提及"导服"的"导"在音变之后，下面偶然没有连着"服"字，它的原音亦不会恢复。同理，"亨"字和"纳"字拆开来，[p]

---

① 俞敏：《古汉语里面的连音变读（sandhi）现象》，《燕京学报》1948年第35期。
② 同上。
③ 同上。

仍可保持住。

第四种是"aia型"的音变。"前边的音缀的末尾，受了后边的音缀的影响，添出一个尾音。"① 双音缀惊叹词"aia"变为现代北京话[aiia]，演变公式为：aia→aiia。

他指出，这种音变现象多出现在音译的佛经咒语中。如"南无"，梵文原文为namo。na用"南"[nam]来对译，是在前面一个音缀的尾巴上多添出一个[m]：na mo→nam ma。此外，ālāma译作"阿蓝磨"、alāya译作"阿赖耶"等也属于这类音变。

古汉语自身亦有该种音变现象。如：

《尔雅·释鱼》："科斗，活东。"《释文》说："'活东'，谢施音括；舍人本作'颗东'。"案："颗东"在后汉朝的读法是[kʻuatuŋ]。"颗"字到了郭注的本子里凐成"活"[kʻuat]。公式：——
k'ua tuŋ ›k'uat tuŋ②

我们可以看出，他的研究一方面证实了古汉语中存在"暖和型"、"鼓捣型"、"啊型"和"aia型"等连音变读现象，为音韵学研究进一步摆脱汉字的束缚作出了极有价值的尝试；另一方面为古汉语音变的解释提供了新的途径，他运用这四种连音变读对一些古汉语的音变作出了合理的解释。例如，"历阶"与"栗阶"，"道、导"与"禫"，"蚯蚓"与"蠸蚓"，"亨、享"与"烹"，梵语ālāma译为"阿蓝磨"，等等。另外，他指出运用连音变读现象可以更好地对古音进行构拟。例如，在《后汉三国梵汉对音谱》中他指出闽南话收舌的字，后面一旦加上a③，就变成浊音；该音用[l]成阻，用[d]除阻。如"贼"单念是[tsʻat]，加上a为"贼仔"，念[tsʻa⁶la³]；再借助梵语拟古入声为浊塞 - b、 - d、 - g，打破了高本汉清塞收 - p、 - t、 - k尾的一统局面。他在《古汉语里面的连音变读（sandhi）现象》一文的末尾提到：

---

① 俞敏：《古汉语里面的连音变读（sandhi）现象》，《燕京学报》1948年第35期。
② 同上。
③ 这个a是表小称、蔑称的后缀，平常写作"仔"。

经过这一番详细的讨论,我们感觉我们所研究的对象——古汉语——确不是四方格子和圆圈儿所装得下的。他是那么样儿的活泼、流走、有生气。我们所希望认识的是活汉语,而不是表格或字典里面所装的汉语的语词作成的木乃伊。如果我的读者能因为这篇短文而对于活汉语研究发生了兴趣,那就是笔者所希望的最大的报酬了。①

之后,一些学者也尝试利用连音变读对汉语古文献进行解释。例如,张永言(1983)指出:"浩亹[kɑu muən]"变为"阁门[kɒp muən]",是后一个音节声母 m 将前个一音节的韵尾 u 同化为 p②;"韩侯[ɣɑn ɣə u]"变为"寒号[ɣɑn ɣɑu]",前一个音节的韵腹 ɑ 将后一个音节的韵腹 ə 同化为 ɑ;"参合[ts'ɒm ɣɒp]",变为"仓鹤[ts'ɒŋ ɣɒk]",后一个音节的声母 ɣ 将前一个音节的韵尾 m 同化为 ŋ,而 ŋ 又将后一个音节的韵尾 p 同化为 k。以上三个例子都是同化造成的。他又举了两个换位的例子,分别是:"辰亭[zǐěn dʻieŋ]"变为田城"[dʻiěn zǐeŋ]";"望州[mǐwaŋ tɕǐəu]"变为"武锺[mǐu tɕǐwoŋ]"。③

冯蒸的《"攻吴"与"句吴"释音》(1984)一文肯定了连音变读在汉语语音史中的重要性,并在俞敏四种连音变读的基础上,提出了第五种连音变读:"在两个连续的音节中,因为前一个音节的韵尾跟后一个音节的声母相同或相近,于是省略了前一个音节的韵尾。"④并指出"攻吴"与"句吴"的演变历程:

koŋ + ŋa(ŋ̌ia) → ko + ŋŋa(ŋ̌ia) → ko + ŋa
攻(工)吾(敔歔)　　　　　　　　句　　吴

庞光华(2005)肯定了俞敏关于"导服"、"栗阶"、"邯郸"、"浩亹"等的解释,并利用连音变读的同化对一些古文献中的现象作出了解

---

① 俞敏:《古汉语里面的连音变读(sandhi)现象》,《燕京学报》1948 年第 35 期。
② 该例子张永言转引了俞敏在《古汉语里面的连音变读(sandhi)现象》一文所举的例子,只是具体拟音与俞敏不同。俞敏采用了高本汉的拟音体系,阴声韵带塞尾。
③ 张永言:《〈水经注〉中语音史料点滴》,《中国语文》1983 年第 2 期。
④ 冯蒸:《"攻吴"与"句吴"释音》,载中国社会科学院语言研究所古代汉语研究室编《古汉语研究论文集(二)》,北京出版社 1984 年版,第 103—107 页。

释。例如:"答、荅"由上古定母变为端母,是因为"对答、答对"常连用,被"对"同化为端母;"魄"由滂母读成透母,是被"落魄"中的"落"同化所致;"饕"从匄母得声而读透母,是因"饕餮"连用而发生的音变所致。①

第三节 主张谨慎地对待等韵中的语音信息

俞敏主张音韵学研究要摆脱等韵的束缚。他提出等韵是宗教崇拜的产物,等韵的所有构成因素都与梵文悉昙有着密切的关系。在此基础上,他对等韵中的语音信息进行了反思,阐释了音韵学研究要谨慎对待等韵的原因,同时对等韵术语起到了正本溯源的作用。

一 明确提出音韵学研究不能为等韵所束缚

等韵是前人研究、分析汉语语音的一种手段,它用特定的格式将汉语的语音系统表现出来。自等韵产生以来,古音韵学家一直非常重视韵图的作用,利用它来分析汉语语音。例如,宋代张麟之的《韵镜序》中就有"韵镜之作,其妙矣夫!余年二十,始得此,学字音"②。清代龚自珍亦云:"等韵明而天下之言语明。"③ 到了近代,等韵不仅作为语音分析的工具,它自身所反映的古音信息在音韵学研究中的价值也得到了研究者的重视。高本汉(1926)首次利用等韵所反映的语音信息来构拟汉语的中古语音系统。而后,董同龢(1937)、陆志韦(1947)和王力(1957)等学者也都把等韵看作是汉语中古音研究的重要材料。赵荫棠(1957)和李新魁(1983)等学者梳理了大量的等韵图,指出韵图具有地域特征,不同时期的等韵反映的研究对象不同。他们都充分肯定了等韵图在音韵学中的作用。

俞敏也赞同等韵在音韵学研究中起着重要的作用,在一定程度上反映了汉语的古音信息。例如,他在《中国大百科全书·语言文字卷》"等

---

① 庞光华:《论汉语上古音无复辅音声母》,中国文史出版社2005年版,第261—269页。
② (宋)张麟之:《韵镜序》,载张能甫编注《历代语言学文献读本》,巴蜀书社2003年版,第57—62页。
③ (清)龚自珍:《家塾策问一》,载龚自珍《龚自珍全集》,上海人民出版社1975年版,第119—121页。

韵"词条指出，音韵学家利用早期等韵书可以更清楚地认识《切韵》音系，利用晚期等韵书，可以推求作书的人的方音，考定宋以来的音变。与以往学者不同的是，他对等韵是否如实全面地反映汉语的古音信息提出了质疑，认为等韵只是悉昙的忠实仿制品，并主张音韵学研究要摆脱等韵的束缚。

他在写作《后汉三国梵汉对音谱》（1984）的过程中，发现高本汉在音韵学研究中过于依赖等韵。例如，高本汉所构拟的中古元音系统中没有高元音 i、u，完全是受等韵束缚所致。因为他用 i 去分等，用 u 去分呼，在等韵中拿这个音作为介音，所以不能再作主元音，从而导致了他的中古元音系统中无高元音，上古音中亦无，即整个古音系统中无高元音的存在。而后，董同龢（1937）、陆志韦（1947）、王力（1957）等学者所构拟的元音系统中也并不同时存在高元音 i、u。事实上，高元音是人类发音器官比较容易发出的音，应该存在于汉语古音系统。黄典诚在《关于上古汉语高元音的探讨》（1980）中曾指出，世界各国语言的语音系统里和汉语普通话标准音及各个方言乃至国内各少数民族语言的声韵系统中都存在高元音 i、u，所以汉语上古音系统中也应该存在高元音[①]。俞敏利用梵汉对音和内部拟测等方法证明汉语古音系统中应该同时存在高元音 i、u。二者均可作主元音，如此构拟的音系中就有了元音三角 i、u、a，符合语言类型学标准。

俞敏指出，高本汉过于相信等韵所反映的语音信息，在一定程度上倾向于为等韵圆谎。例如，高本汉根据等韵将"魂、痕"两韵拟为一开一合。事实上，在所有的《切韵》残本里这两韵都是分开的，并非同韵开合口的对立关系。由此可见，等韵在反映汉语古音方面存在一定的问题。音韵学研究若继续为等韵所束缚，缩手缩脚，最终则会走上经院化的道路，不利于汉语语音史的科学研究。在此背景之下，他主张音韵学研究要摆脱等韵的束缚，"音韵学的叫天儿不少，等韵图就是那只鞋。我这个人讨人嫌的地方挺多，就有一条儿敢自信：既不迷信叫天儿，更不信鞋"[②]。他明确提出音韵学研究要打破高本汉等过于依赖等韵的权威思路，"我破

---

① 黄典诚：《关于上古汉语高元音的探讨》，《厦门大学学报》（哲学社会科学版）1980年第1期。

② 俞敏：《后汉三国梵汉对音谱》，载俞敏《俞敏语言学论文集》，商务印书馆1999年版，第1—62页。

这个偶像，并不想建立印度声明或是什么别的权威，当然更不想建立我自己的权威。我只想鼓动大家一齐解放思想，不作'套中人'，齐心合力，推动音韵学研究跨进一步就是了"①。

俞敏认同等韵在为音韵学研究提供了重要的语音线索的同时，也针对高本汉等学者对等韵中的语音信息过于迷信的现象，提出音韵学研究要摆脱等韵的束缚，有力地推动了音韵学研究向前跨进一步。

二 全面考证了等韵与悉昙的关系②

在《后汉三国梵汉对音谱》一文中，俞敏发现等韵并不能如实地反映汉语古音信息，所以他对等韵进行了溯本求源的研究，从而对等韵与悉昙的关系作出了新的阐释。他提出："等韵是悉昙的仿制品，太皮毛地忠实的仿制品。"③ 并从宗教崇拜和等韵与悉昙全面比较两个角度对这一观点进行了阐释。

等韵的产生与佛教有着密切的关系。宋郑樵在《七音略·序》中提及："七音之韵，起自西域，流入诸夏。梵僧欲以其教传之天下，故为此书。"明葛中选在《泰律篇》中云："等韵成于僧，故僧多习之。"近代罗常培在《耶稣会士在音韵学上的贡献》（1930）中指出，印度文化东来，沙门受梵文"体文"的启示造成36字母，辨别七音，分转列图。赵荫棠在《等韵源流》（1957）中提出悉昙传入中国与佛经之传入有着连带的关系，并结合梵文阐释了等韵中"字母、摄、转、轻重、清浊"与悉昙存在着密切的关系④。俞敏（1984）赞同等韵的产生与佛教的传入关系密切，也赞同等韵是模仿梵文悉昙而作。但他并没有就此止步，而是在此基础上进一步提出等韵是宗教崇拜的产物，几乎所有的构成因素都与悉昙存在着密切的关系。

俞敏精通佛学，首次从宗教崇拜的角度对等韵的产生进行了研究。他通过对大量佛教译经的研究指出，佛教中巫术密教大规模引入中国，导致了人们译经由意译向音译的转变。在汉魏时期，人们译经以意译为主，为求佛理，文字通顺，大部分译经是讲道理的显教经和律。到初唐时期，巫

---

① 俞敏：《等韵溯源》，《音韵学研究》1984年第1辑。
② 悉昙（siddham）是印度的梵文字书，是一种练音表。
③ 俞敏：《等韵溯源》，《音韵学研究》1984年第1辑。
④ 赵荫棠：《等韵源流》，商务印书馆1957年版，第4—34页。

术的密教大规模地介绍到中国，巫术界里的咒语可以辟邪治病，祈寿求财。咒语的功效不在于它的意义，而在于它的读音。人们为了准确地念咒语，便开始学习记录佛经的梵文，也就兴起了介绍、研究悉昙的热潮。僧人在念熟悉昙之后就分析唐音，斟酌用哪一个字来译咒语更为妥帖。受到悉昙的启发人们开始对汉语语音进行分析。由于僧人把记录佛经的梵文作为经典，认为梵文是一切别的语言的模式，所以就以梵文悉昙为标准来分析汉语语音，照猫画虎，等韵图就此产生。可见，等韵是宗教崇拜的产物。由此，他提出唐人学习悉昙的动力来自宗教，人们对密教咒语的迷信是促成等韵产生的重要原因。等韵产生的过程决定了等韵是悉昙的忠实仿制品。

他提出等韵是宗教崇拜的产物，是悉昙的仿制品，太皮毛地忠实的仿制品，这就决定等韵对悉昙的模仿决不仅限于等韵的个别构成因素。他对等韵的所有构成因素都进行了正本清源的研究，在赵荫棠、罗常培等学者研究的基础上，他对"字母、摄、转、轻重、清浊"等概念与悉昙的关系进行了更深入的研究，进一步证明"七音、喉音、舌头舌上、内外、重纽、四等"等也存在着对悉昙模仿的痕迹。也就是说，等韵图中基本上所有的重要概念都是直接或间接地受到了悉昙的影响。如"清浊"：

> 从《悉昙藏》里就有"柔声"、"怒声"。日本释信范《悉昙密传记》说"一云'或体文五句中以柔声$_{清音}$为女声，以怒声$_{浊音}$为男声……'。"……这里清浊的用法就跟后来一样了。
>
> 《韵镜》每一组辅音上头分清、次清、浊、全浊等类，显然是照抄悉昙家的。[1]

关于韵图的格式，他指出：

> 在悉昙章里，ka、kā、ki……是第一章，kya、kyā、kyi……是第二章，kra、krā、kri……是第三章；在等韵里，根kɐn是一等，巾krin是三等，紧kyin是四等。这里照着葫芦画瓢的痕迹不是很明显么？[2]

---

[1] 俞敏：《等韵溯源》，《音韵学研究》1984年第1辑。
[2] 同上。

舌头舌上，总共有两派：

  《悉昙藏》五引灌顶《涅磐疏》说："……多、他等是舌上音，咤、侘等是舌头声。"……又引《涅磐文字》说："na……以上五字竝是舌头声。"……说 t 行是舌头音有理，因为舌头要卷起来，接触硬腭的是舌尖儿。说是舌上音也有理，《源流》说："'上'字为动词。"
  说 t 行是舌头音也有理，因为有些声明家把它们跟 s 都算齿音，说明有一种发音法是齿背音。说是舌上音也有理，照上节"龈音"看，可能有人用舌叶（blade）发音，跟英语的 t 近似。……t 归舌头说胜利。要单论唐音，t 归舌上说也对了。这是华僧的创造。①

三　对等韵所反映的语音信息进行了反思

  古音韵学家对等韵中语音信息的质疑，基本上都建立在以时音律古音的失误之上。例如：元明学者认为四等之别实为二等；清陈澧、章炳麟等学者否定"等、字母、清浊、轻重"的存在。近代学者指出了他们的失误，但并未对早期等韵的语音信息提出质疑。俞敏首次对等韵反映的汉语语音信息进行了反思。他认为等韵在一定程度上束缚了人们的音韵学研究，并对这一问题进行了深入的探讨。他发现等韵中存在很多对悉昙的生搬硬套现象，无法真实地反映出汉语的语音特点。另外，很多等韵术语并不存在真正的语音价值，为后来学者的研究增加了难度。
  首先，等韵对悉昙的生搬硬套。等韵家在制作等韵图时，由于两种语言系统不同，往往存在着对悉昙的生搬硬套现象，削足适履。如"七音"：在《大般涅槃经·文字品》中对七音的描述：字音（元音）14 个为一组；毗声 25 个为五组：舌根声、舌齿声、上腭声、舌头声、唇吻声；超声八字为一组。从分类原则上看，"七音"并不是很科学的分类。汉语中"七音"分别是唇、舌、牙、齿、喉、半舌音（来）、半齿音（日）。俞敏举了两个例子来验证人们对悉昙"七音"的削足适履问题："来"母的发音部位与 t、

---

① 俞敏：《等韵溯源》，《音韵学研究》1984 年第 1 辑。

d相同,应归入舌头声;日纽的"若"在汉以后就有把jñ念成ñ的习惯,所以prajñā写成"般若",照吴音,应归入舌上音娘纽,照汉音,应归入正齿三等合进神纽。可见,等韵家为了迎合梵文的"七音"而将汉语的日母和来母单列成类。再如"摄",等韵仿照悉昙用字并不奇怪,怪的是千方百计凑为16个。梵文元音一共14个,外加两个附加号:大空点ṃ跟涅槃点ḥ。元音数出16个是因为加上了作为代表字的附加号"暗"和"恶"。《四声等子》为凑16摄,把"蒸、登"也挤进"庚耕清青"一块儿去,再注上"内外混等、邻韵借用",这些削足适履现象掩盖了汉语的语音本貌。

其次,等韵术语的讹化、玄化。大部分等韵家并不真懂声明,所以导致一些术语出现讹化、玄化现象,影响了学术的发展,导致人们很难对其进行科学的研究。

如"清浊",在《悉昙藏》里有柔声、怒声。日本释信范《悉昙密传记》说:"一云'或体文五句中以柔声_{清音}为女声,以怒声_{浊音}为男声'。"ka、kha为柔声(清音),ga、gha为怒声(浊声),ña为非柔非怒声。声明家把"比声"五行里的头一个叫"第一字",二一个叫"第二字",可以叫作"初、次",次清是第二个清音的意思。《四声等子》认为"次"为次要的,以讹传讹。《康熙字典》中给全清画了一个图——○,又给次清画一个图——⊙。很多人不理解梵文,不去探究这些术语的最初内涵,从而错误地理解汉语的古音。

再如"轻重",在《七音略》中分出"重中重、轻中轻、重中轻、轻中重"等,有小注内重、内轻。《四声等子》中"重少轻多、重多轻少、轻重俱多、全重无轻"等名目。陈澧在《切韵考外篇》中"然而何为重、何为轻,绝无解说,茫无凭据:皆可置之不论也"。罗常培的《释重轻》(1932)通过对《七音略》《韵镜》等的考察,指出"重"为开口,"轻"为合口,"内重、中重"等术语则无从解释[①]。可见,一些等韵术语由悉昙引入后,等韵家进行了莫名的创新,导致了该术语的用法混乱,影响了人们对其所反映的语音信息的探究。

俞敏对等韵进行了溯本求源式的研究,一方面,使人们意识到等韵在反映汉语古音方面的不足,从而使人们在音韵学研究中对其反映的信息进行多方面的考证;另一方面,拨开了笼罩在等韵术语中的迷雾,使得人们

---

① 罗常培:《释重轻》,《中研院历史语言研究所集刊》1932年第2本第4分。

的音韵学研究脚踏实地。

最后，等韵反映的汉语古音信息。既然等韵是对悉昙全面模仿，我们可以利用梵文悉昙来发现汉语的一些语音信息，为汉语古音音值的构拟提供了一些有价值的线索。

例如，俞敏指出"等"是受悉昙元音分等的影响。印欧语的轻重音影响元音，梵文有一套元音分等级的习惯，有原级、加强、最强三个级别。

```
原级 a ā     i ī  u ū
加强 a ā     e    o
最强 ā       ai   au①
```

梵文 a 念音稍窄，是 [ɐ]。我学的音 ai 念 [ɐi]。上文引的《悉昙藏》四就用"介"对 kai。这是二等。

梵文 ā 是十足的后 a。照陆先生说，"切韵音"哈的"a"也是，还加些圆唇。可以设想，等韵家又加了一级——一等。

喉牙唇音切上字三等（包括重纽的四等）另有一套，一二四等自成一套。咱们可以替等韵家拟一个表：

```
原级         蟹摄ei    效摄ou    四等
guna          ai        au       二等
vrddhi        ɒi        ɒu       一等
```

这就是等韵家的"等"的原型！②

人们对"等"的研究一直存有争议。清江永在《音学辨微》（辨等列）中提出"音韵有四等：一等洪大，二等次大，三四皆细而四尤细，学者未易辨也。辨等之法，须于字母辨之"。江永认为"等"是以主要元音来区分的。清陈澧认为"等"既以韵分，又不完全以韵分；既以声分，又不完全以声分，认为等的区分存在弊病。章炳麟则明确反对四等之存在。高本汉（1926）利用现代方言等材料，认为应以介音分等，四等主元音亦不

---

① 俞敏：《等韵溯源》，《音韵学研究》1984 年第 1 辑。
② 同上。

同。从俞敏的研究中我们可以看出，汉语的"四等"之别在于元音[①]。施向东（1983）利用玄奘译著中的梵汉对音材料对唐初洛阳音系进行了研究，也证明《切韵》音系四等之别在于元音[②]。

[①] [瑞典]高本汉：《中国音韵学研究》，赵元任等译，商务印书馆1930年版，第45—53页。
[②] 施向东：《玄奘译著中的梵汉对音和唐初中原方音》，《语言研究》1983年第1期。

第六章　训诂学研究

俞敏在训诂学研究方面主要著有《古汉语里的俚俗语源》（1948）、《大盂鼎铭文诂训》（1949）、《释"甥"》（1949）、《古汉语里面的连音变读（sandhi）现象》（1949）、《释蚯蚓名义兼辨朐忍二字形声》（1950）、《释名条辨》（1984）、《蔡沈廑丛著之五·释两》（1984）、《蔡沈廑说字艸》（1984）、《急就微言》（1984）、《蔡沈廑说字二艸》（1984）和《汉藏文献学相互为用一例》（1991）等文。

训诂学的发展到了20世纪，人们在继承传统的研究方法的基础之上，不断追求新的材料和方法来进行研究。俞敏在继承清代乾嘉学者训诂研究精髓的同时，采用了现代语言学理论方法来进行训诂研究，从而为传统训诂学的研究注入了新鲜血液，并为汉语古文献提出了许多独到的见解。

他坚持将古文献看作一种"活"的语言来研究，所以他非常重视语音的研究，率先将语流音变引入到古文献研究中，使得训诂学研究进一步摆脱了汉字的束缚。同时，他将汉字的形音作为一个整体来进行研究，提出若完全脱离汉字形体而孤立地研究语音，对古文献的解释会流于皮相，所以也要对文字形体流变进行慎重的考察。

他的训诂研究方法可以总结为：（1）将因声求义与因形求义相结合对《释名》和俚俗语源进行了研究；（2）运用因形求义进行研究；（3）首次利用语流音变对古文献进行研究，使得训诂学研究进一步摆脱汉字的束缚；（4）首次将汉藏比较的方法引入到训诂研究中。

第一节　将因声求义与因形求义相结合进行训诂研究

俞敏提出汉字掩盖了语言现象，积极主张语言研究应该摆脱汉字形体的束缚，所以他在古文献研究中大量使用因声求义的方法，即以词的读音为线索来寻求词的意义。但他（1984）又意识到：

> 抑声训与语原固有异：今而欲求语原，当知古者同原之语，恒以同字书之，又或互易其字、案典籍以证成，无取穿凿。夫孝之与好，声致相似，齐以同原字互用之例，乃知孝出于考：声则稍远矣！然则徒以音训为语原，易流于皮相：是其裨助亦鲜矣！①

所以他在承认因声求义具有开辟之功的同时，主张训诂研究中应将因声求义和因形求义相结合，并对《释名》和一些俚俗语源进行了考察。

一 对《释名》的研究

俞敏认为《释名》中的一些声训存在问题。如《释名·释言语》中对"孝"的解释为："孝，好也。爱好父母如所悦好也。"他提出了不同的观点：

> "孝"之为言"考"也。"考"者，《说文》云，"老也"。古者谓老人"考"：语源同也。……《夆吊毁铭》云，"寿老无替"：今字俱作"考"。《尔雅》谓父为考，而《召白虎夆铭》云："我考幽白幽姜令余告庆"，则以兼该父母，明与《孟子》"老吾老"第二"老"字同矣。考之彝铭，武王时有《退毁》，云，"王衣祀于王不显考文王"，其义如《说文》所训。其"考"之语孳生为"孝"，变溪为晓，以别新语，……其始未有新字，只以考字兼该，《仲师父鼎》云，"其用喜用考，于皇且帝考"，是已。……又后则"孝"字已造，而分配未定，故又或兼以代"考"字，《杜白盨》云，"其喜孝于皇申且孝"是已。最终则截然二字：若《王孙遗者钟》云，"用喜台孝，于我皇且文考"是已。如是新语孳生之势，明明可鉴，"孝"语之原，非"考"莫属矣。②

---

① 俞敏：《释名条辨》，载俞敏《中国语文学论文选》，日本光生馆1984年版，第170—181页。
② 同上。

他考察了《卿尊铭》等铭文中"考"的使用情况，提出"考"孳生出"孝"义，音由溪母变为晓母，但由于没有新字，所以"考"兼两义，后来"孝"字产生，但早期二者存在混用的现象，最后才分工明确。最后提出"孝"并非"好也"，而是"考也"。

再如，《释名·释言语》中对"视"的解释为："视，是也。察是非也。"俞敏赞同该观点，并进一步作出了解释。

> 古"视""是"字通：《管子·轻重》甲篇云，"苟有操之不工，用之不善，天下倪而是耳！""倪"即"睨"字，《说文》，"睨，衺视也"，又云，"覢，旁视也。""倪""睨""覢"三通。"是"即借为"视"，《中庸》云，"睨而视之"，是也。——洪氏颐煊读《管子》"倪"字为"睨"，是也；而又欲改"是"为"走"则非。至于"视"之语则出于"示"。段氏玉裁注《说文》"视"字云："《士昏礼》，'视诸衿鞶'；注曰，视乃正字，今文作示，俗误行之。《曲礼》，'童子常视毋诳'；注曰，视，今之示字。《小雅》，'视民不恌'；笺云，视，古示字也。按此三注一也。古作'视'，汉人作'示'，是为古今字。"案：《庄子·应帝王》篇，"尝试与来，以予示之"，又以"示"为"视"：惟古本一字一语，故两作皆通。①

他根据确凿的文献资料证实"是"是"视"的假借字，而"是"与"示"是古今字。

又如，《释名·释言语》中"名，明也。名实事使分明也"。他不赞同该解释：

> "名"之为言"命"也。周季命兼写二语：其一语自"令"来，为实辞，凡言"从命""受命"者是也。其一则用为动作之辞，凡言"命之曰某"者是也。此取后者。"名""命"一语之变，故古字互用：《书·金縢》云，"公乃为诗以贻王，名之曰'《鸱鸮》，'"《史记·鲁世家》引作"命之曰'《鸱鸮》'"；又《史记·天官书》云，

---

① 俞敏：《释名条辨》，载俞敏《中国语文学论文选》，日本光生馆1984年版，第170—181页。

"免七命",《索隐》云:"谓免星凡有七名也。"其后分配的当,则亦或分析厘然,若《韩子·扬权》篇云"使名自命",《主道》篇云:"令名自命也"是已,要之"名""命"之为一语则不诬:故《说文》云,"名,自命也"。至于"明"古音在唐部,与"名"在青部有别,《释名》此训非也。①

他考察了《书·金縢》和《史记·鲁世家》等文献中出现的"名"与"命",指出二者为"一语之变",所以二字常互用,后来二者分工明确,则不再互用,"名"为名词,而"命"为动词,所以"名,命也,而非明也"。

此外,他将因声求义和因形求义结合在一起对《释名》中"寒、雨、年、枉矢、路、邦、童子(童)、膝、听、瘖、武、仁、慈、语、事、盖、侍"等词条也都作了详细的阐释。

二 对俚俗语源的研究

由于俚俗语源的材料过于散碎,所以前人并没有重视对俚俗语源的研究,以往的小学家常用"世俗语讹"、"音随义变"等比较含糊的解释。到了近代,20世纪上半叶几乎也没有学者对俚俗语源进行专门研究,俞敏在《古汉语里的俚俗语源》(1949)一文中首次明确提出古汉语中的俚俗语源应是训诂学的一个重要研究对象。之后,郭在贻在《训诂学》(1986)中也提出俗语词研究是汉语词汇史研究的重要环节,没有研究俗语的汉语词汇史是不完整的②。

他举例说明英语和现代北京话中都存在俚俗语源现象。他将俚俗语源的音变层次分为三层:第一层是声训;第二层是假本字;第三层,假本字写久了,人们也就跟着念了。他以声音为枢纽,《尔雅》"释训、释官、释器、释天、释山、释水、释草、释虫、释鱼、释鸟和释兽"中的50多条俚俗语源的本字进行了考察,将这些词语的语源清晰客观地展现在读者面前。如《释器》中的"鎞":

---

① 俞敏:《释名条辨》,载俞敏《中国语文学论文选》,日本光生馆1984年版,第170—181页。
② 郭在贻:《训诂学》,湖南人民出版社1986年版,第144—145页。

《方言》说："矛，吴扬江淮南楚五湖之间谓之䥐。"《说文》写铊，说，"短矛也"。音是ʑia。到《晋书·刘曜载记》里就说"安左手奋七尺大刀，右手执丈八虵矛，"那字就写成虵了。别看音还是ʑia mɪəu，语象可不是"䥐矛"的语象，是一种"像长虫的矛"的语象了。后代的戏台上跟通俗小说儿的绣像上都给张飞手里安上一根儿头儿上曲扭拐弯儿的枪，大概就是由蛇字儿上生出来的意思，水蛇洑水的时候儿，本来是曲扭拐弯儿的嘤！……徐灝的《说文段注笺》说，"矛刃曲折宛延，故谓之蛇矛"，好像没见过古兵器，也没见过铜器上头的文字，就凭蛇字"望文生训"了。真也太陋的可怜了。①

因为用不同的汉字记录了这一词语，人们即根据不同的字面意义，附会以不同的意义解释，而与原意变得不相干。音未变而语象发生变化的还有"佐丧（左桑）"、"语儿（禦儿）"、"蓶莆（葷脯）"、"地脈（圿麥）"、"螌蝥（斑貓）"等。

《释宫》的"罘罳"：

《汉书·文帝纪》说，"未央宫东阙罘罳灾"。颜《注》说："罘罳谓连阙曲阁也，以覆重刻垣墉之处，其形罘罳然。一曰，屏也。罘音浮。"《古今注》说："罘罳，屏之遗象也。……汉西京罘罳合版为之，亦筑土为之，每阙殿舍前皆有焉。于今郡国厅前亦树之。"可是《水经注》引《广雅》"复思谓之屏"，又说，"汉末兵起，坏园陵罘思。曰，'无使民复思汉也'"那语象就已经变了。声音倒没变，还是bɪəusi。《释名》专会"望文生训"，就说："罘复也，罳思也。臣将入请事，于此复重思之也。"他好像忘了城犄角儿上也有罘罳了。②

"罘罳"音未变，词形未曾发生变化，却因著者"望文声训"而改变了语象，由"屏"变成了"复思"。

《释地》中的"将梁"：

---

① 俞敏：《古汉语里的俚俗语源》，《燕京学报》1949年第36期。
② 同上。

《史记·酷吏传》说："封将梁侯"。音是 tsiaŋ lıaŋ。《水经·寇水注》说："博水……又北迳清凉城东，即将梁也。"音是 tsıeŋlıaŋ。①

"封将梁侯"中的"将梁"，若按字面意义则为"大将栋梁"之意。事实上，该词是因"清凉"一词讹化而致，是一城之名，只因[tsıaŋ lıaŋ]和[tsiaŋ lıaŋ]二词声音比较相似，用久了，人们逐渐用"将梁"来代替"清凉"一词。但二者并不存在着音变规律，即"将"与"清"之间并非音的转化。

《释草》中的"益母草"：

《诗经》有"中谷蓷有蓷"，《正义》说："陆璣疏云'旧说及魏博士济阴周元明皆云"蓷间"是也'。"《韩诗》及《三苍》说悉云"益母"。《尔雅·释文》引《本草》说："一名益明"。音由 iek məu 变成 iek mıæŋ。这是俚俗语源闹的，因为益母草根本不治眼睛。②

这种情况最为常见，如"金伤（金昌）"、"寡妇城（光武城）"、"羊子（阳里）"，等等。

《释器》中的"不借"：

《急就篇》有"裳韦不借为牧人"。《方言》说："屝，屦，麤，履也……麻作之者谓之不借。"《释名》说："不借，言贱易有，宜各自蓄之，不假借人也。齐人云搏腊。搏腊犹把鲊，粗貌也。荆州人曰粗。"要照荆州人叫粗看起来，齐方言里的搏腊 pʻɔktsiek，是个原来的形式；通语里的不借 pɪəutsia，是经过俚俗语源的形式。③

"不借"是齐方言中"搏腊"的通语形式，这是因地域差异而在读音上略有变化的两个词，通过语音方面的线索，可以找到词语的源头。此外，还有"盍旦"的方言形式为"侃旦"等。

---

① 俞敏：《古汉语里的俚俗语源》，《燕京学报》1949 年第 36 期。
② 同上。
③ 同上。

俞敏从语言学角度对俚俗语源进行了研究。由于俚俗语源的产生是以语音为联结的，所以他在实践中以语音为枢纽来追溯这些词语的语源，通过声音这一线索去考求其本义，有意识地从语言的角度探索词义、词源，并大量运用古文献、方言材料和音转来考察俚俗语源，尽量摆脱汉字形体的束缚。

第二节 运用因形求义法进行训诂研究

俞敏强调因声求义必须与因形求义相结合，才能对古文献作出科学的解释。他（1984）提出："古之造文者，依类以象形；夫其事物体态，周于苍生耳目，是故望其引笔画篆而所喻之象可知也。尔后时迍世更，文字异形，器服异制，管夷吾之才之美，不能遍识七十二家之刻，则时为之也。依转写之文，籀造字之义，以意逆志，曰复见远流，难乎其中矣。"[①] 由于文字形体在传承过程中因为各种原因会发生变化，而影响人们对其意义的理解，所以他在研究中常常单独对汉字形体进行考察，研究成果主要体现在《蔡沈虁说字艸》《急就微言》《大盂鼎铭文诂训》等文中。

一 《蔡沈虁说字艸》

在《蔡沈虁说字艸》一文中，他指出了古文献中一些错误地理解字形造成会错意的现象。如《㥄字辨》：

> 《尔雅·释言》："淩，慄也。慄，感也。"《释文》云："淩，力升反。案郭注意当作'㥄'：《埤仓》云，'㥄，慄也'。樊注作'淩'，冰凜也；力膺反"。案：《释文》谓"淩"训慄者当从《埤仓》作"㥄"，此则不然。"㥄"即"淩"之后出别体耳！《说文》，"朕，仌出也"。重文作"淩"。凡寒义与惧义相因：故寒谓之"淩"，亦谓之"凓"，亦谓之"凜"；惧谓之"懍"，亦谓之"慄"，亦谓之"㥄"也。"战栗"一语，或以状寒，或以状畏惧，尤足为证。至于今本《尔雅》作"淩"者，或由于假借，亦或直是形讹而已！（《㥄

[①] 俞敏：《释两》，载俞敏《中国语文学论文选》，日本光生馆1984年版，第181—184页。

再如《叏字记》:

> 《说文》"叏,滑也。《诗》云'叏兮达兮'。从又屮。一曰,'取也'"。此字经传中未有用之者,惟《仪礼士昏礼注》云:"纚,縚发。"《释文》云,"縚,本又作'叏'",一见叏字,然此讹字也,当作"叞",作"叏"者转写脱偏旁耳。(《叏字记》)[2]

二 《急就微言》

在《急就微言》一文中,为了证实先秦的阴阳对转只是方言现象,俞敏选择了《急就篇》(秦文写成)中的谐声字作为研究材料。他利用甲骨文、金文和许慎的《说文》及其他学者的研究对《急就篇》中的250个谐声字的形体进行了校勘。如"圣":

> 《说文》云,"从耳呈声"。案:三体石经古文作⿰耳卜,从耳口,壬本作⿰丨,后加饰笔则为⿰,下面加画地平线就成圣了,金文圣字作⿰可证,《说文》误。[3]

再如"封":

> 《说文》云,"从之从土从寸"。又云"㞢古文封省。𡉚籀文从㞢"。案:此字左旁本作⿰,象艸木茎附泥土,变为篆文之㞢,下变为土。右旁之寸即象手形。此字合为象植树培土形。《左传》云,"宿敢不封植此树"是也。丰亦声。[4]

---

① 俞敏:《蔡沈廮说字艸》,载俞敏《中国语文学论文选》,日本光生馆1984年版,第184—197页。
② 同上。
③ 俞敏:《急就微言》,载俞敏《中国语文学论文选》,日本光生馆1984年版,第200—239页。
④ 同上。

三 《大盂鼎铭文诂训》

他对《大盂鼎铭文》中的"隹、西、古、述、肄、遹、匍、吏、田、井、夹"等字的形体进行了考察。例如：

"隹"经籍通作"维"、"惟"。魏石经古文皆作"隹"。篆隶作"惟"。"才"读为"在"。石经古文"在"皆作"才"。

"酉"读为"酒"。魏石经《无逸篇》古文云："酗于酉。"篆隶作"酒"。

"古"经籍通作"故"。隶体"古"作"故"。

"述"读为"队"，篆隶皆作"隧"。

"肄"，书作"彝"。

"遹"经籍或作"聿"。"眚"读为"省"。"受"读为"授"。①

第三节 运用连音变读进行训诂研究

汉语音韵与训诂关系密切，清代训诂学高峰的出现是以古音学的大发展作为前提的，古音学的发展推动了古义学的发展，现代训诂学的发展更需要以音韵学、古文字学发展作为前提。俞敏运用连音变读来研究古文献，在为音韵学研究提供了新视野的同时，也为训诂学研究开辟了一条新的途径，对一些争论不休的问题提出了新的解释途径，同时为词的理据研究提供了新的思路和方法。

他的《释蚯蚓名义兼辨朐忍二字形声》（1950/1999）一文在对汉以前"蚯蚓"的异名进行考释时，就大量地运用了连音变读的方法。

> 多亏瑞典高本汉教授的努力，我们对于《诗经》音系总算存了比清代古音学者亲切一点的认识。更感谢印欧语言学者们，从他们的研究成绩里，我们能开了眼界，认识了种种的语音流变的方式，使我们除了"连"这一着儿以外，还能把同源的语词的声音分歧的道理

---

① 俞敏：《大盂鼎铭文诂训》，载俞敏《中国语文学论文选》，日本光生馆1984年版，第139—149页。

说出来。①

他根据文献资料指出"蚯"本应为"丘",根据高本汉拟的《诗经》音将其拟为[kʻĭŭg];文献中"蚓"有时又写作"螾",他把《说文》中所有从引声和寅声的字列成一个表,发现谐声系统中表现的"引"和"寅",都有极浓的摩擦音色彩,所以拟定"审"的声母为清音[ɕ],"引"的声母为浊音[ʑ]。

"蚯蚓"二字的《诗经》音,我们已经测定是[kʻĭŭgʑĭĕn],但是这个虫名的意义还没有说出来。我们暂且离开本题去观察另外一个现象:在拉丁文里,x 这个字母所代表的音值本来是[ks],所有采用这个字母的语言,亦用它来代表同一音值,这是人所共知的。英语亦是这些语言中的一种,可是在现代英语中却有几个字,里面的 x 的音值并非[ks]而是[gz],我们把它列在下面:

exact的音值是　　　[e gzækt]
examine的音值是　　[e gzæmin]
example的音值是　　[e gzaːmpl]

由这几个例子我们可以知道一条原则:在两个元音之间的清辅音后面如果有一个重音的话,极容易变成浊音。如果根据这个原则,再回来看[kʻĭŭgʑĭĕn]这两个音缀,我们发现这里面的[gʑ]恰巧和上面所引的几个例字里的[gz]相似,既然[egzækt]的[gz]原是[ks],那么假使我们把[kʻĭŭgʑĭĕn]里的[gʑ]亦给他恢复成原样,该是些什么声音?是[kʻĭŭkɕĭĕn]。用汉字写出来,该是两个什么字?是"曲伸"。于是我们恍然了悟了,原来这就是"蚯蚓"得名之由来!②

他根据现代英语"exact, examine, example"等词中x的音值并非[ks],而是[gz]的现象,将[kʻĭŭgʑĭĕn]中的[gʑ]恢复原样——[kʻĭŭkɕĭĕn],即"曲伸"——一曲一伸。也就是说,"蚯蚓"是"曲伸"连音变读而来,

---

① 俞敏:《释蚯蚓名义兼辨朐忍二字形声》,载俞敏《俞敏语言学论文集》,商务印书馆1999年版,第432—456页。
② 同上。

即[kʻĭukçĭen]→[kʻĭugzĭen]。到了汉朝，"蚯蚓"读音发生了变化，"蚯"韵尾塞音脱落，即[kʻĭugzĭen]→[kʻĭuzĭen]。

在用[kʻĭuzĭen]的读法日久之后，因为重音在后一音缀的上面的缘故，前一音缀受了逆同化，变成了一个叠韵的联绵语词[kʻĭenzĭen]。①

他在《古汉语里的俚俗语源》一文中对《释鸟》中的"盍旦"的解释就运用了同化：

> 《礼记·坊记》引逸《诗》说："相彼盍旦，尚犹患之。"郑《注》说："盍旦，夜鸣求旦之鸟也。"《释文》说"盍音褐，徐苦蓋反。"褐是ɣɒt，苦蓋反是kʻɑp。这个鸟儿的原名儿该是《诗经》音的gaptan，gap又是gadpɪəg缩短了的形式。……日字儿的声纽，把盍的收尾音给同化成t，所以《释文》给作了ɣɒttɒn的音。徐邈念这个字用kʻ-起头儿，是一种方言性的音。《方言》说："鹖鸣……自关而西秦陇之内谓之鶡鸣。"郭《注》说，"鸟似鸡五色，冬无毛，赤倮，昼夜鸣。侃旦两音。"这"侃旦"两音的来历是kʻaptan——kʻattan——kʻɒttɒn，经过一次近同化，一次远同化了。②

他在《古汉语里面的连音变读（sandhi）现象》（1948）一文中举了大量连音变读的例子。例如：

> 《论语·先进篇》："鲁人为长府，闵子骞曰：'仍旧贯如之何？何必改作？'"《释文》在"仍旧"二字下面说："鲁读仍为仁，今从古。"……臧氏庸《郑注》辑本释云："鲁读仁字为句。言仁在旧贯，改作是不仁也。"义虽通而稍迂。古作仍，字义益明，故郑从之，仍仁音相近也。案："仍仁音相近"这话本不错，只是含混一点。"仁"字的上古音是[ńjen]，"仍"是[ńjəŋ]。但是从汉初人的韵文看起来，《广韵》的真谆臻和欣文痕魂几韵是分不开的。"仁"字在汉初

---

① "蚯"字塞尾在汉代已脱落。
② 俞敏：《古汉语里的俚俗语源》，《燕京学报》1949年第36期。

可以读［ńjəŋ］而不读［ńjen］，至少在一部分的方言里如是。那么"仁"和"仍"所差只是前者的尾音是［n］而后者是［ŋ］。但是我们如果再记住旧［gʻjog］的首音是［gʻ］，便可以懂得是因为什么这个鲁人用"仁"字可以代表［ńjəŋ］了。①

"仁旧"读为"仍旧"的音变公式为：ńjen gʻjog→ńjəŋ gʻjog。"仁"的舌尖鼻音尾n被后一音节的声母g同化为舌面后鼻音ŋ。

他将语流音变引入到训诂学研究之中，使人们的训诂学研究进一步摆脱了汉字的束缚。自先秦起，人们就用声音相同或相近的字解释被释字。汉代刘熙的《释名》在这方面做了很多有益的探索，至宋元之际的戴侗，对声义关系理论有了较为明确而系统的认识，主张"因声以求义"（《六书故·六书通释》），明末方以智提出"以古音通古义之原"的主张，戴震继承了前人的音义关系理论，主张以声音贯穿文字训诂，为后世的训诂学研究开辟了道路。章太炎明确提出："字之未造，语言先之矣。以文字代语言，各循其声，方语有殊，名义一也。"（《国故论衡·转注假借说》）他在实践中力图突破字形的限制，以古音为枢纽，会通汉字的形、音、义，从语音出发系统地阐发汉语言文字发生发展的基本规律。但由于研究工具及方法的限制，最后仍陷入了"拘牵形体"的圈子。20世纪的一些语言学家更加注重从语言角度进行训诂研究，但他们的研究基本上局限于单个字词。

俞敏继承了前人"以声音通训诂"的研究方法，并考虑到现实中的语言是动态的，存在着种种连音变读现象，进一步从语言学的角度来进行训诂研究，从而为声训这一传统训诂学方法注入了新鲜血液。他指出，汉语的一些语音变化不能完全依靠音变规律来加以解释。他认为，人们受西方语言学的影响来探求汉语语音演变的规律无可非议，但青年语法学派的"语音演变无例外"是存在问题的，并非所有的语音变化都能运用语音演变规律来解释，应考虑到语流音变等因素。

---

① 俞敏：《古汉语里面的连音变读（sandhi）现象》，《燕京学报》1948年第35期。

第四节　运用汉藏比较进行训诂研究

　　20世纪40年代末，俞敏就注意到汉藏比较材料的训诂学价值。他在《古汉语里的俚俗语源》（1949）中解释"罘罳"一词时，就运用到了藏语pu-shu（篱笆）作为旁证。在《释"甥"》（1949）一文对"甥"字的解释除依据汉语方言外，也运用到了藏语方面的证据。例如，他指出"甥"（*sraŋ）跟藏语的źaŋ < *zraŋa – hraŋ < *sran具有同源关系。他的《汉语的"其"跟藏语的gji》（1949）一文是"我国语言学界第一篇用汉藏语比较的方法解释汉文献的专论"①。该文明确提出唯有运用汉藏比较才能将汉语"其"的用法完全解释清楚，说明他已把汉藏比较作为他训诂学研究中的一个重要方法。之后，他的《汉藏同源字谱稿》（1989）和《汉藏联绵字比较》（1992）在客观上亦为汉语古文献的解释提供了藏语方面的证据。例如：

　　　　dkyu弯曲　　　　　觩《诗·泮水》"角弓其觩。"
　　　　dkaa　苦　　　　　 盬《诗·四牡》："王事靡盬。"
　　　　tshwa盐　　　　　　舄《汉书·沟洫志》："终古舄卤兮。"②
　　　　pu su栅栏 罘罳

《释名·释宫室》："罘罳在门外。罘，复也。罳，思也。臣将入请事，于此复重思之也。"案：《汉书·文帝纪》："未央宫东阙罘罳灾。"注："谓连阙曲阁也。以覆重刻垣墉之处，其形罘罳然也。"案：这个联绵词和扶疏、婆娑都表现各处透明。这是现代刻箭眼的影壁。有急变可以往外射箭。藏语直接当女墙讲。并没有复思的含义。《释文》望文声训。枝叶扶疏好象人跳舞，所以又有盘跚，便旋，蹁跹，勃窣。③

---

　　① 邹晓丽：《博大 精深 求实 风趣——读俞敏语言学论文集》，《语文建设》1992年第9期。
　　② 俞敏：《汉藏同源字谱稿》，载俞敏《俞敏语言学论文集》，商务印书馆1999年版，第63—120页。
　　③ 俞敏：《汉藏联绵字比较》，载俞敏《俞敏语言学论文二集》，北京师范大学出版社1992年版，第217—240页。

邢公畹（1979）也曾提出："在古汉语基本语词词义方面，想得到更深入的解释，必须通过追本穷源的汉藏语比较研究。"① 王敬骝《释"鼎"》（1992）指出越南语 kiêng[kieŋ²]、佤语[kiaŋ]、壮语[kiəŋ²]、傣语[xeŋ]和古汉语的"陉"相对应。在古汉语中，"鼎"可读为"陉"，是同一个词在不同时地的不同读音和书写形式②。

施向东在《古籍研读札记》（2000）中以"葫"、"利"等为例来说明上古音研究和汉藏比较研究的成果是古籍研读中获取新结论的方法和途径。在 2002 年，他明确提出："将汉藏比较用于训诂学，对早期汉语文献的解读是一条新路。"③ 并对《诗经》中"民"、"时"、"介"、"达"、"歧嶷"、"秀"、"叟叟"、"歆"等词运用汉藏比较的方法进行了训释。2008 年，杨琳将这种利用异语（亲属语言和非亲属语言）来考察汉语古文献中的方法命名为异语求义法④。

可见，汉藏比较与上古音研究相结合，是科学解释上古文献的必经之路。汉藏比较近年来取得了丰硕的成果，关于汉语与藏语的一些词汇的研究，汉语与苗瑶、壮侗语的研究及周边少数民族的材料，都将丰富汉语的训诂学研究，更好地为中国古文献的研究提供有价值的资料。

---

① 邢公畹：《论汉藏系语言的比较语法学》，《南开大学学报》（哲学社会科学版）1979 年第 4 期。
② 王敬骝：《释"鼎"》，《民族语文》1992 年第 3 期。
③ 施向东：《汉藏比较与训诂学——〈诗经·大雅·生民〉训诂举隅》，《天津大学学报》（社会科学版）2002 年第 1 期。
④ 杨琳：《训诂方法的现代拓展：异语求义法》，《南开语言学刊》2008 年第 2 期。

第七章 汉语方言研究

俞敏在汉语方言研究方面主要著有《李汝珍〈音鉴〉里的入声字》（1983）、《北京音系的成长和它受的周围影响》（1984）、《现代北京话和元大都话》（1986）、《现代北京人不能说是元大都人的后代》（1986）、《北京话全浊平声送气解》（1987）、《中州音韵保存在山东海边儿上》（1987）、《驻防旗人和方言的儿化韵》（1987）、《北京话的语音、词汇和语法特点》（1983）、《方言区际的横向系联》（1989）和《北京口语里的多音入声字》（1995）等文。

在汉语方言研究中，他坚持语言研究与社会文化相结合，打开了方言学研究的新思路，率先开始了方言影响（接触）的研究。他在研究中摆脱了就方言而研究方言的思路，将方言与方言使用者的迁移史相结合进行研究，为北京话清入派归四声现象研究提供了新的解释途径，并对北京音系的成长、北京方言及周边儿化韵、现代北京话与元大都话的关系、中州音韵的保存地域等课题提出了独到的见解。在以上课题研究的基础上，他（1989）明确提出要建立方言区际横向系联，这样就可以利用文献中的移民史对分散在全国各地的一些相同的语音现象进行合理的解释。

第一节 北京话清入派归四声的研究

入声的消失是汉语发展历史上的重要变化之一。北京话的全浊归入阳平，次浊归入去声，都很有规律，但清入声的分配却比较混乱，很多学者试图找出其中的演变规律。例如，白涤洲在《北音入声演变考》（1931）中根据《广韵》入声字的今读情况进行统计，不送气的清入字变为阳平的占56.9%，送气的清入字变为去声的占76.7%，可以得出清入声容易变去声的结论①；陆志韦（1948/1988）用别的书面材料进行统计，与白涤洲的结论基本一致。陆氏又以北京口语中的单音节词为对象进行统计，发现不送气清入主要变阴平和阳平，其中阴平占32.8%，阳平占36.2%，阴平和阳平所占比例相差很小；送气清入字变阴平的占46.7%，变去声的占28.3%，并不像书面语材料那样主要变为去声。他在《国语入声演变小注》一文结尾指出："要问中古清入声怎样变成今音的，我们的回答还只可以是'无规则'，'不知道'。"②

俞敏（1986/1992）认为，运用"阴平x%，阳平y%，上声z%……"的统计方法并不能真正解释清楚北京话清入的演变，并指出以往学者对现代北京话清入派归四声的研究之所以未能切中要害，未能对入声分调的混乱现象作出合理解释的根本原因在于，"只研究语言，忘了研究说这种话的人的历史。这么办当然收不到好效果。这里头扯着四个地方三个民族呢"③。他主张对北京话清入派归四声的研究不能局限于就语言而研究语言，应注意到说北京话的人的历史，这样才能对清入派归四声的现象作出合理的解释。关于北京话清入字归调无规律的现象，他主要从以下两个方面作出了解释。

一 社会心理因素

（一）移民因素

俞敏认为古北京话像大河北方言，这条线上非全浊声母开头的古入声字在这种方言里常变阴平，而阴平又经常是低平调或者低降调。清兵入关带来的东北方言中清入声字大部分归上声。

> 从北京南边的保定起往东北延伸到唐山，再到山海关，入声字念上声调的多。比方"国"念"果"，"节"念"姐"什么的。老北京音本来"国"也念"果"。比方"国子监"在本地上岁数儿的人嘴里还是"果子监"，果不变阳平，子是轻音节。有些音节城里用别的

---

① 参见陆志韦《国语入声演变小注》，载陆志韦《陆志韦近代汉语音韵论集》，商务印书馆1988年版，第128—134页。
② 同上。
③ 俞敏：《现代北京话和元大都话》，载俞敏《俞敏语言学论文二集》，北京师范大学出版社1992年版，第18—24页。

调，郊区用上声。比方"用刀子拉 lá 开"，在西直门外二十里地的海淀就说 lǎ-kai。（城里人说半个可说"半拉 lǎ"。）"菊花"在花农嘴里念"九花儿"。这都说明从保定到山海关这条线本是连着的，现在断了，让人打开了一个缺口儿。①

（二）津浦线沿线方音的影响

沿运河运输线来的水手方音对北京话清入的今读也有影响，这种方言中的入声字有不少读阴平，如"作坊"、"作雷"中的"作"，现在北京音还念阴平。

（三）五方杂处

北京话虽在文化、政治上占极大的优势，影响周围的方言，但同时周围的方言也会影响北京城区的话。北京话把"拆二"念"测二"是受江南音的影响，"赶锥"念成"改锥"是受上海音的影响。"涩带"音 sɛidài，是受天津话影响：

> 稽啬涩色瑟。四蔗切，又尚蔗切。案：这五个字里只有"色"可以有尚蔗切。恐怕有错字。在汽车司机行话里"涩带"说 sēidài，这是从天津话借来的。②

（四）伪入声字

北方虽然实际上读不出入声，但为了牢记平仄和对入声"心向往之"，总要将入声读成短促的去声。这种读法是人为的破读，是为了便于创作和吟咏诗词。北京话的去声本身音长较短，与入声短促的性质接近，所以文人常用去声模仿入声的发音。现在北京话清入声字读为去声即源于此，表现了近代读书人的崇古心态。如"笏"、"橄"和"宿"：

> 笏。烘乌切，音呼。案：这个字在京戏《满床笏》里念 hù。这是个读书音。有些老先生为追求讲究（实在就是复古），老喜欢在北

---

① 俞敏：《李汝珍〈音鉴〉里的入声字》，《北京师范大学学报》（社会科学版）1983 年第 4 期。

② 同上。

京音里念出个入声来。这当然作不到。最后把一切入声字都念成去声。有位老先生叫齐铁恨。要是活着，也九十开外了。他告诉我：他们老师教他们念《大学》是"大学 xuè 之道 dǎo，在明明德 dè"。这儿两个去声就是读书音，也可以叫"伪"入声吧！"伪者：人为也。"

㰐。扬其切，音邑。这个字当然用读书音。我念 xì，这是根据《广韵》的"胡狄切"拟出来的"伪"入声。我的老师朋友也这么念。

宿。陨吴切，音苏阳平。……亦读岁悟向宥二切。案："岁悟"是 sù。京戏《捉放宿店》就用这个音。"向宥"是"星宿" xīngxiù 这个行话里用的音。平常一夜叫一宿 xiǔ，用上声。正是这篇文章头上提到的老北京入声的又一个例子。①

（五）忌讳

如"逼"和"谧"：

逼。兵伊切。案：现在还流行。不过有人因为这个音节念起来犯忌讳（taboo），就改用阳平调，念 bí。这是婉言（euphemism）。教书的人用阳平的多。

谧。并异切，音避。案："秘"字现在念 mì，这个字也随着改了。这是由打婉言来的。"牝"字《广韵》"扶履切"，正好折合成 bì，这在《金瓶梅》一类小说里是忌讳的话。它本身现在念 pìn。北京音"避雨"说 bèiyǔ，"胳膊"说 gēbei，"影壁"叫 yǐngbei。这些都是婉言。②

二　语言内部因素

（一）语流音变

入声失去韵尾前后，频率极高的上下文亦可能影响某个字的调子。这是北京话清入归属混乱的内部原因。如"作"、"辑"和"速"：

---

① 俞敏：《李汝珍〈音鉴〉里的入声字》,《北京师范大学学报》（社会科学版）1983 年第 4 期。

② 同上。

咱们的语言科学，特别是音韵学病了。讲什么都用汉字作单位，孤孤零零地讲。就拿"识"字说吧，李汝真已经说了可以念shí，可字典里还注shì。人们从来不考虑他底下的字出现频率最高的是"字"字儿。"一"、"七"、"不"这些字放到去声字前面就念阳平。可是起这种变化的好象不只这几个字。还有个"作"，放到"料"字前头，就变成"zuó料儿"。

辑。强移切，音奇。现在用在"编辑"这个词里，念ji，轻音节。我听见过单念jì的。那时因为这个轻音节念低调，听起来象去声。这是一种反孳生现象，英语叫 back-formation，比方从 house-keeper 造出个动词 to housekeep 来。从轻音倒推他的重音，也是一种反孳生。外国语言学没讲过，咱们这儿也没人提。

速粟。松污切，音苏；又隋吾切。案：速字通常念 sù。《易·需》有"不速之客"，实在就是《士冠礼》的"宾"，同音近通借。我听见过把速度念成 súdu 的，那好像是两个去声连着念，头一个变阳平。这条规律现在大家还没公认他合法。可是我注意他存在已经四十九年了。"害怕"通行音是 háipà。①

(二) 类推

即使用频率高的某个字会影响其他字的读音。从汉语的历史来说，"薛"中古应读 xie，可现在北方读学 xuē，不符合音变规律。俞敏推测，这个字可能受了"雪"字的影响。

比方《红楼梦》第四回有"丰年好大雪，珍珠如土金如铁"这句话。"雪"用来影射"薛"。现在的"薛"字的音可能是受"雪"的类化（analogie）作用产生的，因为"雪"这个字太常见了。北京郊区农民管"处暑"叫"去暑"，也是类化："去"字太常见了，连中药铺都有金衣去（也写祛）暑丸卖！②

---

① 俞敏：《李汝珍〈音鉴〉里的入声字》，《北京师范大学学报》（社会科学版）1983 年第 4 期。

② 俞敏：《音轨和语素的出现频率》，载俞敏《俞敏语言学论文集》，黑龙江人民出版社 1989 年版，第 433—438 页。

"复"字出现频率高,所以将"複復覆腹"等字的读音都类化了。

  複復覆腹。冯吴切,音扶。案:"复"字《广韵》有"扶富"、"房六"两个反切。"扶富"是去声,念 fù。北洋官僚有个"潘复",北京市民都念 fù。"复"字出现频率高,把剩下几个全类化了。我个人的读音就是这样儿的。下围棋行话有"覆盘儿",用王粲覆局的典故,也念 fù。"複"倒有念 fǔ 的。①

  之后,关于北京话清入分配混乱的现象,基本上都沿着这一思路进行研究。李荣(1985)指出中古清声母入声字在现代北京话中分别归入阴平、阳平、上声和去声,没有明显的规律,可能与方言混合有关②。陈刚(1988)提出,北京处于中古清入变为上声和变为平声的过渡区域,清初满人进关,带来了东北语音的影响,导致上声字比例略有增加,又因人为的因素,导致去声字也陡增③。平山久雄(1990)肯定了方言接触和伪入声,借鉴了俞敏的关于使用频率(连音变读)的观点,提出了清入声因所处环境不同而变入不同声调的4条规律。其中第4条规律"在字组的非末位而在去声前面(叫环境Ⅳ),变入了阳平"④,就是俞敏提出的"两个去声连着念,头一个变阳平"的观点。刘援朝(1992)指出:"只从语言本身而不去结合社会的变化与方言之间的相互影响,北京话清入字调类归并的研究就不会有新的突破。"⑤ 他在强调社会人口迁移的同时,也支持了俞敏的类推作用,指出"幅"因使用频率不如"福"而被类推为阳平(去声一读消失)。黄晓东(2001)从共时和历时角度分别对北京话清入异读现象进行了调查研究,将演变的原因分为内部原因和外部原因。内部原因中有音系简化、连读音变的影响(肯定了俞敏提出的反挚生现象和清入字在去声前念阳平的观点)、文字类推的影响;外部原因包括社会

---

  ① 俞敏:《李汝珍〈音鉴〉里的入声字》,《北京师范大学学报》(社会科学版)1983年第4期。
  ② 李荣:《官话方言的分区》,《方言》1985年第2期。
  ③ 陈刚:《古清入声在北京话里的演变情况》,《中国语言学报》1988年第3期。
  ④ [日]平山久雄:《中古汉语清入声在北京话里的对应规律》,《北京大学学报》(哲学社会科学版)1990年第5期。
  ⑤ 刘援朝:《一百七十年来北京话清入上声字调类的改变》,北京市语言学会编《语言研究与应用》,商务印书馆1992年版,第87—106页。

规范、文教事业、大众传媒、外地语音和社会心理（避讳即为其一）等因素①。张世方（2004）在人口流动（方言接触）和伪入声的基础之上补充了语言政策，主要是推广普通话对北京话清入字的归调也有一定的影响②。

第二节 利用方言区际横向系联的方法研究方言

俞敏借助文献中记载的移民史从方言接触的角度对北京音系、方言中的儿化韵、现代北京话和元大都话的关系以及中州话的位置进行了探讨，在这一系列研究基础之上，开创了方言区际横向系联的研究方法。

一 北京音系的成长和它受的周围影响

俞敏从历史上人口迁移及北京话与东北方言关系的角度入手探讨了北京音系的形成。他指出从元朝开始，北京有过两次大的人口流动：一批是明朝初年随燕王来的功臣，现代北京话 n、l 混乱（如"后脊梁"说 jīniang，"宁可"说成 lèngkě）和把"不要"说成 bié 的现象，就是安徽人留下来的痕迹。"要说现代北京人是元朝大都人的后代，还不如说他们是明朝跟着燕王扫北来的人的后代合适。"③ 这些人是古北京话的主人。另一批是满人入关，他们带来的东北方言中清入声字大部分归上声。例如，北京话的"节"念"姐"，"国"念"果"等。这些人是老北京话的主人。

关于古北京话，俞敏认为："古北京话比较象大河北方言。说细致点儿，就是从（山东）德县望北的沧县、天津、武清、延庆这条线——津浦线，或者说老运河线跟它的延申线上的话。这条线上的语音特点有两个最显著。"④ 一个是非全浊声母开头的古入声字在这种方言里常变为阴平，而这种阴平又常是低平调或低降调；另外一个是儿化音的发音，取消了儿

---

① 黄晓东：《中古清入字在今北京话中的异读现象考察》，硕士学位论文，北京语言文化大学，2001年，第18—20页。
② 张世方：《从周边方言看北京话儿化韵的形成和发展》，《语言教学与研究》2004年第5期。
③ 俞敏：《北京音系的成长和它受的周围影响》，《方言》1984年第4期。
④ 同上。

化后的鼻化元音。

四周的方言也会影响北京城区的语言。如武清方言对北京话的影响：

> 这种"X 了去"的形式我这一辈人几乎不怎么用了。可是武清人发展了这个形式：他们把"了"念成/r/。在四十年代，米粮店跟煤铺一样管给顾客送货上门。我听见过一位米粮店的掌柜的跟顾客说："您先请回。呆会儿有人回来我叫他给您送了/suŋr⁴/去。"这种加/r/构成完成体的手法不是城区的习惯，是受武清人影响的。可并不是武清话——武清/suŋ⁴/一加/r/就成/suər⁴/了。①

俞敏指出天津话也对北京话有一定的的影响。如：

> 天津工业发达得早。汽车司机给零件儿起名字用本地话。汽车上有个"涩带"，是制动的主要零件，天津人念/sei1 dai4/。北京人也这么念。可是北京人说柿子涩还说/sə4/。②

关于东北方言对北京话的影响，他指出：直奉战争后，张作霖带进一些东北人，使得东北方言中"海蛎子"、"靰鞡"等词进入北京话。受东北方言的影响，"shá"（啥）这个北京人几乎不用的音节又流行开来，恢复了生命力。

京戏的说白大体上保存了湖北话的原腔。由于京戏在北京的走红，使得湖北话对北京话也产生了一定的影响，俞敏指出北京话的动词结构"赶了出去"就是受其影响产生；京戏中的"水袖、龙套"等词也进入北京话。

此外，俞敏指出吴方言、伊斯兰教、文言文和古字书等对北京话也有一定的影响。吴方言方面，北京话中的一些词是从上海借来的，如"改锥"，与上海人的"赶锥"读音相似。伊斯兰教的"阿訇"一词进入北京话后，使得北京话中的"阿"字增加了一个第三声的读音；"乜"字在北京话中本来已不再使用，但是"乜贴［mie³ tie］"一词进入北京话后，该

---

① 俞敏：《北京音系的成长和它受的周围影响》，《方言》1984 年第 4 期。
② 同上

字又被启用。这样,北京音系就增加了两个音节。文言文和古字书也会影响北京音里的个别字音。如"殊"字在大河北方言读"除",可是北京话念"输"(阴平),"输"的音可能是从《说文》《广韵》的"市朱切"按现代音重新切出来的。

最后,俞敏明确提出:

> 受了四周围这么些熏染,可想而知北京音系是不能十分纯的。金要足赤,水要纯氢二氧,那不是过日子的人说的话。强调个个字音都得照音变规律念也是不现实的。……语言就是这么个东西。它的变化既有规律,又不全守规律。一种语言内部有好些矛盾的因素。它和它四周围的别的语言也互相矛盾。它就让这一大群矛盾推动着往前发展。①

林焘的《北京官话溯源》(1987)也从人口迁移的角度证实了东北方言与北京方言有着密切的关系②。之后,大部分学者的方言研究都开始注意从方言接触、说该方言的人的角度入手来研究。可见,方言研究只有结合人们的人文历史背景,如社会历史、居民迁徙、生产活动等多方面进行,才能对语言现象作出更为合理的解释。

二 北京方言及周边儿化韵的研究

俞敏(1984)曾运用散文、韵文等材料考察了从元朝的古官话到现代北京口语里"儿"这个形态单位的发展史及它是如何影响了北京口语的音位系统的事实③。在《驻防旗人和方言的儿化韵》(1987)一文中,他通过对大量史料的研究和方言具体儿化韵的表现,指出汉语方言中的儿化韵不可能是各地不约而同地自发地演化出来的,而是旗人带过去的。

首先,他主张旗人说话有儿化韵。

> 最近流行着一种说法,说是旗人说话不用儿化韵。这本是我一个

---

① 俞敏:《北京音系的成长和它受的周围影响》,《方言》1984年第4期。
② 林焘:《北京官话溯源》,《中国语文》1987第3期。
③ 俞敏:《语音变化能不能用质变量变规律说明?》,载俞敏《俞敏语言学论文集》,商务印书馆1999年版,第219—260页。

老同学一时兴到之言，不算定论。不幸有些剿说雷同的人也跟着说。这倒叫我不能不多说几句。①

在这种背景下，俞敏提出旗人的语言是有儿化韵的。他先是举出溥仪和旗人侯宝林都是说儿化韵的。然后他又举出史书中的例子，同一个地名，在《清朝文献通考》中为"台庄"，在《清史稿·鄂容安传》中为"台儿庄"，在《徐嗣曾传》中为"台庄"，"这写档案的人当然是在北京。从这里能证明儿化韵在乾隆年间已经有了。因为写的人觉得儿化韵的'儿'可写可不写，好象现如今用北京话写作的绝大多数儿人（包括老舍）一样。为什么人们觉得它可写可不写呢？因为它不是一个词"②。相比较而言，《清史稿·太宗纪》中"汉儿庄"出现多次，均未出现省略。此外，他又举出韵文例子来证实自己的观点。

乾隆六十年（1795）集贤堂刻的《霓裳续谱》卷七有一首《劈破玉》，韵脚字是"气儿、门、墩、人、信、七、今、昏、分、云、吃、水、水"。这要不念成 qièr、mér、duēr、rér、xièr、qièr、jiēr、huēr、fēr、yuér、chēr、shuěr、shuěr，押的是哪国韵呢？人家明明白白把"气儿"都刻出来了。③

其次，他发现《清朝通典》中记载的山东青州、陕西西安、成都、重庆等地都有旗人驻防，也都存在儿化韵。如青州："药面儿"为[miar^{51}]，"瓜子儿"[tsər^{214}]；西安："小孩儿"、"拐棍儿"；文水："鸡"[tsər^{11}]；重庆："本本儿"、"凳凳儿"、"女娃儿"；合江："猫儿"[mar^{55}]。经过对《清史稿·宪德传》等文献的考证及方言调查，他明确提出现在的四川人大部分来源于湖北和客家，明朝俗文学中尚未发现湖北人使用儿化韵的痕迹，而客家人至今还没有使用儿化韵。俞敏由此推断，四川成都和重庆的儿化韵不可能是从湖北和客家带过来的，也不可能孤立地产生儿化韵，肯定是受其他因素的影响而产生的。

---

① 俞敏：《驻防旗人和方言的儿化韵》，载俞敏《俞敏语言学论文二集》，北京师范大学出版社 1992 年版，第 39—50 页。
② 同上。
③ 同上。

再次，他指出"旗人地位高、钱多，现在说购买力强，一般人当然愿意接近、效法他们"。关于有旗人驻防而没有产生儿化韵的情况，俞敏从语言和历史两个方面进行解释，语言方面，福州、广州话的音系中没有[ə]音，所以不能产生儿化韵。历史方面，驻地的旗人都被消灭了，也就没有留下语言方面的影响。

最后，他指出，若承认这些方言的儿化韵是由驻防旗人带过去的，就可以更好地对北京方言里的一些现象进行解释。例如：

> 说驻防兵早就有儿化韵，可以解释上头提到的"猫儿"[mar]。北京人逗小孩儿，常藏起来或是挡住脸，等小孩儿到处找的时候儿冷孤丁露出脸来说[mər^{241}]！这个[mər^{241}]是个什么没人问过。现在懂了它是[mar]的变体，就是别处方言的"（藏）猫儿"！这是清初旗人的儿化韵跟现代不一样的地方儿。①

再如：

> 满语"妈"叫[əmə]。这都是双唇音直接拼[ə]。东北人"破"说[pʻɤ]，"口蘑"说[kʻou^{214} mɤ^{35}]也是这种习惯。懂了"破"念[pʻɤ]，就可以推出来"坡"念[pʻɤ^{55}]。这是老旗人带来的满语发音习惯。"坡"是[pʻɤ]，"坡儿"当然是[pʻər]。这正是早期旗人说的汉话里的儿化韵。②

之后，赵杰（1996）指出："北京儿音和儿化音（不是北方话）的大量产生是在清初，它是受满语和旗人话影响的结果。"③

三 提出现代北京话不是元大都话的直接后代

俞敏的《现代北京话和元大都话》（1986/1992）一文从《明史·食货志》《清史·食货志》《清朝续文献通考》等文献中的移民情况和语言

---

① 俞敏：《驻防旗人和方言的儿化韵》，载俞敏《俞敏语言学论文二集》，北京师范大学出版社1992年版，第39—50页。
② 同上。
③ 赵杰：《北京话的满语底层和"轻音""儿化"探源》，北京燕山出版社1996年版，第207页。

方面对现代北京话和元大都话的关系进行了详细的探讨。他从北京城区方言"大概是从顺运河来的水手方言来的"说起，剖析了元代之后明王朝从山西、安徽、南京大批移民，带来江、淮、晋语的影响，一直说到清初满人进关，带来东北方言的影响。

在语音方面，俞敏先从入声说起，他从1981年出版的《〈中州音韵〉音注索引》中选取了30页作了抽样统计，发现入声字135个变为上声，与今天不合的有61个，占入声总数的45%。不合的主要原因如下：

> 明朝永乐以后，北京附近的居民的方言跟大河北方言一样，入声字变成阴平的多，多数儿用低降、低平调。这并不跟《中原音韵》记录的大都舞台发音一样。清朝入关以后，满人带进关来的东北方言把老入声字念成上声的多。可是这种方言并没能压倒原来的方言。直到现在还有不少字念阴平，不过调子高了就是了。至于这种东北语音跟《中原音韵》的关系是什么，眼下还查不出来。①

然后，他指出了尖团音方面的证据：

> 在《中原音韵》里，尖团音是分得清清楚楚的。可是署名"存之堂"乾隆八年（1743）《圆音正考》序里说："第尖团之辨，操觚家阙焉弗讲。"这议论不是凭空发的。满文里有"团字"（[ki][k'i][xi]），用汉文对译满文在尖音字上不准，就引起精通满文的人的抗议。从这里看，清初北京人已经不分尖团了。北京附近的地方，除高阳以外，别的地方也都没有尖团的分别，"期"、"妻"一样念。②

最后，他又指出了儿化方面的证据：

> 明朝的民间文学，据郑振铎《中国俗文学史》收录的作品查，

---

① 俞敏：《现代北京话和元大都话》，载俞敏《俞敏语言学论文二集》，北京师范大学出版社1992年版，第18—24页。

② 同上。

直到明末找不着儿化音节的痕迹。可是乾隆六十年刻的《霓裳续谱》四里收的《寄生草》的韵脚是

　　　信　人　岁　坠　唇　信　会

这不念成 xièr rér suèr zhuèr chuér huèr 就押不成韵了。可见得儿音节大量产生在明末清初。①

从以上这三方面来看，现代北京语音确实与《中原音韵》相去甚远，可见元大都话并不是现代北京话的祖先。

当然，俞敏还指出明初和清初的移民在北京话的词汇和语法方面亦留下了痕迹。词汇方面，蒙古话留下了"胡同"；语法方面，"拿了走"、"拿不了走"都是受满语影响而产生的。

之后，俞敏（1988）又指出，在《中州音韵》里古入声[p]尾的痕迹一点都没有，而北京话和天津话的"拉（拉拔）"、"哈（哈巴腿儿）"、"掐（掐巴）"、"眨（眨巴）"、"桑（桑八凑儿）"、"沓（沓，《汉语词典》简本写作嗒啵）"、"鲽（比目鱼的别称，北京市民称 tǎmeyú）"7 条都有古入声[p]尾的痕迹。"一、三、六都用阴平，二、四、七都用上声，五是阳平。所以说，北京音并不是中州音的直系子孙。"②

俞敏的《现代北京人不能说是元大都人的后代》（1986/1992）又详细考察了《新元史·世祖纪》《耶律楚材传》《金史》《明史·地理志》《明史·太祖纪》《成祖纪》《食货志》《清朝续文献通考》等文献，探讨元、明、清时期北京的居民情况：

北京附近的居民有人还能记得祖宗是从"山西洪洞县老槐树底下"搬来的。这就是明成祖大移民的集中出发点。

清兵入关，又来了一批汉军旗人。北京市民又来了一回大换班。……内城只住旗人，汉人住外城。官住宣外的多，商业区在前门外。这才是现代北京人的祖先。③

---

① 俞敏：《现代北京话和元大都话》，载俞敏《俞敏语言学论文二集》，北京师范大学出版社 1992 年版，第 18—24 页。
② 俞敏：《北京话本字劄记》，《方言》1988 年第 2 期。
③ 俞敏：《现代北京人不能说是元大都人的后代》，载俞敏《俞敏语言学论文二集》，北京师范大学出版社 1992 年版，第 25—26 页。

他进一步强调现代北京人不是元大都人的后代，现代北京话也不是元大都话的后代，并明确提出研究语言必须结合人民的历史。

> 最近看了一本书，讲元大都演戏的话就是现代北京话语音为基础的普通话的来源。其实元曲韵书记录的音（特别是"入声字"）有好多跟现代北京音不合，因为现代北京人不是大都人的直接后代。讲学术史忽略了人民的历史，那话常常是"模糊之谈"。青年学者们不可以不注意！①

四 主张中州音韵保存在山东海边儿上

历来讲《中州音韵》的人都承认它描写的是元朝或是包括再早一点儿的北方官话。从地域上说，应该是河南一带的音，因为从周公经营洛阳以来，汉民族一向拿洛阳当中国（也叫天下）的中心。②

俞敏并不赞同该观点，他说："我从来不信大都话就全是中州音，更不信北京音是大都音的后代。"③ 他根据蔡超尘的《高密方言词汇》对高密方言的语音进行了研究，发现该处方言与中州音一样，把古清声母入声字读为上声，分尖团音。由此推断"看起来说北京话保存大都舞台语音，还不如说高密话保存大都舞台音好哪"！④ 他考察了《清史稿·朱之锡传》《金史·哀宗纪》《清史稿·咯尔吉善传》等文献资料，从而指出中州人确实有一部分跑到了山东的高密等地，从而保留了中州音的特点。

《中州音韵保存在山东海边儿上》一文结尾处俞敏提出研究现代方言的戒律：

> 要研究一种方言，必得同时研究说这种方言的人口历史。谁违反了这条戒律，谁就只会让住在一个地方的人世世代代不许流动迁移。

---

① 俞敏：《现代北京人不能说是元大都人的后代》，载俞敏《俞敏语言学论文二集》，北京师范大学出版社 1992 年版，第 25—26 页。
② 俞敏：《中州音韵保存在山东海边儿上》，载俞敏《俞敏语言学论文二集》，北京师范大学出版社 1992 年版，第 31—38 页。
③ 同上。
④ 同上。

研究家犯了这种病就常用市场信息家的茄子20%，扁豆15%……来罗列现象，什么问题也解释不了！①.

五　开创了方言区际横向系联的研究方法

傅斯年执笔的《所务记载》（1928）曾提出方言研究的目的："我们希望……能解决在几种方言中音素音调相互影响以成变化的题目若干个，能辨出方言中字的时代层次，……黄河流域语言在南宋时之急变是不是由于金元战争，……总而言之，我们要横着比较方言，纵着探索某个方言所含的事实。"② 但由于语音差异在汉语方言中表现最为明显，也最有吸引力，所以人们的方言调查整理工作一开始以语音为主。研究的主要内容包括如实记录一种方言的语音，或将所调查方言语音同中古音或普通话的语音进行比较，探求该方言的语音演变规律。

罗常培在20世纪50年代明确提出："语言学的研究万不能抱残守缺地局限在语言本身的资料以内，必须要扩大研究范围，让语言现象和其他社会现象和意识联系起来，才能格外发挥语言的功能，阐扬语言学的原理。"③ 他的《语言与文化》一书利用词汇、借字、地名、姓氏别号等阐述了语言与文化的关系，首次将语言和其他社会现象相联系，打破了国内就语言而研究语言的局面，被称为中国文化语言学的"开山之作"。遗憾的是，该种研究思路在很长一段时间内并没有得到国内方言研究者的重视。

20世纪80年代，俞敏指出当前的方言研究不应该局限于对各方言进行单独的深入描写，也应该注重对"各方言区和方言区的横向系联的观察。"④ 他提出："这么作可以发展出一个边缘学科（方言际科学）来；副产物是区际交通史或是人民移民史。"⑤ 他认为移民一定会在语音上留下痕迹，研究方言区域横向系联可以为迁移史或交通史提供极有价值的线索，与书面材料相互印证，完全可以创一个史学分支。他从语音方面对方

---

① 俞敏：《中州音韵保存在山东海边儿卜》，载俞敏《俞敏语言学论文二集》，北京师范大学出版社1992年版，第31—38页。
② 傅斯年执笔：《所务记载》，《中研院历史语言研究所集刊》1928年第1本第1分。
③ 罗常培：《语言与文化》，北京大学出版社1950年版，第94页。
④ 俞敏：《方言区际的横向系联》，载俞敏《俞敏语言学论文二集》，北京师范大学出版社1992年版，第146—155页。
⑤ 同上。

言接触做了大量的研究，为这一领域的研究打下了坚实的基础。

俞敏发现山东昌乐（或昌邑）、冀东唐山和旗人都会用[θ]来代替普通话的[s]，他根据该种现象推断：

> 从这里看出人民迁移史来：头一步，山东人下关东，满人汉化，汉人归化满族。二一步，满人入关，在冀东圈地。三一步，满人入北京。反映[θ]从山东流入北京。①

他发现皖北、苏北、湖北、湖南、安徽（绩溪）、扬州、北京、四川等地都存在[n]与[l]的混乱现象，结合文献得出结论：

> 说这种发音习惯是"以古楚国为中心扩散出去的"大致错不了。后头掩盖的史实是朱明兴衰史。②

关于切韵全浊声母送气的现象，他也进行了大范围的考察：

> 在山西省西南部有些县把"部"念成[p'u^{51}]，"地"念成[t'i^{51}]，"在"念[ts'ɛ^{51}]。总括地说这就是蒲州梆子流行的地区。陕西西安就有"步"念[p'u^{55}]的。高本汉《方音字典》记过三水"柜"念[k'ui^{51}]、"在"念[ts'ɛ^{51}]。从这儿望南走，到皖南绩溪，猪胃叫"猪肚"（广韵"徒古切"）[t'u^{13}]，歙县"地方"叫[lau^{11}t'i^{11}]。到了江西再望南到广东，"在"念[ts'ɔi^{12}]、"杜"念[t'u^{55}]的就成片了。从梅县再望南到海丰，望东到福建长汀，都有这种口音。这种话里"家里来了'客人'了"说"人客"。因为当地原来的居民管他们叫"客人"。通语说"客家"。这是从晋南陕南一带移民到江西、广东去的。……
>
> 在台湾省新竹县苗栗镇可以发现"读书"念[t'uk]的口音，这是从梅县、海丰陆丰移去的人。湖南醴陵人"在"说[ts'oi^{13}]，四川有

---

① 俞敏：《方言区际的横向系联》，载俞敏《俞敏语言学论文二集》，北京师范大学出版社1992年版，第146—155页。
② 同上。

说[tsʻɑi¹³]的。都是"湖广填四川"大流的遗迹。①

他指出将全浊变次清的趋势推行最到家的是客家话,追踪全浊送气就是考证客家迁徙的痕迹。

"朱、出、书"等念[pfu、pfʻu、fu]的现象是明初从山西往外移民的痕迹:

> 1944年我在山东滕县教书,发现那里的人有把"朱"念[pfu]的习惯。……这是邹滕峄三县人的特点。藤县人自称是"山西洪洞县大槐树底下来的"。为什么他们的祖先搬到山东呢?《明史·食货志》说:"靖难兵起,淮以北鞠为茂草。"又说:"太祖……迁山西泽,潞民于河北。后屡徙……山西民于……山东河南。……成祖核太原、平阳、泽、潞、辽、沁、汾丁多田少及无田之家,分其丁口以实北平。"大槐树底下是集中出发地。事情是成祖办的,可是账写到太祖名下。可能有漏误。也许"分"只是说一部分,还有移到山东去的。这是明初从山西望外移民的遗迹。②

在《方言区际的横向系联》一文中,他还提出将[in]念成[iŋ]是广州人的习惯,之后扩散到中国香港、新加坡等地;有[ɑŋ]无[ɑn]的现象分布于湖南、湖北到安徽,他主张是商人千百年来沿长江顺流而下的线路;[u]念[ou]分布较广,北起山西,南到广州,他指出从汉末到隋,有[u]变[ou]的趋势,河南除外。

俞敏通过研究人口的迁移和语音方面的特点考察了北京话与元大都话、中州话的关系,并对北京音系做了细致的考证,从移民和周围方言影响的角度合理地解释了现代北京话清入声分调混乱的现象,并利用文献中记载的移民史从方言接触的角度对方言中的儿化韵进行研究,从而开创了方言区际横向系联的研究方法,即方言接触的研究。

之后,聂振弢(1996)根据俞敏提出的语音现象进行研究,根据

---

① 俞敏:《方言区际的横向系联》,载俞敏《俞敏语言学论文二集》,北京师范大学出版社1992年版,第146—155页。

② 同上。

[u]念[ou]的分布情况,提出南阳人相当一部分是秦汉土著先民的后裔;根据[n]、[l]不相混的现象,结合其他语音现象,指出南阳的桐柏县有江淮话的特征。根据"朱、出、书"等念[pfu、pfʻu、fu]的现象,指出南阳人新野南边人的祖先是从山西迁移过来的。据史料记载,南阳很多人都是从山西迁移过来的,不过大部分移民都被南阳方言同化了。根据"切韵全浊纽送气"的现象,他提出伏牛山脉深处的西坪、寨根儿、桑坪等乡镇仍保留这些特点,表现出江淮话的特点,从而形成了与陕西汉中话和河南南阳话都不同的特点。①

---

① 聂振弢:《南阳方音的几个特征》,载谢纪锋、刘广和主编《薪火编》,山西高校联合出版社1996年版,第166—176页。

第八章　汉语语法研究

第一节　现代汉语语法研究

俞敏在现代汉语语法研究方面著述很多，有《现代汉语语法》（上册，与陆宗达合著，1954）、《语法和作文》（1955）和《名词、动词、形容词》（1957，1984）三部专著；著有《什么叫一个词?》（1951）、《北京话的实体词的词类》（1952）、《形态变化和语法环境》（1954）、《汉语动词的形态》（1954）、《语音和语法特点》（1955）、《汉语的句子》（1957）、《北京话的语音、词汇和语法特点》（1983）等20余篇文章。

他的现代汉语语法研究以北京话为主导，同时联系客、粤、闽、吴四大方言和古汉语。北京话的一些语法现象在方言或古代汉语中可以找到相互印证的材料，使得相关解释更有说服力。他的现代汉语语法研究主要是在"普方古"大三角的思想下进行的，即"以'普'为基角，撑开'方'角和'古'角，从而形成语法事实验证的一个'大三角'"。[①]

在现代汉语语法研究中，他坚持以"活"的语言（北京口语）为研究对象，主张语法研究必须建立在语音学基础之上，只有从语音的角度入手才能摆脱汉字的束缚，从而揭示出现代北京话的语法特点。他发现北京口语中存在大量的被汉字掩藏起来的形态，所以主张以形态为标准对汉语的实词进行分类。在句法方面，他立足于汉语自身材料，不受西方语言学思路的束缚，将汉语句子的结构四分为时间、空间、线索和核心，在现代汉语语法研究本土化方面作出了极有价值的尝试。

[①] 邢福义：《汉语语法学》，东北师范大学出版社1996年版，第463页。

一　以北京口语为研究材料

黎锦熙的《新著国语文法》(1924) 是中国第一部现代汉语语法专著，取材于现代白话文著作，研究的是书面语语法。之后王力、高名凯和吕叔湘等学者在语法研究中都主张要重视口语语法的研究，在实践中大都主要选择书面文献中（如《红楼梦》等）记载的口语语法。

俞敏在语法研究以现代北京话的口语作为语法研究的材料。他(1954，1955) 明确指出语法研究应以口语（有声语言）为研究对象，即只有把语法研究建立在语音学基础之上，才能揭示出现代汉语语法的真实面貌。其原因可归结如下：第一，书面语法具有混合性。其中含有周朝汉语的语法、宋朝元朝人的语法、日本的语法、俄语的语法等，比较混乱。另外，书面语与口语在一定程度上脱离，不能显示出现代汉语语法的真正特点。第二，文字具有失真性。尤其是方块字写下来的材料，歪曲了语言的真相，所以光凭书本上的方块字当材料，得出的结论就不能完全符合语言实际。第三，只有摆脱方块字的束缚，从口语的角度即从语音的角度来研究语法，才能揭示出汉语语法的特点。关于如何打开当前语法学界还存在很多问题无法达成共识的局面，他明确提出："可是打开这个局面的出路是什么呢？咱们说，至少有一条是：从方块字的迷魂阵里解放出来，把语法建立到科学的基础——语音学上去！"[①]懂了语音再来研究语法，有助于研究形态变化、辨认"形态单位"、分辨词、研究造句法。在《现代汉语语法》一书中他将"语音"专列一章，强调了语音和语法的密切关系，拓展了现代汉语语法研究的材料。[②]

他选择以北京口语为研究对象是因为北京话的地位最为突出。具体而言，北京话的音素比较少；北京话代表的国语区包括长江以北和西南的四川、云南等省，人口最多；明清以来优秀的文学作品或是用北京话写或是用国语区方言写的。"因为这三个原故，北京话的势力就凌驾到别的方言上头了，所有大方言区里的方言没有不受他的影响的。……最近这几年，

[①] 俞敏：《语音和语法》，《语文学习》1955 年第 8 期。
[②] 谢纪锋在《俞敏先生语法研究成就简评》中指出，《现代汉语语法》一书完成于1953年，1954 年出版发行，该书虽署名为陆宗达先生与俞敏合著，事实上该书从立意到执笔几乎全是俞敏完成的。

因为人民政府在北京建都，各地驻防的解放军军人有多一半儿说的是跟北京话极接近的东北方言，北京话的势力就更大了。"①

他在研究北京话语法的同时还涉及了其他方言和古汉语材料。一方面，是因为有些语法现象仅靠北京话解释不了，只能借助于其他方言和古汉语材料，即运用比较的方法或者历史的方法加以说明。如北方话里"热de要命"、"吃de真饱"，这个de的作用在北京话中很难解释：

> 客家话把"热de要命"说成"热到会死"、厦门话把"吃de真饱"说成"食及真饱"。那么咱把这个de解释成"到"就很正确了，因为北京话说"掉到地下"也说成"掉de地上"。②

通过与客家话、厦门话相比较，非常简洁明了地解释出了北京话动词后边"de"的作用。另一方面，可以帮助客粤闽吴各方言区的人学会说北京话，这是他语法研究的一个现实目的。

俞敏以北京口语为研究对象，与以往学者不同的是，他研究现代汉语语法的步骤是，收集平常自己说的和别人说的材料，大概有1万多音缀翻成音标文字，然后再翻成方块字。这种操作模式通过语音直接来研究语法，揭示了汉字所掩盖住的现代汉语语法的特点，从而沟通了语音和语法的关系。

吕叔湘（1961/1983）指出："对于语法分析很关重要的语调、重音、停顿，等等，在书面材料里就无可依据，非拿口语来研究不可。研究口语语法自然不能运用汉字作记录，要改用音标——用汉语拼音方案而加以补充。这也可以纠正过去把语法研究和语音研究打成两橛的毛病。"③

二 词法研究

自《马氏文通》开始，汉语语言学家都认为汉语语法缺乏形态，导致重视句法的研究，而忽视词法的研究。例如，黎锦熙主张"活的语

---

① 陆宗达、俞敏：《现代汉语语法》（上册），群众书店1954年版，第14页。
② 同上。
③ 吕叔湘：《汉语研究工作者的当前任务》，载吕叔湘《吕叔湘语文论集》，商务印书馆1983年版，第17—33页。

法，要以句子为本位"①。吕叔湘和朱德熙在《语法修辞讲话》中明确提出："汉语的词是没有形态变化的，所以汉语的语法只有造句法这一部分。"② 高名凯指出汉语没有狭义的形态，主张汉语实词不能分类，并提出："研究汉语语法应当注重句法。"③ 俞敏（1954）非常重视汉语词法的研究，提出现代汉语具有形态，以重叠和语法环境作为词类划分的标准。

（一）词的分类标准

1. 以形态（重叠）作为实词分类的标准

俞敏在《现代汉语语法》（1954）中指出，已有的词类划分标准都存在一定的问题。第一种是用"拉丁文（或者英语）里是这样儿"这个标准，但是拉丁文没有"啦、吗、呢"等，所以该标准不能用。第二种是用意义或者概念作标准。但依据概念分类，可能会分出一两千个词类。第三种是根据一个词在句子里起的作用分类。他指出这种分类的结果不应该是"名词、形容词、动词，应该是主词、谓词、附加词、补足词"，而且名词与人称代词、形容词与动词很难区分。第四种是各种标准随便用或者临时挑着用。这样就易犯任意取舍的毛病。从他总结的四种分类标准来看，都没有把形态列入到词类划分的标准中。

俞敏"第一次提出汉语是有形态变化的语言的观点"④。他认为汉语没有像印欧系那样的词尾变化，但并不意味着汉语没有形态，若以口语为研究对象，就可以将汉语中被汉字所掩盖的形态变化揭示出来。他（1954）以形态作为划分词类的标准。他提出：形态变化就是一个词的声音起了变化，并且用这一次变化表示些个次要的意思。要是在拼音字的话里，声音一变，拼法也常跟着变，所以有人叫"词形变化"。⑤

早在1952年发表的《北京话的实体词的词类》一文中，俞敏就发现北京话里单音节的实体词差不多都能重叠，并且可以表示出不同的语法意义，指出实体词可以分类；双音节的实词中名词不能重叠，动词和形容词

---

① 黎锦熙：《新著国语文法》，商务印书馆1924年版，第22页。
② 吕叔湘、朱德熙：《语法修辞讲话》，中国青年出版社1952年版，第4页。
③ 高名凯：《汉语语法论》，商务印书馆1986年版，第275页。
④ 谢纪锋：《俞敏先生语法研究成就简评》，《贵州大学学报》（社会科学版）2002年第2期。
⑤ 俞敏：《形态变化和语法环境》，《中国语文》1954年第10期。

可以重叠，动词重叠表示"试"、"一下"的附加意义，形容词重叠表示"很"的附加意义。在该篇文章中，他为名词、动词和形容词分别设置了一个语法环境。

之后，在《现代汉语语法》（1954）一书和《形态变化和语法环境》（1954）一文中，他坚持主张重叠是现代汉语中非常重要的形态变化，明确提出应以形态为标准来划分现代汉语的实词，并以表格形式列出了实词重叠表，见表 8.1。该种分类方式是不受印欧语言中实体词分类影响的一个创见。

表 8.1 北京话实词重叠表①

原词	重叠式	变了什么	是几个词	重叠表示什么	词类
'rén 人	ren'rér 人人儿	挪重音，儿化	1	每	名
'xǎu 好	xǎu'xâur 好好儿	挪重音，变调，儿化	1	很	形
'fēɪ 飞	'fēɪfeɪ 飞飞	轻音	1	一下儿	动
'sân 三	'sân'sân	零	2	乘起来	数

在《名词、动词、形容词》第二版（1984）中，他又谈到了名词重叠问题，因为当时量词尚未独立，要与主流教材一致，所以他在第一版中也没有将量词分出来。在该书第二版中，他将量词和名词分开：

> 现在通行的说法是单音节名词不能重叠，单音节量词可以重叠。我观察的结果是名词里能重叠的是很少，比起汉人（《说文》说，"萇 chāng，草也。枝枝相值，叶叶相当"）来是衰落了。但是不等于没有，比方：
>
> 人人高兴。头伏有雨，伏伏有雨。
>
> 量词里头也有不能重叠的，比方"斤"、"两"、"尺"、"丈"、"斗"、"升"、"班"、"团"。②

"《评〈北京话单音词词汇〉》（1951）最早提出重叠式可以分开形容

---

① 俞敏：《形态变化和语法环境》，《中国语文》1954 年第 10 期。
② 俞敏：《名词、动词、形容词》，上海教育出版社 1984 年版，第 7 页。

词和动词的界限的理论。"① 在《现代汉语语法》（1954）上册中，俞敏论述得更为充分：

  为什么咱说"好"是形容词，"飞"是动词呢？因为"好"重叠起来变成 xǎu xâur，第二个音缀带重音，用高平调，并且加了一个 r，可是"飞"重叠起来变成 fêi fei，第二个音缀没调形也没重音（但是可以加 r）。要是有一个词，他可以用这两种格式重叠，那么他就可以入两类，请看底下这句：
  "您先等等儿，这水不能喝。等他开开儿 kâi ker 再说，呆会儿我给您来碗开开儿 kâi kâr 的！"这里头的 kâi ker 是"开一下儿"的意思，kâi kâr 是"很开"的意思，前头的是动词，后头的是形容词。②

关于双音节词的重叠情况，他列出了名词、形容词和动词三种性质不同的重叠形式，见表 8.2。

表 8.2   名词、动词、形容词重叠形式表③

原词	重叠式	表示的范畴	意思	词类
豆腐	○	○	○	名
明白	明明白白	全量	很	形
修理	修理修理	偏量	一下儿	动

可见，双音节的名词不能重叠，而动词和形容词的双音节可以重叠，分别表示偏量和全量的语法范畴。形容词的重叠为 AABB 式，"重音格式是中轻中重，重音在第四个音缀上。第四个音缀一定用高平调，第三个常用高升调"④。动词的重叠为 ABAB 式，"双音缀的动词重叠以后，第三个

---

  ① 张永言：《俞敏》，载《中国大百科全书·语言文字卷》，中国大百科全书出版社 1988 年版，第 466—467 页。
  ② 陆宗达、俞敏：《现代汉语语法》（上册），群众书店 1954 年版，第 50 页。
  ③ 俞敏：《名词、动词、形容词》，新知识出版社 1957 年版，第 30 页。
  ④ 陆宗达、俞敏：《现代汉语语法》（上册），群众书店 1954 年版，第 73 页。

音缀把重音丢了，变成中音"①。

2. 以语法环境作为词类划分的次要标准

俞敏意识到，并不是所有的实词都能够重叠，所以他引入了第二条词类划分的标准——语法环境，即词的语法功能标准。两种标准属于不同的层面，每一层面的标准是固定的，并非任意的。

> 我作的次序是先作形态变化，利用他把研究的材料里头的一大部分词分开，再观察这些词的语法环境，归纳出公式来，再拿去衡量剩下的材料去。这么作有一个好处，就是公式里的"名词"……那一类名词儿已经有固定的范围了，不至于犯逻辑上"循环论证"，"用未定名词儿"的病。不过我想直接作上下文并且拿他归纳词类也可能，不过工夫太琐碎太细致，一个人的力量作不了罢了。②

每一类词都有它特定的语法环境，存在一些特有的格式，所以可以利用能够重叠的词来确定该类词的语法环境，然后将待确定的不能重叠的词代入到该语法环境中，即可确定该词的词性。

俞敏在《形态变化和语法环境》一文中为名词和形容词各确定了5种语法环境，为动词确定了4种语法环境。例如：

（1）名词的语法环境。

数词＋量词＋形容词＋_____＋地位词尾
一　　张　　小　　桌子　　上
动词＋动词＋动词＋动词＋_____
会　爱　学　唱　梆子
动词＋了＋原来那一个动词＋_____
看　了　　看　　　天气③

"桌了"、"梆子"、"大气"分别可以代入到以上三种格式中，所以

---

① 俞敏：《汉语动词的形态》，《语文学习》1954年第4期。
② 俞敏：《形态变化和语法环境》，《中国语文》1954年第10期。曹伯韩等将一个词可以用到什么上下文称为"广义的形态"，俞敏认为用"语法环境"更为恰当。
③ 俞敏：《形态变化和语法环境》，《中国语文》1954年第10期。

都是名词。

（2）形容词的语法环境。

   比 + 名词 + _____
   比　山　高
   怎么 + 这么 + _____ + 句终词
   怎么　这么　贵　呀？
   动词 + 的 + 代词 + 量词 + _____ 句终词
   写　　的　这　个　乱　　啊①

"高"、"贵"、"乱"分别可以代入以上三种格式中，所以都是形容词。

（3）动词的语法环境。

   否定副词 + _____（命令句）
   别，甭　去
   _____ + 了 + 一 + _____
   看　　　了　一　　看
   把 + 量词 + 名词 + 给 + _____ + 句终词
   把个　　碗　给　摔　　　了②

"去"、"看"、"摔"分别可以代入以上三种格式中，所以都是动词。

（二）词类体系

俞敏首先按照传统的意义标准将词分为实词和虚词两部分。然后，他以形态为标准对实词进行分类，以作用为标准对虚词进行分类，从而建立起自己的词类系统。在《现代汉语语法》和《语法和作文》中都将词分为9类，见表8.3。

---

① 俞敏：《形态变化和语法环境》，《中国语文》1954年第10期。
② 同上。

表 8.3　　　　　　　　　　　现代汉语词类体系

词（依据意义）	实词（依据形态）	名词（量词）
		形容词
		动词
		数词
		代词
	虚词（依据作用）	副词
		关联词
		语气词
		感叹词

他在《语法和作文》中对副词、语气词和关联词进行了细致的研究，分别划分出若干小类，便于人们对虚词的具体把握与运用，见表 8.4。

表 8.4　　　　　　　　副词、语气词、关联词的分类

副词	程度副词	太，极，很，实在
	分量副词	只，就，都，才
	情态副词	又，当然，居然
	时间副词	本来，刚，就，正
	否定副词	没有，别
语气词	判断句的语气词	的，似的，罢了
	叙述句的语气词	了，来着，哪
	疑问句的语气词	吗，呢，啊，吧
	命令句的语气词	吧，了，啊
	惊叹句的语气词	啊，哟
关联词	并列句的关联词	又……又，不但……而且
	因果句的关联词	因为……所以，只有……才
	翻案句的关联词	虽然　可是，……可是……

此外，他还对一些虚词进行了专文研究。例如，他在《说"跟"跟"和"》（1952）中对"跟"与"和"两词的用法进行了考察：若要把两个词连起来，作一句话的主语或宾语时，可以用"跟"或者"和"；若要

把两个词连起来，作一句话的谓语或附加语时，最好不要用"跟"或者"和"。在《"了"跟"着"的用法》（1952）中，他指出"了"的两种用法：词尾了和语气词了，并指出"了"源于古"已、矣"，介绍了"着"代表三个声音不一样的词尾。在《北京口语里的"给"字》（1989）中，他认为"给"是个十足的动词，称为"关系词"比"介词"更为合适。

（三）汉语实词的形态

在现代汉语实词中，动词的形态最为丰富，语法范畴也最多，所以俞敏特别重视动词的形态研究，专门写了《汉语动词的形态》（1954）一文。本书在论述时以动词的形态为主，兼及名词和形容词的形态。

1. 动词的形态

对现代汉语动词的形态进行了详细的研究。他一共总结出五种动词的变化：

（1）复合式。如"坐稳"和"放稳"的关系：

> 这两种关系不是单个的动词上能有的，总得等它们复合起来以后才有，可见这是"复合"形态表达的附加意义。"甲坐（甲）稳"类可以叫"自动态"，"甲放（乙）稳"类可以叫"使动态"。"态"就是一种语法范畴。①

（2）重叠式。单音节动词的重叠式为 AA，双音节动词的重叠式为 ABAB。

> 动词的重叠形态表达什么附加意义呢？谁都知道底下这三个句子的意思是一样的：
> 给我看看　给我看一看　给我看一下
> 所以说，重叠是表达"一下"的意思的。这个语法范畴叫"量"。②

---

① 俞敏：《汉语动词的形态》，《语文学习》1954 年第 4 期。
② 同上。

（3）词尾。他认为汉语是存在词尾的，鉴别的标准是：

> 一、永远在别的单位后头出现；二、本身没有重音，没有显著的调形，所以也不能独立传达意义；三、能表达附加的意义；四、说本语言的人能利用它加到别的单位后头去造成新词。①

他指出典型的动词词尾是"了"、"着"、"过"，分别表达"完成"、"持续"、"经验"的意义，合起来就可以构成一个"体"范畴。

（4）词嵌。他指出作为词嵌的"不"和"得"必须插到多音节动词中去，如"坐得稳"、"听不明白"、"躲不开"等。

> 凡是带词嵌的多音缀动词的重音永远在词嵌后头的第一个音缀上，所以有些词尾可以带上重音。
> 归纳"得"跟"不"的用法，可以发现它们表达的附加意义是"可能性"，"得"是肯定的，"不"是否定的。②

（5）零形态。他指出"我去"有两种意思，一种是"去的人是我"，另一种是"我愿意去"。

> 换句话说，"去"有两个身份，一是原动词，二是附加意义"愿意"的动词。可是形态并没分别。为说着方便，可以仿照印度语法学家的说法，这是原词加上"零形态"变化。汉语动词加上"零形态"都是表达"愿意"这个附加意义的"意欲性"动词。
> 把"可能性"跟"意欲性"合起来，又得着一个语法范畴"性"。③

最后，他将汉语动词形态所代表的语法范畴总结成表 8.5。

---

① 俞敏：《汉语动词的形态》，《语文学习》1954 年第 4 期。
② 同上。
③ 同上。

表 8.5　　　　　　　　　汉语动词的形态①

语法范畴	小范畴	表达方式	例子
态	自动	原形、复合、词尾	看 看明白 看见
	使动	原形、复合、词尾	烤(火) 赶跑 关上
量	偏量	重叠	看看
体	完成	词尾、复合	看了 坐稳
	持续	词尾	看着
	经验	词尾	看过
性	可能	词尾词嵌	看得 看不见
	意欲	零形态	去

之后，重叠作为汉语动词的形态逐渐为学术界所公认。华玉明（2014）指出："俞敏先生开了汉语动词形态研究的先河。"② 华玉明对汉语的动词形态进行了研究，他遵循广义的形态观，指出汉语动词重叠可以表达"体"、"态"、"式"、"量"、"主观意愿"等语法意义；附加词和语音屈折只能改变动词词性，功能词（助词、副词、趋向词）所表示的意义要比动词重叠广泛，包括体、态、式、量等。

2. 名词和形容词的形态

（1）名词的形态。

名词的重叠比较少，重叠后表示"每一"的附加意义。名词的词头主要有"老"、"小"两个，词尾有"子"和"儿"、"们"等。

俞敏指出名词的语法范畴主要有两个，一个是"量"，只能依靠词尾"们"来表示。

另一个是"称"，即"爱称"和"憎称"。表示出心情愉悦的是"爱称"，表示不愉快的是"憎称"。词头"老"、"小"就分别表示热情、可爱，为爱称。词尾"儿"、"子"的区别也在于爱称和憎称。

　　我光把现代的，活着的，孳生新词的用法拿来，看看这里头"儿"跟"子"有什么分别。在这儿我发现两种区别。第一种是上头

---

① 俞敏：《汉语动词的形态》，《语文学习》1954 年第 4 期。
② 华玉明：《现代汉语动词的形态及其特点》，《语文研究》2014 年第 3 期。

说的（2），"儿"是造一般的名词的，"子"是造工具名词的。第二种就是"爱称"跟"憎称"的区别。①

俞敏的研究摒弃了不同历史时期的情况，而采用了一个范围来进行研究，这样就可以揭示出"儿"、"子"所附加的意义。

> 要说"儿"是爱称的话，"子"就该是憎称了。这种分别正好像俄语的 город（城）可以说成 городушка（可爱的小城儿），跟городишко（讨厌的小城圈子）一样。②

此外，他还指出汉语中亲属称谓名词有"格"变化，背地称呼用主格，当面叫用呼格，主要是通过重音变化来实现的：双音缀的名词用把重音挪到第二个音缀上去的办法造成呼格。

> 比方北京话管祖母叫 'nǎinai,……方块字写"奶奶"。这个词的重音在第一个音缀上，是背地称呼人用的。要借用印欧系的语法名词儿呐，就叫"主格"。另外，这个词也可以说成 nǎi'nâi，重音在第二个音缀上。这是当面叫的时候用的。借用印欧系名词儿，可以叫"呼格"。要问声音起了什么变化，咱们就说，"重音挪了"。表示一个什么次要的意思呢？咱们说，"当面叫"。③

同样是以北京口语为研究对象的赵元任先生，也主张汉语的名词有呼格。他指出"姐姐"用在句中时调型是半上加半高的轻声；面称时，前字比后字低，元音延长，尾部调子降低，这就是呼格的语音特点④。

（2）形容词的形态。

俞敏指出形容词的形态主要是重叠和词尾。

重叠：单音节形容词重叠以后第二音节有重音，改用阴平调。重叠式

---

① 俞敏：《汉语的爱称和憎称的来源和区别》，载俞敏《俞敏语言学论文集》，黑龙江出版社 1989 年版，第 160—166 页。
② 陆宗达、俞敏：《现代汉语语法》（上册），群众书店 1954 年版，第 62 页。
③ 俞敏：《形态变化和语法环境》，《中国语文》1954 年第 10 期。
④ 赵元任：《北京口语语法》，李荣编译，开明书店 1952 年版，第 39 页。

表"全量","形容词的重叠式表示'全量'。大致说,凡是重叠以后,就加上一个'很'的意思,'红红'='很红','大大'='很大'"[1]。

重叠以后加"儿"表示偏量和爱称。如"酸巴唧"是指不好吃,而"酸巴唧儿"就表示好吃。

加"里"表示憎称。如"马里马虎"、"傻里傻气"等。

加词尾表示全量。如"乎乎"、"烘烘"、"巴唧"、"虚虚"、"溜溜"、"巴巴"等。

可见形容词的语法范畴有"量"和"称"两种。

三 句法研究

(一) 词组研究

俞敏在《语法和作文》(1955)一书中对词组进行了系统的论述。他关于词组的研究主要体现在以下两个方面:

第一,他认为不能根据词素的意思是否起变化来判断是词还是词组。一些学者主张,判断一个多音节的词,主要是看词素的意思是否起变化。例如,"金鱼"既是词又是词组,若表达的意思为"金子做的鱼",那就是两个词构成的词组;若表达的意思为"公园的鱼",则为一个词。俞敏以北京口语为研究对象,提出了新的判断标准。他认为北京口语中的两个音节应该全算复合词。如"大树"、"小孩儿"等,这些词代表常用的、出现频率高的事物,在口语中基本上结合在一起,具有一个词重音,故作为一个词比较妥当。而词组则主要表示那些出现频率低的事物,一般没有妥当的名字,靠一串词儿来拼凑出一个临时的名字,一般不具有一个词重音。

第二,他对词组进行了详细的分类。他认为词组就是几个词连成的一个单位,在功能上与单个词相同。他将词组分为两大类:一类是由一个词和附加成分组成;另一类是由很多独立的词组成。可以根据词组的整体功能特点分为三类:名词性词组、形容词性词组和动词性词组,见表8.6。

---

[1] 俞敏:《名词、动词、形容词》,新知识出版社1957年版,第23页。

表 8.6　　　　　　　　　　　　　词组的分类

词组	一个词加上附加成分，配成一组	名词的附加成分	的；里 上 头 边
		形容词的附加成分	叠字型；得慌
		动词的附加成分	了 成 到 到；着；过；得
	很多能独立的词组成的词组	名词性词组	名+名 形+名 动+名 代+名 量+名 数+名 数+量
		形容词性词组	形+形 数+量 形 形+数+量 形+形 动+形 形+动
		动词性词组	动+名 动+形 动 动+数+量 形+动 名+动 动+名

（二）句类句型研究

在句类研究方面，俞敏按口气（语气）将其划分为四种类型：判断句、叙述句、感叹句和疑问句。

在句型研究方面，他研究得比较细致。按句子的结构将其划分为单句和复合句，这两种句子又依据不同的标准再进行分类，见表 8.7。

表 8.7　　　　　　　　　　　　　句子分类

句子（按结构）	单句	正常的句子	单部句	名词单部句："火！"
				形容词单部句："真贵！"
				动词单部句："来。"
			两部句	名+名 名+形 名+动 形+形 动+形 动+动
		特殊的格式		连动式：开门出来
				传递式：张三派李四去
				表达被动意义的传递式：我叫他打了
				倒装句：什么也不懂
				正反句：去不去
				包孕句：我就怕他不来。
	复合句	并列复合句		
		主从复合句		因果句
				翻案句

单句首先可以分为正常的句子和特殊的句子。正常的句子按结构的复杂程度可以分为单部句和两部句。单部句只有一个部分，可以不只一个词，但是它的作用相当于一个词，即非主谓句。按功能分为名词单部句、形容词单部句和动词单部句三类。俞敏指出："单独一个动词或是一个作用与动词相等的词组作成的动词单部句，在汉语里占很大的比重。根据北京师范大学中文系研究班的统计，单部句占一段文章的句子百分之四十左右，这里头绝大多数是动词单部句。"① 可见，相对于名词和形容词的非主谓句而言，动词非主谓句占的比例最大。

两部句就是由主语和谓语两部分合成的句子，中间加语气词"呀"、"啊"等停顿一下。他将主谓句分为 6 种格式。（1）名词+名词：今天礼拜五。（2）名词+形容词：天气好。（3）名词+动词：车来了。（4）形容词+形容词：绿，值钱。白，便宜。（5）动词+形容词：去好。不去不好。（6）动词+动词：走，能帮助消化。

他将特殊的句式分为 6 类。（1）连动式，几个动词连成的句子，如"上街买菜"。（2）传递式，即兼语句，如"张三派李四去"。（3）表被动意义的传递，他先列举了可以有两种理解的句子："我叫他打了"；"你别让他看见"。两个句子中表达被动意义即为该种句式，而后指出略加变动为"我叫他打我"，"你别让他看见你"，就是单一表被动意义的传递。（4）倒装句，如"一口不喝"。将"一口"挪到了动词的前面，为加重语气。（5）正反句，如："懂不懂？""有没有？"（6）包孕句，如"我就怕他不来"，该句可以分成"名+动（我+就怕他不来）"两部分，"汉语可以允许一个大句子里套着一个小句子。语法学家管这个叫'包孕句'"②。

（三）句子四分③

俞敏（1957）主张将汉语中一个句子分析为四部分，即时间、空间、线索和核心，分别称为甲部、乙部、丙部和丁部（以下各例中的"甲部、乙部、丙部和丁部"和序号为笔者所加）。首先他举出北京话中的例子：

---

① 俞敏：《语法和作文》，中国青年出版社 1955 年版，第 36 页。
② 同上。
③ 尽管俞敏不赞同主语、谓语和宾语的概念，但在研究中为了说理方便，也采用了这些通行的术语。

(1) 昨日晌午啊，德胜门外头哇，一个老头儿啊，钓上来了一条十斤重的鱼。
甲部　　　　乙部　　　　丙部　　　　丁部

(2) 德胜门外头哇，一个老头儿啊，钓上来了一条十斤重的鱼。
乙部　　　　丙部　　　　丁部

(3) 昨日晌午啊，一个老头儿啊，钓上来了一条十斤重的鱼。
甲部　　　　丙部　　　　丁部

(4) 昨日晌午啊，德胜门外头哇，钓上来了一条十斤重的鱼。
甲部　　　　乙部　　　　丁部

(5) 昨日晌午啊，德胜门外头哇，一个老头儿啊。
甲部　　　　乙部　　　　丙部①

他明确指出丁部（钓上来了一条十斤重的鱼）是全句的核心部分，甲部、乙部和丙部都是为丁部服务的。也就是说："在四分法的基础上给句子下定义，应该说：句子是语言里反映客观现象的单位。就结构说，必须有一个核心部分，可以有时间坐标、空间坐标、线索三样东西里的一两样或是全部。"② 上面所列的 5 个句子中，第一个句子由时间、空间、线索和核心四部分构成，第二句、第三句和第四句都由三部分构成，共性是都含有丁部，即句子的核心部分，所以都能够表达比较完整的语意，是一个完整的句子。第五个句子中含有甲部、乙部和丙部，却没有丁部，所以它表述的语意不完整，不能称其为一个句子。俞敏指出了北京口语中这四部分出现的实际情况：

在实际的语言材料里，甲乙两部往往是靠上下文和环境来表明的，所以用得比较少。这就给人一种错觉，以为一个句子只有丙丁两部，也就是说，"主语＋谓语"。这当然反映一部分事实，只不过不能反映全体事实罢了。

然后，他又分别从古汉语和闽南方言中举例子来证明将句子划分为四

---

① 俞敏：《汉语的句子》，《中国语文》1957 年第 7 期。
② 同上。

部分符合汉语自身的情况。在古汉语中,这四部分的排列顺序与北京话略有不同,古汉语的乙部常置于丁部之后。例如:

```
春      公      矢鱼     于棠。
夏五月   郑伯    克段     于焉。①
甲部    丙部    丁部     乙部
```

在闽南方言中,四部分的顺序与北京话基本相同,为现代汉语句子四分说提供了有力的佐证。例如:

```
tsautua/ti koelɔtiŋ /tsit tiŋ khataʔ tshia/    toloʔ khi a/
头著仔   在街路顶    只 顶    骹踏车   倒落去  也
a/ = ∨      tiŋ/ = ∨              tshia/ =˥
方才     街上      一辆       自行车   摔倒   了a轻音②
甲部    乙部               丙部            丁部
```

他的句子"四分说"为一些存在争论的句子提出了新的解释途径。例如:

台上/坐着主席团。
公园门口儿/摆着两只大石头狮子。③

一些学者根据西方的二元析句法,认为"坐着"是谓语,那么"台上"一定是主语;另有学者认为,主语一定是施动者,所以"台上"不能作主语。俞敏指出,若承认一个句子具有时间、空间、线索和核心四部分的话,这样的句子其实就是包括乙和丁两部分的句子,从而为该句式的研究提供了新的解释思路。

他认为汉语的每一个句子都是由一个核心发展出来的,汉语的句子是

---

① 俞敏:《汉语的句子》,《中国语文》1957 年第 7 期。
② 同上。
③ 同上。

一元的，而印欧语是二元的。他提出："与其用哲学的空话或是别的民族语言的句型作出发点来研究汉语的句子结构，还不如从这种汉语的材料本身表现出来的线索着手好。"① 这样就可以摆脱主语、谓语等术语的束缚，从汉语自身出发，挖掘句子的特点。他认为四分法就是不借外力，不受成见影响，单就汉语语言事实归纳出来的语法。

该观点打破了汉语语法学界句子主语与谓语二分的模式，为汉语句子的分析提供了新的视角。但由于学术界受主语与谓语二分的长期影响，所以该意见并没有得到应有的重视。

而关于学界一些学者认为句首一定是主语，主语就是施事者的观点，他（1986）根据藏语比较对此作出了解释。

> 藏文可以说"ña rdun – gi – adu g""打了我了"。放在句子顶头上的是受事者。这可以比《孟子·梁惠王》"（师行而）粮食"。现代口语也谈"包子都吃光了"。……不过古汉语省"于"字可早就有了。那有名的诗"战城南，死郭北"最典型。
>
> 懂得这里藏着一个"于"就能顺顺当当的分析象下头的句子：——
>
> 寇雠　　　何服之有？（《孟子·离娄》）
> 庖　　　　有肥肉（《孟子·梁惠王》）
> 七年之病　求三年之艾（《离娄》）
> 牛羊　　　何择焉？（《梁惠王》）
>
> 谁要是一口咬定"句子头上的一定是主语，主语就是施事者"，谁就象眼上蒙了罩，只能在磨周围转，永远到不了终点了。②

第二节　古汉语语法研究

俞敏在古汉语语法研究方面主要著有《论古韵合帖屑没曷五部之通转》（1948）、《汉语的"其"跟藏语的gji》（1949）、《〈诗〉"薄言"解

---

① 俞敏：《汉语的句子》，《中国语文》1957 年第 7 期。
② 俞敏：《汉藏语言比较学的过去和将来》，《语文导报》1986 年第 10 期。

平议》（1982）、《古汉语派生新词的模式》（1984）、《汉藏虚字比较研究》（1984）、《汉藏文献学相互为用一例》（1991）等文以及《经传释词札记》一书。

邢公畹（1986）曾经说过："古汉语是流走了的水，但它作为一种自然语言的记录，下有由它演变而来的许许多多的自然语言（现代方言），上有与它有发生学关系的更大系统——汉藏语系，古汉语语法现象大部分保存在方言里，而有许多方言和古汉语文献证明不了的语法现象，又可以通过汉藏语系的比较研究来解决。"①"可见方言和汉藏语系对古汉语语法研究的作用何其重要，然而三十多年来不懈地致力于古汉语语法和亲属语言的综合比较研究的只有俞敏先生一人。"② 俞敏站在汉藏语系的高度来研究古汉语语法，利用汉藏比较的方法为古汉语的语法研究打开了新的思路，在虚词、形态和句法等方面进行了很多有价值的探索，令人耳目一新。

在古汉语语法研究中，他非常重视卜辞彝铭及经籍的价值，对古汉语内部材料进行严谨的考证整理后，再与自己熟悉的其他语言进行比较（主要是藏语），内部证据与外部证据相互验证，使得结论更具有说服力。

一　古汉语虚词研究

俞敏关于古汉语虚词的研究始于1949年《汉语的"其"跟藏语的gji》，之后又发表了《汉藏虚字比较研究》（1984）。《经传释词札记》一书是他虚词研究的集大成之作。

清代王引之的《经传释词》奠定了古汉语虚词研究的基础。但由于主观和客观的原因，书中仍不免有一些纰缪。章炳麟、裴学海和孙经世等学者都作过订正和补充，黄侃、杨树达两位先生通读《经传释词》时也写过数百条批语。俞敏逐卷逐词地对《经传释词》一书进行了潜心的研究并匡缪正误，他遵循了原著的编排体例形成了《经传释词札记》一书。《经传释词札记》一书几乎逐词逐条地对《经传释词》中的观点进行了评论，或加以肯定、或加以引申、或予以拨正，对"与"、"爱"、"于"等

---

① 参见洪波、关键《建国以来古汉语语法研究的反思和创新》，载袁晓园主编《中国语言学发展方向》，光明日报出版社1989年版，第114—127页。

② 洪波、关键：《建国以来古汉语语法研究的反思和创新》，载袁晓园主编《中国语言学发展方向》，光明日报出版社1989年版，第114—127页。

虚词提出了自己独到的见解。

在对王氏的虚词研究进行评判的同时，俞敏形成了自己研究虚词的独特方法，即运用藏语语法、梵文和拉丁文的文法、现代语音学知识和北京口语及各地方言等来研究古汉语虚词。他在古虚词研究中之所以取得如此卓越的成绩，其重要原因就在于他突破了传统语言学仅依靠汉语古文献内部证据的局限，将藏语语法作为重要旁证，借鉴英、俄、德等语言的语法和拉丁、梵文的文法及各地方言的语法，并利用语流音变研究古汉语虚词，从而为古汉语虚词研究提供了新的路向。

（一）运用藏语语法来研究古汉语虚词

俞敏认为藏语与汉语属于同一语系，所提供的证据要比非同系语言的说服力要强得多，所以主张以藏语语法作为古汉语虚词研究的主要旁证。他于1949年发表的《汉语的"其"跟藏语的gji》是利用藏文献研究古汉语虚词的第一篇文章。之后的《汉藏虚字比较研究》更是对30多对虚词进行比较，在《经传释词札记》中，他仍然主要以藏语语法研究古汉语虚词。

例如，王引之提出："'焉'犹'是'也。……《诗·防有鹊巢》曰：'谁侜予美，心焉忉忉。'言'心是忉忉'也。"俞敏不赞同该观点，并运用藏语语法对此作出了新的解释：

> "心焉忉忉"是汉藏母语语序。平常写"忉忉于心"，用藏语说是 sems la bdeba myed；sems 就是"心"，la 就是"于"。"心焉数之"就是"数之于心"。"必大焉先"就是"必先于大者"。……这一条不成立。①

再如，王氏指出："或，语助也。……亦谓语助之'有'，无意义也。"俞敏运用藏语语法对此做了解释。

> 这是个词头，藏文叫添前字。它一般地加一些语法意义，象自动和使动，未完和完成这类范畴。《诗》的"燕燕于飞"，《吕氏春秋·音初》作"燕燕往飞"，那么先秦人不认为它"无意义"了。写

---

① 俞敏：《经传释词札记》，湖南教育出版社1987年版，第7页。

"或"是因为底下有塞音。①

(二) 运用梵文和拉丁文文法来研究虚词

清代以前的学者都立足于汉语内部证据进行虚词的研究。近代的虚词研究是在西方语法学影响下进行的,吸收西方语法学关于词类和句子成分、结构和结构关系的理论,使传统的辞例式虚词研究成为一种现代语言学意义上的自觉的关系词、功能词研究②。马建忠等学者以英、法、拉丁文法为旁证对古汉语虚词进行分类及用法进行解释,为古汉语虚词研究提供了新的材料和方法,开启了古汉语虚词研究的新局面。

俞敏虽主张运用藏语语法来研究古汉语虚词最有说服力,但也并不排斥运用其他语系的语言作为虚词研究的旁证。他认为马建忠等学者所借鉴的外语语法都受拉丁语法影响,范围较窄,所以又扩充了梵文、俄语、德语和日语等语言的语法进行参照,来考察古汉语虚词的用法和意义。

王引之指出:"与,犹'以'也。"俞敏运用了英语和梵文对此来进行解释:

> 近代山东方言有"以"、"与"混乱的。……王氏认为"与"等于"和",跟"以"等于"用"不一样。其实英语的 with 这个介词既可以当"和"讲,比方 I came here with my brother,又可以当"用"讲,比方 I cut it with my knife;俄语的 co 也差不多,"和"倒是主要意思。梵文的具声,顾名思义,当"用"讲。惠特尼(Whitney)氏书 279 说:"工具格常用来表达伴同的意思;比如 agnir devebhir ā gamat(梨俱吠陀) 愿火神和神们一块儿到这儿来。"③

王氏在"目、以、已"词条中赞同《汉书·刘向传注》的"目,由也"。俞敏参考了古印欧语和拉丁语的语法特点指出该义项没有必要分出。

---

① 俞敏:《经传释词札记》,湖南教育出版社 1987 年版,第 49 页。
② 林归思:《古汉语虚词的研究传统及其变革》,《古汉语研究》1990 年第 4 期。
③ 俞敏:《经传释词札记》,湖南教育出版社 1987 年版,第 1—2 页。

第八章　汉语语法研究　175

其实在古印欧语里具声跟因声（ablativus），也叫离声，就是"剪不断、理还乱"。惠特尼（Whitney）书283 a说："……具声用得跟因声互换；比如……sa tayā vyayujyata（摩诃波罗多）他被从她分开了。"到经典拉丁，一个名词最多有六个格，工具格合并到离格里去了，所以既可有moribus suis 由于他们的习俗，又可以有gladiis partem eorum interfeceruent，用剑把他们的一部分杀了：moribus跟gladiis都是离格。①

在"其"词条中，俞敏引梵文语法肯定了王引之"其，犹'将'也"的观点。

惠特尼《梵文法》(2版574节)说："虚拟式……留下两个残余：用它的第一人称表达一种祈使口气……。"王氏原引的"予其……"正好是用第一身虚拟口气表达自己命令自己也就是下了决心的口气。②

在"与"词条中，俞敏赞成王引之"与，犹为也。（"为"去声）"的观点，并通过与拉丁语的比较对其解释得极为清楚，同时也用到了北京口语作为旁证。

北京口语甲作事乙食果用"给"，比方"我给你满上酒"。在印欧语里用"与格"casus dativus。"与"正是拉丁do的正确翻译，dativus本来从do（dare）派生。③

在"为"词条中，俞敏运用了德语和北京口语对"为"、"曰"的关系进行了解释，并指出古汉语虚词研究中"甲，乙也；乙，丙也"的释词方法存在一定的问题。

"为"是德语sein，"曰"是heissen，在某些上下文里可以换用。

---

① 俞敏：《经传释词札记》，湖南教育出版社1987年版，第3—4页。
② 同上书，第83页。
③ 同上书，第3页。

"一曰乾豆"可以译成 Der erste Gebrauch ist fuer den Schinkenschuessel,改用 heisst 也凑合。北京口语"为"是"是","曰"是"叫"。"他是我哥哥"可不许说"他叫我哥哥(这一来他成了我弟弟了)。"这种"甲乙也"、"乙丙也"并不是妥当的方法。①

(三) 运用现代语音学知识研究虚词

王引之以古音为线索推求虚词的用法和意义,以古音为线索打破字形的蔽障,是虚词研究的重要一环。在此基础之上,俞敏运用梵汉对音和汉藏比较来探求汉语的语音特点,借鉴梵文和藏语中的语流音变对王氏的"声近义通"等含糊说法进行了精确的语音分析。

王氏在"盍、盖、阖"条,提出"阖不,何不也。'盍'为'何不'而又为'何','曷'为'何'而又为'何不',声近而义通也……学者失其义久矣"。俞敏运用语流音变对王氏的"声近义通"做了详细的解释。

[ga]底下加上[pwu]成了[gapwu],后来把第二个音节的元音丢了,就成了[gap]……[wu]经过[uː]寄生了[i]成[iu]。用汉字写就是"胡"+"不"等于"盍"。"盍不"是两个音节连着念,第一个音节末尾受下音节头上影响产生了一个寄生塞音。后汉人念佛经,照梵文规矩,在 namas(皈依、礼拜)后头有浊音的时候,-as 变-o,译成"南无",也就是 nammo。第一个音节末尾也有寄生音。日本释明觉《悉昙要诀》说:"连声之法,以下字头音为上字终响也",正可以作极好的说明。王不懂这种语音演变的规律,只能用含糊的"声近而义通"来作解释……。②

王氏"《尔雅》曰:'爰,曰也。''曰'与'日欠'同,字或作'聿',……'聿''爰'一声之转。"俞敏对王氏的"一声之转"进行了辩证的考察。

---

① 俞敏:《经传释词札记》,湖南教育出版社 1987 年版,第 27 页。
② 同上书,第 60 页。

《般舟三昧经》"曰"对 hoḍ。……支谦把 pūrva(vi) deha 译成"弗于逮",说明后汉人"于"念 va。……《释文》说:"是月……一音'徒兮反'"。这个音是中古 dei,可以比藏语的 de。va + d = vad(va 容易平化为 o,所以有人把 [hoḍ] 译作"曰")。这就是"曰"。咱们可以说"曰"是"于是"压缩成的。"于是"跟"于焉"是同义语,可不能说"一声之转"。一声之转用滥了就拦不住人愣让"郑板桥"转"猪八戒",那就天下大乱了。①

王氏指出盍"字亦作'盖'……《庄子·养生主》篇曰:'善哉!技盖至此乎?'言技之善何至于此也。《秦策》曰:'势位富贵,盖可忽乎哉!'言'何可忽'也。"俞敏举了大量梵汉对音的例子来考察王氏观点存在的问题。

后汉支谶译《道行般若经》把 ābhāsvara 写成"阿会(bhās > bās > vās)"……昙果译《中本起经》把 aśvapastya 写成"頞陛"。支谶译《道行般若经》把 sudṛś = 巴利文 sudas 写成"须萝"。这些都说明"祭"部字多数收 –as。这 –as 也许 < –ads,好象 Roerich 在 The Tibetan Dialect of lahul《拉合尔藏方言》里指出的。–s 到后来变 i(这在藏语常见),就成今音。照这个理推,"盖"应该是 kads > kai,正好等于"胡"+"以"。上头两句引文换上"何以",都比王说妥当。②

关于"言"的解释,俞敏先利用梵汉对音将"言"、"焉"和"然"的后汉音分别拟为 ñyan、yan 和 ñan。然后进一步解释:

在方音不正,或是口传失真的时候,ñyan 与 ñan 相混可太容易了。比方"儿"声的字就有"倪",五鸡切。在"焉"前头那个音节用 –n̄ 收尾的时候,挪过来一半儿 n̄ 音就成"言"ñyan 了。梵文的规矩,在短元音后头的 ñ、n 收尾音遇上下一个音节用元音开头的时候,照例

---

① 俞敏:《经传释词札记》,湖南教育出版社 1987 年版,第 19—20 页。
② 同上书,第 61 页。

写两次，比方：atiṣṭhan + atra——atiṣṭhannatra。前头的音节的n挪下来以后"久假不归"的例子也有。像英语的nick‐name，newt，本来是中古英语eke‐name，ewte，那n是从冠词an上挪下来的。在y前头n跟ñ相混也极容易。……要说yan表示"就"、"于是"，那么ñ干什么用也该有个交代。这个ñ一点儿也不神秘：它就是"我"、"吾"的开头辅音，言ñyan是"我+焉"ñal + yan压缩成的！①

（四）运用北京口语和各地方言来研究古虚词

俞敏精通多种汉语方言，发现方言中的一些虚词的用法可以更好地对古汉语虚词进行解释，所以在研究中大量运用了北京口语、闽方言、粤方言、吴方言和客家方言等各地方言的语法，使得人们更容易理解这些古虚词的用法和意义。例如：

他利用北京口语对王引之提出"苟，且也"的观点作出了进一步的解释：

> "苟且"可以连用，如同北京口语"凑合着"。下文引的"君子于役，苟无饥渴"就是"凑合着别饿着渴着"。②

他运用闽南话对"黄鸟于飞"和"也，犹矣也"两句分别作出了科学的解释：

> "于"就是闽南话te?，平常写"在"。"黄鸟于飞"就是"黄鸟正在飞"，……"王于兴师"就是"王正在兴师"，"王于出征"就是"王正在出征"。③

> 《水浒》"智取生辰纲"里有"倒也！倒也！"正是"倒矣！倒矣！"闽南话说："只顶脚踏车倒落去也"（一辆自行车倒下了），也用"也"代"矣"。④

---

① 俞敏：《经传释词札记》，湖南教育出版社1987年版，第70—71页。
② 同上书，第93页。
③ 同上书，第13页。
④ 同上书，第65页。

他以广州话、客家话和闽南话的语法现象为证,指出"吾令实过,悔之何及?多遗秦禽"(《左传》)一句中的"遗"应是"给"之意。

广州话让人打说"俾人打",客家话说"分 [pun] 人打",闽南话说"与侬拍",都用当"给"讲的字构成表被动的句子。[1]

王引之提出"为,犹与也"。俞敏运用北京口语、客家话、山东话和广东话的语法指出王氏所列的证据缺乏说服力。

"与"只有两个翻法,一是北京话的"和"、"跟";二是"给"。从王引《孟子》看,他用的是前一个。"为"本是与格。……北京口语说:"我跟你说",客家人说"偓同女讲",闽南人说"我及汝讲"都等于"与"(和)。山东人说"我给你说"或是"我说给你",广东人说"我话你听"等于与格。从古汉语说,也明摆着有两套习惯。除了"得之为有财"以外,剩下的证据都不够硬,禁不住推敲。[2]

王氏指出"哉,问词也"。俞敏指出该句"问"的口气是"何"字表达的,跟"哉"没有关系。

现代吴方言好说"来哉!""弗好哉!"就是下文说的"哉,叹词也"、"哉犹矣也"。除了赌气反问,问句并不用"哉"。[3]

(五)综合运用各种方法

事实上,在具体虚词研究中,俞敏常常是将多种方法结合在一起进行的。如"恶、乌"词条:"恶犹安也;何也。字亦写作乌。"

周金文原来只用"叚"。……字只作"叚",音在鱼部。"何"

---

[1] 俞敏:《经传释词札记》,湖南教育出版社1987年版,第164页。
[2] 同上书,第30页。
[3] 同上书,第144页。

字从来没见过。到石鼓才有"可以橐之",音在歌部。和藏语比,叚、遐、瑕跟ga相当。何跟gala、garu(＞gal,gar) 相当。"恶"大约是"叚"脱落声母的形式,也许是"安"失去韵尾的形式,象北京口语的"哪里",正好是ga。"何"是gal,正好是"在哪里"。"安"、"焉"是两个字写一个语素,也是"在哪儿"。说"恶本训何"应该说"恶本训'何以包之?'的'何'",北京口语"什么、哪里"。用一个词表达这两个意思,正好象拉丁qui是"什么",它的离格(casus ablativus)是qua"哪里、在哪里"。"恶"是"哪里"。"恶乎"是"宾语"+动词,"乎"在后汉的音大约是[ɣa],……"于"大约代表[ɣwa]。"于"、"乎"换用,……。①

"由、犹、攸"字条说:"由以用一声之转,字或作犹,或作攸。"

"由"字《说文》不收。……由就是象胄形……胄古纽属"定"d。那么"由、犹、攸"就是du。藏语的du是后置词,意思是"在"、"到"。那么"兹犹"也可翻成adi du"于兹"。("之"念"兹",好象闽南话"知"说tsai。)②

王氏的鄉(音向)字条,"鄉犹方也,字亦作嚮"。俞敏运用北京口语、英语和俄语形象地道出了"向"的用法:

这两个字平常写"向",等于北京口语"擦黑儿"的"擦","傍晚儿"的"傍":是快到还没到的意思。……基本义是"正在",引申也可以当"将要"讲,正好象英语的 I'm going to tell you, 俄语 Я вам скажу,用现在时词形表示近将来一样。③

谢纪锋(2002)对该书给予了高度的评价:"因此可以说先生的大作《经传释词札记》,是在高峰上矗立的高峰,恐怕在百年内是不可企及和

---

① 俞敏:《经传释词札记》,湖南教育出版社1987年版,第55—56页。
② 同上书,第7页。
③ 同上书,第63页。

跨越的。"①

我们可以借鉴梁启超评价乾嘉学派的一段话来评价俞敏的虚词研究："然则诸公曷为能有此成绩耶？一言以蔽之曰：用科学的方法而已。试细读王氏父子之著述，最能表现此等精神。"②《经传释词札记》一书最精粹、最为后人所称道者恐怕莫过于它在虚词研究方法上体现出的科学性。

二 古汉语形态研究

在古汉语形态方面，俞敏对形位（morpheme）和词根内部形式的交替两种现象进行了研究。在具体研究中，他坚持"先次卜辞彝铭之文，而以经籍殿之。暴述语变小记（Patterns of Derivation in Archaic Chinese）即宗斯义"③。在收集了丰富经籍材料的前提下，他主要通过与藏语的比较揭示出古汉语的形态特点，有些现象在各方言中还可找到痕迹，使得结论建立在坚实的基础之上。

（一）前缀、后缀

他（1984）在研究古汉语虚词时提出古汉语存在字以下的形位（morpheme），即那些被方块汉字形式掩盖住的上古的前缀、后缀，所以他以藏语为出发点来考察汉藏两种语言的虚词对应关系，将汉语里让汉字掩盖住的词缀现象体现出来。他提出古汉语存在着与藏语相似的添前字和添后字，即所谓的前缀与后缀，前缀如 b-、m-、d-、r-、a- 和 s- 等，后缀如 -ka、-kʻa、-ga、-pa、-pʻa、-ba 和 -s 等。

1. 前缀

（1）b-。

俞敏认同沃尔芬登的研究，认为 b- 代表重说主词的添前字，与引导字一起用在及物动词之前。他指出《诗经》里很多"不"字没有否定的意思，如"徒御不警，大庖不盈"（《车攻篇》），《毛传》："不警，警也。不盈，盈也。"古文献中还有"万民是不承"、"先君若有知也，不尚取之"、"其丽不亿"，等等。

沃尔芬登用下面的图来解释 b̩ 的用法：

---

① 谢纪锋：《俞敏先生语法研究成就简评》，《贵州大学学报》（社会科学版）2002 年第 2 期。
② 梁启超：《清代学术概论》，商务印书馆 1921 年版，第 74 页。
③ 俞敏：《论古韵合帖屑没曷五部之通转》，《燕京学报》1948 年第 34 期。

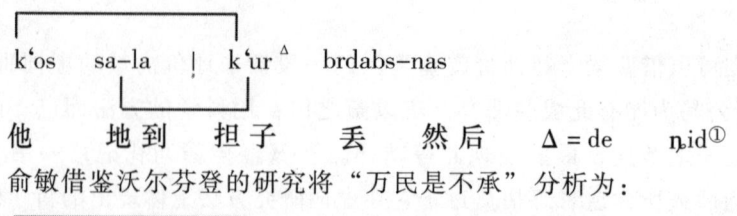

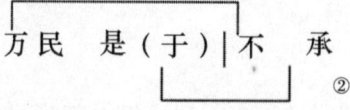

```
  ┌─────────┐ ┌──────────┐
k'os  sa-la │ k'ur^Δ  brdabs-nas
 他   地 到   担子    丢    然后      Δ = de   ȵid①
```

俞敏借鉴沃尔芬登的研究将"万民是不承"分析为:

```
         ┌─────┐
万民  是（于）│ 不  承
                      ②
```

（2）m-。

俞敏指出它与汉语"无"的用法相对应，表示与 ḅ 相同的功能，不同之处在于 m- 可以单用，用于不及物动词之前。如"无念尔祖"等。

此外，m- 还有作为名词词缀的功能。如他对"令命"的考察，通过对大量古文献的考察，俞敏提出殷末周初时期只有"令"字，该字有动词和名词两种用法，例如："贞王大令众人"中的"令"是一个动词；"贞有令于弘"中的"令"是一个名词。有时在同一篇文章里就存在两种用法。例如：

《矢彝》"王令周公子明僳尹三吏三方……丁亥令矢告于周公官……公令佣同卿事寮……明公朝至于成周佣令……舍三事令"，《孟鼎》"王方宗周，令盂……受天有大令……我闻殷述令"。③

最初，"令"一个形体代表两种用法，而后，又造出了"命"字，到了东周时期，"命"、"令"的形体已经分配完成：

"令"代表那"动字"，"命"代表"名字"，跟现在人一样。最清楚的是《孟子》"齐景公曰：'既不能令，又不受命'"这句。咱可以说，令代表 lıɛn，命代表 mlıɛn。所以分化，因为意义变了。分化

---

① 俞敏：《汉藏虚字比较研究》，载俞敏《俞敏语言学论文集》，商务印书馆1999年版，第121—166页。
② 同上。
③ 同上。

的方式呢，加添前字 m -。①

与"令命"相同的还有"卯刘"、"来麦"二例。

2. 后缀

（1）- ka、- kʻa、- ga。

关于藏语的添后字 - ka、- kʻa、- ga，他指出有两种用法分别与古汉语的"个、介、价"等相对应②：第一种是用在数目字后头，如"gn̪is ka 俩、gsum ka 三"，在汉语古文献中"个、介"亦存在该种用法。如"一个臣（《大学》）、一介臣（《书·秦誓》）"；第二种是用到规定别人的字后头。如"tadka 前头、adika 这儿"，汉语中存在与之相对应的用法。如"一会家、慢慢价"。

（2）- pa、- ba、- pʻa。

他指出藏语的添后字 - pa、- ba、- pʻa 有两种用法与汉语中"巴、夫"等相对应③。- pa、- ba、- pʻa 的第一种用法是用到所有动词后头。例如，"bstadpa 赞美、abjuŋba 生"；汉语口语中有"脱巴脱巴、卷巴卷巴、试巴试巴"等，都有"好好歹歹"或"试"的意思。第二种用法是用在实物字（substantive）里面，这里分为两种情况：一是跟某一种东西或者事情有关系的人，例如，"rta 马——rtaba 马夫，gru 船——gruba 船夫"，古汉语中有"射夫、儒夫"等与之对应；二是加在任何事物的名字或品德后面，如"rkaŋpa 身体、ʑimpa 甜"，汉语方言中有"脚巴丫儿（京）、盐巴（四川）"等与之对应。

（二）词根内部语音交替

俞敏（1948，1984）认为古汉语语音内部的交替（如韵尾、介音和声母的相互交替）是派生新词的手段，并提出了 11 种古汉语派生新词的模式。他在《论古韵合帖屑没曷五部之通转》（1948）一文中主要提出了先秦"合帖"两部的动词、形容词加一个舌尖的收尾音就可以派生出"屑没曷"三部的名词来，并以此说明古音中的"通转"其实是古汉语派

---

① 俞敏：《汉藏虚字比较研究》，载俞敏《俞敏语言学论文集》，商务印书馆 1999 年版，第 121—166 页。

② 俞敏拟"个"的《切韵》音为 kɒ，《诗经》音为 kad，亦写为"箇"，《诗经》音为 ka，"介"《诗经》音为 kɐd，"家、价"《诗经》音为 ka。

③ 俞敏拟"夫"的《切韵》音为 pɪwo，bɪwo，《诗经》音为 pɪa，bɪa，相当于藏语 pa，ba。

生新词的一种模式。

> 今所论次，宗牟章之说，以音转为新语孳乳之管辖。凡字之在合怗二部者命之曰根，根语之义，皆表德业之语；其用于句中，相当于印欧语之动词（verb）及数词（numeral）。于根语之尾，附以添尾词（suffix），遂迻而入屑没曷部，大致皆表实之语，当于印欧之名词（noun）者也。其接尾之词，究当何若，非所能详。要之，苟合于德业：实 = -p：-d(此姑就高氏所说，实则上古尾音性能，今尚难明。凡下文用 -p，兼有 -p-b，用 -d，兼有 -t-d二解) 之式，即可知其同根。①

在该文中，他一共列举了18组例子加以证明"合怗"两部的词可以派生出"屑没曷"三部的名词。如"盍"（-p）与"盖"（-d）：

> 先秦文字中有盍盖二字。《说文》云："盍覆也。" 西人所谓动词也。经传通作阖。藏语 dgab，又 gyab。盖者，《左传》云，"乃祖吾离被苫盖，"又云"能投盖于稷门"，名词也。藏语 gcod。盍《广韵》"胡腊切"。盖有"古太，古盍，胡腊"三切。上古音盍 gap，盖 kad，kap，gap。其作 gap 者即与盍同矣。
>
> 先秦有疑词何，与不字连用者则为盍，急言故也。《尔雅释言郭注》云："盍，何不也。"案：何上古音 ga，不上古音 pǐuəg，急言为 gap，故以盍字表之。
>
> 盍者，如西人言动词，盖则名词。其语本由盍孳乳，故其字亦以表 gap 音。《墨子》云："则盖尝鉴之于智伯之事乎？"又云："盖尝尚观于圣王之事？"盖字皆《尔雅》之"盍"。《孟子》云："则盍反其本矣"，又云："盖亦反其本矣"，二语大同。《礼记·檀弓》"子盖言子之志于公乎？" 与《论语》"盍各言尔志"亦同。故《檀弓》"子盖行乎"《释文》云："盖，依注音盍，胡腊反，下同；何不也。"②

---

① 俞敏：《论古韵合怗屑没曷五部之通转》，《燕京学报》1948年第34期。
② 同上。

而后，他的《古汉语派生新词的模式》（1984/1999）一文继续探讨了声母的交替、介音的交替和韵尾的交替。他将古汉语派生新词的征兆归结为：

> 本来只有一个语词，一般地说也只有一个形体。后来在第一阶段，新词派生了，新旧词合用一个形体。在第二阶段，有了两个形体了，可是分配不定，新形体也许记早出的语词。在第三阶段，两个形体分配定了。多一半儿是新形体表示新生的词。可是也有倒过来的。①

他一共提出了 11 组上古汉语新词派生的模式，可以分为 3 大类：介音的有无、声母的交替和韵尾的交替。11 种派生模式见表 8.8。

表 8.8　　　　　　　古汉语新词的派生模式②

A_{10}	-ɸ- : -i-	罗名：罹动　隐动：稳形　勾动：句名　封动：邦名　终动：冬名
B_{25}	p- : b-	降自动：降使动　期动：期名　闲动：闲形　断动：断形　干名：扦动
C_4	kh- : g-	圈动：圈名　土名：斁动　坎名：陷动
D_6	kh- : x-	气名：氣名　虚形：墟名　考名：孝动　参名：三数
E_2	d- : t-	勺名：酌动　折动：折形
F_2	s- : j-	说动：说形　释动：释形
G_2	z- : j-	已名：已动　颂名：颂动
H_4	l- : m-	来动：麦名　令动：命动　卯动：卯名　繼动：蠻名
I_1	s- : l- : dz	史名使：吏动：事名
J_{18}	-b : -s	立动：位名　卅数：世名　盍动：盖名　合动：会名　泣动：泪名　接动：际名
K_1	-s : -n	尉动：尉名

（1）介音的有无。

该组中，他举出了 10 组例子加以说明。例如：

---

① 俞敏：《古汉语派生新词的模式》，载俞敏《俞敏语言学论文集》，商务印书馆 1999 年版，第 300—342 页。

② 表格第一列字母下标数字为俞敏所举的例子数目。第三列中的下标为分化后各词的词性。

"罗：离䍡"，俞敏据《礼记·月令》中："田猎：罝，罘，罗，网。"指出"罗"是个名词，并用梵汉对音将其后汉音拟为 la。而后，派生出一个动词，"遭罗网，被禽"之意，有《汉书·于定国传》的例子为证："其父于公为县狱史，郡决曹。决狱平。罗文法者，于公所决，皆不恨。"他根据梵汉对音证实提出动词的"罗"含有 −ɤ−介音。第一阶段，还没造新形体，只用"罗"兼职，或是写"离"字。如《管子·重令》："犯难离患而不辞死。"第二个阶段，为区别，分化出一个"䍡"。因为分配不定，也有用它写名词的。如《诗·小雅·斯干》"无父母诒䍡"。最后两个形体分配定了，"罗"代表名词，"䍡"代表动词。如《诗·兔爰》："雉䍡于罗。"

这是由无介音的名词"罗"而派生出有介音的动词"䍡"。有时，情况会相反，即有介音的派生出无介音的反挚生。如"终：冬"：

> 金文有个 ∩ 字。……从上往下看，就看见 ʊ 形。这是象"终了"的形。铜器《殳季良父壶》作 ∩，魏三体石经作 ∩。这个字后来复杂化了。《说文·糸部》说："⿱ 古文'终'。"这个在《书·大诰》"予曷其不于前宁𠂹人图功攸终？"里用过的词是个动词：这从它前头有"攸"可以证明。最古的文献像《易·上下经》的"有攸往"，《书·大诰》的"若涉渊水，予惟往求朕攸济……"都可以说明。这个词是 −ɤ− 型的。……

> 从动词派生出来的是名词"冬"，这是 −ø− 型的。要论记录，它早就出现了。

> 到《诗·葛屦》说："冬之夜。"它就有专用的字了。①

关于 ɤ 介音派生新词的情况，俞敏（1984/1999）指出我们可以参考西门华德（W. Simon）的观点，即"假定藏文鼻塞音后头的 r 后来都经过易位成了添头字了"。② 1989 年，他在《汉藏同源字谱稿》中正式提出

---

① 俞敏：《古汉语派生新词的模式》，载俞敏《俞敏语言学论文集》，商务印书馆 1999 年版，第 300—342 页。

② 同上。

"r能影响后头的音节增加i类介音"①。

（2）声母的交替。

该类包括"p-：b-"、"kh-：g-"、"kh-：x-"、"d-：t-"、"s-：j-"、"z-：j-"、"l-：m-"、"s-：l-：dz"八组语音交替。如"谛"与"禘"是t-型动词孳生出d-型名词：

>　　《说文》、《方言》都说："谛，审也。"《关尹子·九药篇》说："谛豪末者不见天地之大。"这是t-型的动词。
>
>　　后来派生出来一个"禘"，是d-型的动词和名词。段玉裁注"禘"字说："经言'吉禘于庄公'，传言'禘于武公'……皆专祭一公，僭用'禘'名，非成王赐鲁重祭周公得用禘礼之意也。昭穆固有定，曷为审谛而定之也？禘必群庙之主皆合食，恐有如夏父弗忌之逆祀犯乱昭穆者，则顺祀之也。"这里说"禘"的语源很清楚。所以《说文》说"禘，谛祭也。"这是个d-型的名词。②

俞敏指出"谛"、"禘"的孳生方向是清辅音孳生浊辅音，而"断"是由d-型孳生出t-型，孳生方向与前者相反。"断"：

>　　这是个d-型的动词。《韩非子·显学》说："水击鹄雁，陆断驹马。"都是截断的意思。《墨子》兵法里斩首也叫"断"。《号令》篇说："昏鼓，鼓十。诸门亭皆闭之。行者，断……夕有号。失号，断。"
>
>　　段玉裁注"断"字说："会意。徒玩切…《广韵》徒管切。"又说："今人断物读上声，物已断读去声。引申之义决断。读丁贯切。"
>
>　　决断的词，像《礼记·乐记》说："临事而断。"《史记·李斯传》说："断而敢行。"这是t-型的形容词。③

---

①　俞敏：《汉藏同源字谱稿》，载俞敏《俞敏语言学论文集》，商务印书馆1999年版，第63—120页。

②　俞敏：《古汉语派生新词的模式》，载俞敏《俞敏语言学论文集》，商务印书馆1999年版，第300—342页。

③　同上。

这一组的新字始终没有分化出来。

关于"p-：b-"与"kh-和g-"两组的语音交替出现的原因，俞敏指出这一组中较早的词大部分以清音为首，而新派生出来的词则以浊音为首，根据藏语的mken和mkhen，推测汉语中应该有个浊音词头m，在使用过程中，词头m磨掉，致使清辅音浊化。

在"l-：m-"组中，l-是动词，m-是名词。他认为声母l-：m-的交替就是由词头ml->m-来实现的。"l-音前头加m词头是派生新词的一种模式。ml-连音，l常叫m吞了，变成个象i的音。"①

他在《汉藏同源字谱稿》（1989）中进一步指出了几条音变规律："1. b、d、m能影响后头的辅音变浊；2. s能影响后头的辅音变送气或擦（这是梅祖麟世兄见教的）；3. a能影响后头的主元音变开。"②

（三）韵尾的交替

该类包括"-b：-s"和"-s：-n"两组。关于"-b：-s"的交替，俞敏在《论古韵合帖屑没曷五部之通转》一文列举了18组例子，其中提及的"立：位"在1991年的《汉藏文献学相互为用一例》一文中又作了详细的论述。他首先举出了文献中"立位同字"观点的例子：

《周礼·小宗伯》："掌建国之神位。"郑注说："故书'位'作'立'。郑司农云：'立'读为'位'。古者'立'、'位'同字。古文《春秋经》'公即位'为'公即立'。"③

然后他从利用文献、铜器及石经对这一观点进行验证。

《书·顾命》："一人冕执刘，立于东堂。"动词。

《书·盘庚上》："由乃在位。"名词。

《毛公鼎》说："䰩朕立……余一人在立。"《番生毁》说："嬰王立。"从这两件铜器用字可以证明：a）西周金文的确用一个字代表

---

① 俞敏：《古汉语派生新词的模式》，载俞敏《俞敏语言学论文集》，商务印书馆1999年版，第300—342页。
② 俞敏：《汉藏同源字谱稿》，载俞敏《俞敏语言学论文集》，商务印书馆1999年版，第63—120页。
③ 俞敏：《汉藏文献学相互为用一例》，《语言研究》1991年第1期。

立、位两个词。b)《盘庚》的"由乃"是一个字抄成两个，原来是《说文·丂部》的"粤"，普丁切，也就是《左传》哀十六年的"俾屏余一人以在位"的"屏"字。

不光是铜器。孙海波的《魏三字石经集录》（39页）收的古文《春秋》文元年"公即立"明明存在。这说明《周礼·注》的话是可靠的。还不光是石经。《论语·卫灵公》："臧文仲其窃位者与？知柳下惠之贤而不与立也"的"立"也是"位"。请看俞樾《古书疑义举例》一。①

俞樾指出"不与立"即"不与位"，二者异文而同义。俞敏支持"古者立位同字"的观点。然后他开始利用藏语来分析动词"立"是分化出名词"位"的音变过程。

> 格西曲札《藏文词典》lab 下注"说话"。labs 下注"已说话……告诉……"。……比照这个例，古藏文动词 slebpa 是"到"。加个后缀 -s 变成 slebs 是过去式（其实该叫完成体）。slebs 也是名词"进度"，也就是"到达"的"位"。s- 加在 l- 前头，好像卜辞用 𤇾 表示"使"（事），后来在金文里又念"吏"一样。咱们可以设想：slebs 收尾音逆同化成 *sleds→sles→slei，这就是"位"的韵了。照 Roerich 的 The Tibetan Dialect of Lahul 说，现代书面藏语的 -s 一部分是从 -ds 变来的。现代藏方言里 -s 常变 -i，比方 dbus 在《西游记》高老庄一节里还叫"乌斯（藏）"，到明朝后半就写"卫"。这就是 us→ui。②

藏文的 slebs 既代表动词义"到"的过去式，又代表名词义的"位"。俞敏设想的音变过程在藏语和汉文献记载中都得到了印证。在汉文献中关于"立"、"位"读音也体现了这一音变过程，与藏语相互印证：《广韵》中"立"是"力至切"，为 -b 尾③；"位"在上古汉语时期属于"物"

---

① 俞敏：《汉藏文献学相互为用一例》，《语言研究》1991年第1期。
② 同上。
③ 该处按俞敏拟音体系，入声为浊塞 -b、-d、-g。

韵，为 -d 尾，他利用梵汉对音材料指出"位"在后汉是 vri，已经变为 -i 尾，《广韵》中为"于愧切"。

最后，他提出了动词"立"分化出名词"位"的过程：

1. 先有动词 -b，动词以外的只是极零星的；
2. 它的完成体是 -bs→ -ds→ -s→ -i；
3. 这个 -i 形式常产生名词；
4. 在最初，经常用一个字记两个词；
5. 后来孳乳出新字来了。①

动词的完成体是 -bs 尾，该完成体形式变成 -ds 尾，是变为 -i 形式后才有名词的用法，刚开始时一字记两词，后来产生新字，明确分工。他对 "-b：-s"作出了更为合理的解释，并将整个音变过程描述出来。在该文中，他又通过汉藏比较对"泪、类、合、枼"等词进行研究，印证了该种音变的科学性。

俞敏提出的三大类十一组模式是对传统小学家"通转"说的发展，在具体研究中"摒弃传统小学家的同族孳乳、音随义转、韵部通转等扑朔迷离的概念，代之以对派生新词的意义、语音、形体的具体描述，代之以新词产生、形体定型化的时代的可信判断"②。

虽然他并没有明确地提出这些语音交替形式体现的是古汉语的形态，也没有为这些语音交替总结出统一的形态功能，但他列出的例证大部分都涉及了词性的转变。例如："罗"为名词，"离"为动词，二者区别在于有无介音；"披"为动词，"被"为名词，声母为"kh-"与"g-"的交替；"刘"为动词，"卯"为名词，声母为"l-"与"m-"的交替；"立"为动词，"位"为名词，为韵尾"-b：-s"的交替；等等。他的研究为古汉语存在形态提供了丰富的材料。

在古汉语的形态研究方面，较早得到关注的是声调。周祖谟（1946/1966）较早将声调交替为特征的四声别义看作类同于印欧语言形态的变

---

① 俞敏：《汉藏文献学相互为用一例》，《语言研究》1991 年第 1 期。
② 谢纪锋：《〈中国语文学论文选〉读后》，《语文研究》1986 年第 8 期。

化①。梅祖麟（1980）将四声别义看作是古代汉语的一种构词方式②。关于词根内部语音的交替，王力（1965/1982）指出上古汉语自动和使动的配对主要是通过声调、声母和韵母变化来完成的③。潘悟云（1991）在研究中讨论了上古汉语浊声母表自动，清声母表使动④。吴安其（1996）提出以声母清浊交替表示自动和使动的对立或使名词成为动词，在古汉语中的存在是确定无疑的⑤。金理新（2005）提出上古汉语声母的清浊与动词的体关系密切，动词未完成体是清辅音声母，动词的完成体为浊辅音声母⑥。

关于俞敏提及的 m - 前缀的名物化功能，梅祖麟（1992）也赞同 *m - 是名词化的词头⑦。金理新（1999）指出上古汉语鼻音前缀 * m - 具有构成肢体名词的语法构词功能⑧。之后，他在《上古汉语 * m - 前缀的意义》（2005）一文中指出前缀 * m - 除了具有构成肢体名词的功能外，还肯定了俞敏提出的 m - 前缀的名物化功能，并补充了"昂、缪、乐"等例子，他在研究中还指出了该前缀的动词和形容词功能⑨。吴安其（2002）指出从汉语的谐声材料看，上古汉语的 * m - 前缀主要放在形容词和动词前⑩。可见，上古汉语有 * m - 前缀基本上已达成共识。

三 古汉语句法研究

俞敏利用汉藏比较对上古汉语的句法进行了研究，提出上古汉语的语序是 SOV 型；在偏正结构中，中心语在前，而修饰语在后。

（一）中心语位于修饰语之前

俞敏在《汉藏两族人和话同源探索》（1980）中指出周朝的作品中有

---

① 周祖谟：《四声别义释例》，载周祖谟《问学集》，中华书局1966年版，第81—119页。
② 梅祖麟：《四声别义中的时间层次》，《中国语文》1980年第6期。
③ 王力：《古汉语自动词和使动词的配对》，载王力《龙虫并雕斋文集》，中华书局1982年版，第11—29页。
④ 潘悟云：《上古汉语使动词的屈折形式》，《温州师范学院学报》（哲学社会科学版）1991年第2期。
⑤ 吴安其：《与亲属语相近的上古汉语的使动形态》，《民族语文》1996年第6期。
⑥ 金理新：《上古汉语声母清浊交替和动词的体》，《语文研究》2005年第4期。
⑦ 梅祖麟：《汉藏语的"岁、越"、"遗（旋）、圜"及其相关问题》，《中国语文》1992年第5期。
⑧ 金理新：《汉藏语的肢体名词前缀 * m -》，《温州师范学院学报》（哲学社会科学版）1999年第1期。
⑨ 金理新：《上古汉语 * m - 前缀的意义》，《语言研究》2005年第1期。
⑩ 吴安其：《汉藏语同源研究》，中央民族大学出版社2002年版，第102页。

更古语言的痕迹时就提过古汉语里有更古的词序的痕迹，如"桑柔"、"周行"、"中林"、"中唐"、"区夏"等。在《汉藏语言比较学的过去和将来》（1986）一文又对这种现象加以论述。

  藏文中心语在前，修饰语在后，比方 khan chen 大房子，tslotdan anu 阿弩老师，gzu cig 一把弓。在古汉语里，咱们习惯的"柔桑"《诗》叫"桑柔"，"行周"《卷耳》叫"周行"（行是大路，卜辞作卝，《节南山》有"道周"）。跟"陈丞相"同结构的《书》叫"君奭"。数目词也放在后头，象"彤弓一、彤矢百"，见《王文侯之命》。①

（二）上古汉语语序为 SOV 型

  在《倒句探源》（1981）一文中，俞敏针对马建忠提出的止词置于动字前的观点进行了探讨②。他通过大量文献例证指出："马氏的两个条件——疑问、否定口气，代字作止词——看起来都不怎么可靠。要想把上头那些例子全包括进去，咱们就该说'止词因为强调放在前头'。询问代字本身常常就是强调的对象，所以它们老往句子头上窜。"③ 他从语用的角度对这一问题进行了解释，止词位于动词前是表述中强调所致。至于为什么位于动词前的止词中代词居多，他提出最好的办法是到同系的藏语中找答案。

  俞敏通过对古汉语和藏语的比较研究，指出藏语近指的代词 adi 相当于古汉语的"时"、"之"，而远指的 de，相当于古汉语的"是"、"寔"。然后，他指出了藏语的词序及 de 的作用。

  藏语的词序跟汉语不一样。他们把修饰语放在中心词后头，指名字放在最末了。比方底下这俩句子：

khartsaṅ yodpbai mi de ltas byuṅ（我瞧见昨日来的那个人来着）

rgyalpos skadcha yondan yodpa de thos nas（听见大王有理的话以

---

① 俞敏：《汉藏语言比较学的过去和将来》，《语文导报》1986 年第 10 期。
② 俞敏认为"宾语"意义比较复杂，所以该处使用了马建忠提出的"止语"。
③ 俞敏：《倒句探源》，《语言研究》1981 年第 1 期。

后……）

　　这种结构里用指名代字，不光为"指"。它还有把上文的语丛箍住的作用。比方第二个例子里的 skadcha 可以当"话"讲，yondan yodpa 可以当"学者"讲。倒底是几个单位呢？现在一看见 de，就知道它是一个单位。①

最后，他明确提出原始汉语和藏语一样是止词（宾语）在前，动词在后。频率高的代字比较保守，所以变化比较慢，所以在这种语序中代词占多数。

　　原始汉语跟藏语都保留汉藏母语的特点：止词在前，动字在后；中心词在前，修饰词在后。汉人入中土以后，也不知道为什么（受被征服的民族影响？），词序演变得颠倒过来了。只有在止词遇上强调的时候，老词序才保存下来。代字出现频率高，所以用代字的句子更保守。不光止词本身受这股保守力量影响，连它后头的修饰语（指名代字）也一块儿保存下来了！②

也就是说，他主张古汉语的前身本来是一种底层结构为 SOV 型的语言，后来才演变成为 SVO 型，而所谓的"倒置"现象，其实就是 SOV 型原始汉语的残迹。"在主张原始汉语是一种 SOV 型语言的学者里，俞敏先生恐怕是给以论证、并将这一观点提得最明确的第一人。"③ 冯胜利（1997）指出了 SOV 到 SVO 演变的次序："首先是实词的后移，其次是代词后移，再次是否定句中的代词的后移，最后以疑问代词的后移而告终。"④ 并进一步指出句法演变中重音转移的结果造成动宾倒置的消失，它代表和反映了汉语的 SVO 型韵律结构的壮大和发展⑤。

---

① 俞敏：《倒句探源》，《语言研究》1981 年第 1 期。
② 同上。
③ 冯胜利：《汉语的韵律、词法和句法》，北京大学出版社 1997 年版，第 112 页。
④ 同上书，第 115 页。
⑤ 同上书，第 106 页。

附录1 俞敏语言学著述目录

专著

1. 《现代汉语语法》（上册，与陆宗达合著），群众书店1954年版。
2. 《语法和作文》，中国青年出版社1955年版。
3. 《动词、名词、形容词》，新知识出版社1957年版。
4. 《经传释词札记》，湖南教育出版社1987年版。
5. 《中国语文学论文选》，日本光生馆1984年版。（以下简称G）
6. 《俞敏语言学论文集》，黑龙江人民出版社1989年版。（以下简称H）
7. 《俞敏语言学论文二集》，北京师范大学出版社1992年版。（以下简称B）
8. 《俞敏语言学论文集》，商务印书馆1999年版。（以下简称S）

主编教材

1. 《语音基础知识讲稿》（初稿），北京师范大学出版社1956年版。
2. 《语言学概论讲义》（初稿）（与黄智显合编），北京师范大学出版社1956年版。

学术论文、译文（*表示未发表于期刊，但收入俞敏语言学论文集的文章）

1. 《语言与文字的失真性与独立性》，《国文月刊》1946年第46期。（H）
2. 《认识和表达——孟子语法长编引论》，《国文月刊》1946年第35期。（H）
3. 《客家人学国音的错误倾向》，《国语通讯》1947年第1期。

4. 《论国语的人称代名词》,《国语通讯》1947 年第 3—4 期。(G)

5. 《论古韵合帖屑没曷五部之通转》,《燕京学报》1948 年第 34 期。(G)

6. 《古汉语里面的连音变读（sandhi）现象》,《燕京学报》1948 年第 35 期。(H, S)

7. 《万斤重的小毛锤》, 载倪海曙编《中国语文的新生》, 时代出版社 1949 年版。(H)

8. 《古汉语里的俚俗语源》,《燕京学报》1949 年第 36 期。(H)

9. 《释甥》,《燕京学报》1949 年第 36 期。(H)

10. 《评〈中国语言〉》,《燕京学报》1949 年第 36 期。(H)

11. 《汉语的"其"跟藏语的 gji》,《燕京学报》1949 年第 37 期。(G, S)

12. 《评〈语言与文化〉》,《燕京学报》1950 年第 38 期。(H)

13. 《释蚯蚓名义兼辨朐忍二字形声》,《国学季刊》1950 年第 1 期。(G, S)

14. 《什么叫一个词?》,《燕京学报》1951 年第 40 期。(H)

15. 《评〈北京话单音词词汇〉》,《燕京学报》1951 年第 40 期。(H)

16. 《说"跟"跟"和"》,《语文学习》1952 年第 2 期。(H)

17. 《使动词》,《语文学习》1952 年第 3 期。(H)

18. 《"了"跟"着"的用法》,《语文学习》1952 年第 5 期。(H)

19. 《口语里"写不出"的字》,《语文学习》1952 年第 7 期。(H)

20. 《北京话的实体词的词类》,《语文学习》1952 年第 11 期。(G, S)

21. 《谈民族标准语问题》,《中国语文》1953 年第 4 期。(H)

22. 《语法札记（一）》,《语文学习》1953 年第 5 期。(H)

23. 《语法札记（二）》,《语文学习》1953 年第 6 期。(H)

24. 《汉语动词的形态》,《语文学习》1954 年第 4 期。(H)

25. 《汉语的爱称和憎称的来源和区别》,《中国语文》1954 年第 2 期。(H)

26. 《民族语言、文学语言跟地域方言》(译文),《中国语文》1954 年第 6 期。(H)

27. 《形态变化和语法环境》,《中国语文》1954 年第 10 期。(H) 又载中国语文杂志社编《汉语的词类问题》，中华书局 1955 年版。

28. 《评〈普通语言学〉上册》，《中国语文》1955 年第 4 期。（H）

29. 《语音和语法》，《语文学习》1955 年第 8 期。（H）

30. 《广播语言艺术的欣赏》，《广播爱好者》1956 年第 11 期。（H）

31. 《我怎么看拼音方案草案修正案》，《光明日报》1956 年 11 月 21 日。（H）

32. 《汉语的句子》，《中国语文》1957 年第 7 期。（H，S）

33. 《主语和谓语》（译文），《语言学动态》1978 年第 5 期。（H）

34. 《六书献疑》，《中国语文》1979 年第 1 期。（H，S）

35. 《白话文的兴起、过去和未来》，《中国语文》1979 年第 3 期。（H）

36. 《我听着别扭 bièniu》，《语言教学与研究》1979 年第 2 期。（H）

37. 《汉藏两族人和话同源探索》，《北京师范大学学报》（社会科学版）1980 年第 1 期。（H，S）

38. 《古诗今读议》，《中学语文教学》1980 年第 2 期。（H）

39. 《叶斯柏森》，《外国语言学》1980 年第 3 期。（H）

40. 《古四声平议》，《训诂研究》1981 年第 1 辑。（H，S）

41. 《说"百家语"》，《训诂研究》1981 年第 1 辑。（H）

42. 《与人论"六书"书》，《训诂研究》1981 年第 1 辑。（H）

43. 《倒句探源》，《语言研究》1981 年第 1 期。（H）

44. 《古汉语的人称代词》，《语言文学自修大学讲座》1981 年第 2 期。（H）

45. 《台湾光复后的"国语"推行工作》，《语文现代化》1981 年第 5 辑。

46. 《我要说的四个意思》，载北京市语言学会编《礼貌和礼貌语言》，北京出版社 1982 年版。

47. 《〈诗〉"薄言"解平议》，《中国语言学报》1982 年第 1 期。（H，S）

48. 《谈谈动宾关系》，载全国语法和语法教学讨论会业务组编《教学语法论集》，人民教育出版社 1982 年版。（H）

49. 《古汉语"风"字确实有过象"孛缆"的音》，《民族语文》1982 年第 5 期。（H）

50.《北京口语音位的出现频率》,载北京师范大学编《学术论文集》,北京师范大学出版社 1982 年版。(H)

51.《佛教词语小议》,《法音》1983 年第 3 期。(H)

52.《学习莘田师》,《语文知识丛刊》1983 年第 6 辑。(B)

53.《李汝珍〈音鉴〉里的入声字》,《北京师范大学学报》(社会科学版) 1983 年第 4 期。(H)

54.《音轨和语素的出现频率》,《语文研究》1983 年第 3 期。(H)

55.《北京话的语音、词汇和语法特点》,载北京市语言学会编《现代汉语讲座》,知识出版社 1983 年版。(H)

56.《北京口语里的"给"字》,《语文学习》1983 年第 10 期。(H)

57.《我国第一部系统的语法学专著〈马氏文通〉》(与谢纪锋合写),《文史知识》1984 年第 11 期。

58.《说到怎么分出义项》,《辞书研究》1984 年第 1 期。(H)

59.《等韵溯源》,《音韵学研究》1984 第 1 辑。(H,S)

60.《化石语素》,《中国语文》1984 年第 1 期。(H)

61.《论词源学》(译文),《辞书研究》1984 年第 2 期。(H)

62.《不分开词会给读者添麻烦》,《文字改革》1984 年第 2 期。(H)

63.《哥儿 哥儿俩 哥儿们》,《方言》1984 年第 3 期。(H)

64.《北京音系的成长和它受的周围影响》,《方言》1984 年第 4 期。(H)

65.《王删郝疏议——评郝氏〈尔雅义疏〉的足本和节本》,《河北师院学报》(哲学社会科学版) 1984 年第 4 期。(H)

66.《〈国故论衡·成均图〉注》,载傅懋勣等主编《罗常培纪念论文集》,商务印书馆 1984 年版。(H)

67.*《古汉语派生新词的模式》(G,S)

68.*《释名条辨》(G)

69.*《释两》(G)

70.*《说字艸》(G)

71.*《急就微言》(G)

72.*《大盂鼎铭文诂训》(G,S)

73.*《章氏小学三书索引序》(G)

74.*《说字二艸》(G)

75. *《汉藏虚字比较研究》（G，S）

76. *《语音变化能不能用质变量变规律说明？》（G，S）

77. *《北京口语轻音节的调值》（G）

78. *《后汉三国梵汉对音谱》（G，S）

79. *《暗喻和巫术（译文）》（G）

80. *《亲属称谓的扩大和转移》（G，S）

81. *《章太炎语言文字学里的梵文影响》（G）

82. *《梵语千字文校本》（G）

83. *《永明运动的表里》（G，S）

84. *《古代汉语的"所"字》（G，S）

85.《〈汉语语法学史〉读后》（与谢纪锋合写），《辽宁教育学院学报》（社会科学版）1985 年第 1 期。

86.《〈经传释词〉札记》，《河北师院学报》（哲学社会科学版）1985 年第 3 期。

87.《〈经传释词〉札记》，《云南师范大学学报》（哲学社会科学版）1985 年第 6 期。

88.《〈尚书·洪范〉"土爰稼穑"解》，《中国语文》1985 年第 1 期。（H）

89.《〈陆志韦语言学著作集〉前言》，载陆志韦《陆志韦语言学著作集（一）》，中华书局 1985 年版。（B）

90.《论名实不符》，《语文研究》1986 年第 2 期。

91.《北京口语后轻双音节语素里轻音节的送气》，载第一届国际汉语教学讨论会组织委员会编《第一届国际汉语教学讨论会论文选》，北京语言学院出版社 1986 年版。（B）

92.《现代北京话和元大都话》，《中国语学》1986 年第 233 期。（B）

93.《现代北京人不能说是元大都人的后代》，《北京日报·读书副刊》1986 年 10 月 17 日。（B）

94.《北京话全浊平声送气解》，《方言》1987 年第 1 期。（B）

95.《中州音韵保存在山东海边儿上》，《河北师院学报》（哲学社会科学版）1987 年第 3 期。（B）

96.《驻防旗人和方言的儿化韵》，《中国语文》1987 年第 5 期。（B）

97.《论北京口语的"动宾"结构》，《世界汉语教学》1987 年第 4

期。(B)

98.《北京话本字刨记》,《方言》1988 年第 2 期。(B)

99.《北京口语"看不见、找不着"一类的词》,《方言》1988 年第 4 期。(B)

100.《汉语里的一种新型的"铺盖卷儿词"》,《语文研究》1988 年第 4 期。

101. *《从"看不见"说到"说不上来"》(H)

102.《汉藏同源字谱稿》,《民族语文》1989 年第 1—2 期。(B,S)

103.《北京口语里有"动名词"》,《语言教学与研究》1989 年第 1 期。(B)

104.《方言区际的横向系联》,《中国语文》1989 年第 6 期。(B)

105.《我和图书馆》,《师大周报》1989 年 12 月 22 日。(B)

106.《"不得"别义》,《辞书研究》1989 年第 1 期。

107.《论语法修辞合着开一门课》,《修辞学习》1990 年第 3 期。(B)

108.《世尊称谓小考》,《学术之声》1990 年第 3 期。(B)

109.《古汉语词汇教学》,《学术之声》1990 年第 3 期。(B)

110.《汉藏文献学相互为用一例》,《语言研究》1991 年第 1 期。(B)

111.《东汉以前的姜语和西羌语》,《民族语文》1991 年第 1 期。(B,S)

112.《"打"雅》,《语言教学与研究》1991 年第 1 期。(B)

113.《共成伟业——〈音韵学辞典〉序》,《古汉语研究》1991 年第 1 期。又载曹述敬主编《音韵学辞典》,湖南出版社 1991 年版。

114. *《汉藏联绵字比较》(B)

115. *《汉藏同源字谱稿提要初稿》(B)

116.《祝〈汉语大字典〉成书》,载李格非、赵振铎主编《汉语大字典论文集》,湖北辞书出版社、四川辞书出版社 1990 年版。(B)

117.《〈虚词诂林〉序言》,载谢纪锋编纂《虚词诂林》,黑龙江人民出版社 1992 年版。

118.《老北京打招呼》,《当代修辞学》1992 年第 6 期。

119.《高鹗的语言比曹雪芹更像北京话》,《中国语文》1992 年第

4期。

120.《〈中国俏皮话大辞典〉序》,《语文建设》1993年第6期。又载刘广和主编《中国俏皮话大辞典》,中国人民大学出版社1994年版。

121.《北京口语里的多音入声字》,《方言》1995年第1期。

122.《老北京娶新媳妇儿（xí fer)》（俞敏口述,杨藻清笔录）,《文教资料》1997年第1期。

俞敏撰写的《中国大百科全书·语言文字卷》词条

成均图；等韵；反语；古四声；古音；古韵；汉语音韵学；喉音；徽宗语；黄侃；陆志韦；罗常培；内外转；旁转；平水韵；平仄；七音略；切口；切韵考；切韵指掌图；清浊；摄；十韵汇编；四声；体语；通转；五方元音；歇后语；叶音；阳调；阴调；阴阳对转；韵部；韵目；韵镜；韵类；早梅诗；字母。

附录2 俞敏校对《梵语千字文》的梵文词

chāya 阴	ātapa 阳	divasa 昼	rātri 夜	āloka 明
andhakāra 暗	vidyut 电	vidāna 散	eṣa 来	raigrahaṇa 取
heṣṭa 上	pratibaddha 辅	mantrin 臣	divira 吏	bālatva 竖
svāmin 丰	sārasvatī 辩	śikṣaka 教	sabhā 衙	pitā 父
bhāgineya 甥	pariveṣa 邻	jyeṣṭhapitṛ 伯	praṇāma 奉	kāra 事
mandāra 蔽	ucchrayopeta 轩	kuśala 嘉	pratyudgamana 迎	vivāha 嫁
hakkara 唤	vikrītavikrayaṇa 卖	niṣkara 出	praveśa 入	vikrīta 货
balavat 强	bhojaṇī 赠	pratipūj 酬	punar 再	parvan 节
durbhikṣa 俭	atas 向	ka 谁	nivṛtta 灭	piṭha 祸
chāya 影	anupaśat 随	muktā 璨	śreṣṭhamuśala 璨	śardhala 蕤
vida 睿	yacchuci 咸	pratyūṣa 朝	vyākhyāna 讲	cyūta 扬
āsthāyika 参	uparyupari 叠	talācī 席	catvara 肆	susāra 玉
caraṇa 砌	preraka 推	bhaganakṣya 让	hoti 是	kākali 歌
surakta 翠	kalāpa 笔	agaccha 停	romanaurṇa 毫	ṛju 忠
preṣṭha 媚	sattva 情	svamin 君	mā 勿	jugupsā 嫌
kharakhaṭ 固	durga 难	vāc 解	medhavin 英	natāvatu 未
kaṭvara 兵	śūla 戟	rodhin 通	rathyā 衢	kṣuṇṇavarman 陌
hansapakṣa 羽	darśya 呈	khaḍga 剑	dhavalagṛha 阁	vāgmin 机
vidhati 霄	atra 临	kroñca 鹤	phalgunapakṣa 翼	unnayati 飞
lohita 赤	kavate 诈	anuttāna 靡	sakha 佐	saṃśliṣṭa 连
adūra 遂	puṣṭa 肥	pānakapiṣā 饮	temana 羹	maṇḍaka 饼
laḍḍuka 团	carvaṇa 嚼	ādraka 姜	rāli 芥	piṇḍāra 芋
pacaka 熟	darvyuttolana 酌	svastikāsana 踞	viśrama 坐	alpa 小

续表

khaṭva 床	bhuñjati 餐	śakṛt 粪	śuca 洗	prakṣālita 涤
kalācika 匙	catuka 勺	koṣṭhaka 仓	rāddhānna śala 厨	śālamaṇḍapa 厅
dhavasukha 安	kaṭāha 镬	hulāyudha 刀	dātra 镰	kuṭṭa 斧
varatrā 索	paripālaka 养	jānīte 知	ekatimukta 栖	tanu 薄
ekāgramana 专	vāpin 种	ahiṭa 畎	puṣkarin 池	varṇa 泽
mathin 耕	karvarabala 夫	suṛgodaya 晨	satyapuruṣa 士	mastaka 鞭
mārga 徼	vitasti 度	piṇḍaya 笸	sūtra 绽	kārpāsaka 裁
chinna 绝	pīḍā 危	udghāṭa 解	bhaṅga 折	acāru 鄙
gṛha 家	ṛṣi 仙	rājan 王	kūdī 薛	ṭaṅka 利
cālana 羅 = 罗	sadhana 营	apakāra 报	ākāṅkṣa 望	pānīya 水
girimūrdhan 山献	śaila 岩	svacaryā 清	rajas 尘	sīman 界
nivārya 遮	paṭaka 幡	prajñapti 慧	ulkā 矩	prabhā 荧
kṣānti 忍	raya 位	nagara 坰	kaṣya 袈裟	āsāna 具
calanaka 裳	ekapaṭa 单	sāṭa 裙	goptṛ 藏	carvati 喈
dhāvana 浣	śoṣaṇa 晒	vikāsa 张	sūcīkarman 绣	tūla 褥
siñcana 洒	sāmya 锵	gandholī 艾	kastūrika 麝	stavate 咏
gāya 歌	tūrya 管	kaṁja 浆	svara 音	mara 莫
vismaraṇa 忘	labhan 利	nasate 洽	tāvat 且	samatā 皆
kārya 须	adbhuta 奇	śarīraprakarṣa 申	likha 章	karman 业
vipākapratyupakāra 报	mūla 根	vāpin 栽	samūha 聚	bheda 推
vedana 受	tṛṣṇā 贪	gṛhna 取	etad 斯	udghaṭa 开
pūrvānādi 始	kṛśa 恼	atra 终	sī ghra 催	skanna 处
kṣāra 煨	bahūdakaśava 浩浩	jāti 生	Punar 频	ṣaḍyoni 六趣
vacana 言	vastu 斯事	āhata 伤	oṣṭha 唇	gala 咽
roman 毛	medina 卷	bāhu 臂	paraspara 相	parvan 节
vṛkka 肾	aṅkuśa 勾	pṛṣṭha 背	dvau 两	aṁtara 肠
gūtha 屎	mūtra 尿	sthika 膑	visanna 偏	carman 皮
jaṅgha 悍	kulpha 踝	pīṣya 研	prasvāpaka 痹	śleṣman 唾

参考文献

学术著作

1. （清）王国维：《观堂集林》（第二册），中华书局 1959 年版。
2. （清）王引之：《经传释词》，岳麓出版社 1984 年版。
3. ［法］梅耶：《历史语言学中的比较方法》，岑麒祥译，科学出版社 1957 年版。
4. ［美］包拟古：《原始汉语与汉藏语》，潘悟云、冯蒸译，中华书局 1995 年版。
5. ［日］桥本万太郎：《语言地理类型学》，余志鸿译，北京大学出版社 1985 年版。
6. ［瑞典］高本汉：《中国音韵学研究》，赵元任等译，商务印书馆 1930 年版。
7. ［瑞典］高本汉：《中上古汉语音韵学纲要》，聂鸿音译，齐鲁书社 1987 年版。
8. 冯胜利：《汉语的韵律、词法和句法》，北京大学出版社 1997 年版。
9. 高名凯：《汉语语法论》，商务印书馆 1986 年版。
10. 耿振生：《20 世纪汉语音韵学方法论》，北京大学出版社 2004 年版。
11. 郭在贻：《训诂学》，湖南人民出版社 1986 年版。
12. 金理新：《上古汉语音系》，黄山书社 2002 年版。
13. 黎锦熙：《新著国语文法》，商务印书馆 1924 年版。
14. 李方桂：《上古音研究》，商务印书馆 1980 年版。
15. 李荣：《切韵音系》，中国科学院 1952 年版。
16. 李新魁：《汉语音韵学》，北京出版社 1986 年版。
17. 李宇明：《语言学习与教育》，北京广播学院出版社 2003 年版。
18. 梁启超：《清代学术概论》，商务印书馆 1921 年版。

19. 陆志韦:《北京话单音词汇》,人民出版社 1951 年版。
20. 陆志韦:《古音说略》,哈佛燕京学社 1971 年版。
21. 罗常培:《唐五代西北方音》,中研院历史语言研究所 1933 年版。
22. 罗常培:《语言与文化》,北京大学出版社 1950 年版。
23. 吕叔湘、朱德熙:《语法修辞讲话》,中国青年出版社 1952 年版。
24. 吕叔湘:《中国文法要略》(修订本),商务印书馆 1956 年版。
25. 马建忠:《马氏文通》,商务印书馆 1983 年版。
26. 潘悟云:《汉语历史音韵学》,上海教育出版社 2000 年版。
27. 庞光华:《论汉语上古音无复辅音声母》,中国文史出版社 2005 年版。
28. 全广镇:《汉藏语同源词综探》,台湾学生书局 1996 年版。
29. 施向东:《汉语和藏语同源体系的比较研究》,华语教学出版社 2000 年版。
30. 王力:《汉语语音史》,中国社会科学出版社 1985 年版。
31. 王力:《中国现代语法》,商务印书馆 1985 年版。
32. 王远新:《中国民族语言学史》,中央民族学院出版社 1993 年版。
33. 吴安其:《汉藏语同源研究》,中央民族大学出版社 2002 年版。
34. 邢福义:《汉语语法学》,东北师范大学出版社 1996 年版。
35. 邢公畹:《汉台语比较手册》,商务印书馆 1999 年版。
36. 邢公畹:《语言论集》,商务印书馆 1983 年版。
37. 徐通锵:《历史语言学》,商务印书馆 1991 年版。
38. 徐振邦:《联绵词概论》,大众文艺出版社 1998 年版。
39. 杨剑桥:《汉语现代音韵学》,复旦大学出版社 1996 年版。
40. 赵杰:《北京话的满语底层和"轻音""儿化"探源》,北京燕山出版社 1996 年版。
41. 赵荫棠:《等韵源流》,商务印书馆 1957 年版。
42. 赵元任:《北京口语语法》,李荣编译,开明书店 1952 年版。
43. 郑张尚芳:《上古音系》,上海教育出版社 2003 年版。

期刊论文

1. (清)龚自珍:《家塾策问一》,载龚自珍《龚自珍全集》,上海人民出版社 1975 年版。
2. (宋)张麟之:《韵镜序》,载张能甫《历代语言学文献读本》,巴蜀书社 2003 年版。

3. ［俄］钢和泰：《音译梵书和中国古音》，胡适译，《国学季刊》1923 年第 1 期。

4. ［日］平山久雄：《中古汉语清入声在北京话里的对应规律》，《北京大学学报》（哲学社会科学版）1990 年第 5 期。

5. ［瑞典］高本汉：《上古音当中的几个问题》，赵元任译，《中研院历史语言研究所集刊》1928 年第 1 本第 3 分。

6. 曾晓渝：《后汉三国梵汉对音所反映的次清声母问题》，《中国语文》2009 年第 4 期。

7. 陈保亚：《百年来汉藏语系谱系研究的理论进展》，《语言学论丛》1998 年第 21 辑。

8. 陈刚：《古清入声在北京话里的演变情况》，《中国语言学报》1988 年第 3 期。

9. 储泰松：《梵汉对音概说》，《古汉语研究》1995 年第 4 期。

10. 储泰松：《梵汉对音与上古音研究》，《南京师大学报》（社会科学版）1999 年第 1 期。

11. 储泰松：《施护译音研究》，载谢纪锋、刘广和主编《薪火编》，山西高校联合出版社 1996 年版。

12. 崔枢华：《授业恩师俞叔迟》，《文教资料》1997 年第 1 期。

13. 董同龢：《上古音韵表稿》，《中研院历史语言研究所集刊》1937 年第 18 册。

14. 董为光：《汉语"异声联绵词"初探》，《语言研究》1986 年第 2 期。

15. 董为光：《汉语侗台语语源联系举例》，《语言研究》1984 年第 2 期。

16. 杜云英、刘艳萍：《"重视教育 重视师范"——访北京师范大学天文系何香涛教授》，载周作宇主编《人文的路线》，北京师范大学出版社 2008 年版。

17. 方壮猷：《三种古西域语之发现及其考释》，《女师大学术季刊》1923 年第 4 期。

18. 冯蒸：《"攻吴"与"句吴"释音》，载中国社会科学院语言研究所古汉语室编《古汉语研究论文集（二）》，北京出版社 1984 年版。

19. 冯蒸：《〈切韵〉祭泰夬废四韵带辅音韵尾说》，《湖南师大社会科学学报》1989 年第 6 期。

20. 冯蒸：《藏汉语比较研究的原则与方法——西门华德〈藏汉语比较词汇集〉评析》，《温州师范学院学报》（社会科学版）1988 年第 4 期。
21. 冯蒸：《藏语 sdod 与汉语 "辍"》，《民族语文》2007 年第 1 期。
22. 冯蒸：《古汉语同源联绵词试探——为纪念唐兰先生而作》，《宁夏大学学报》（社会科学版）1987 年第 1 期。
23. 冯蒸：《论古汉语和藏语同源词比较的音韵框架模式》，《汉字文化》2011 年第 6 期。
24. 傅斯年执笔：《所务记载》，《中研院历史语言研究所集刊》1928 年第 1 本第 1 分。
25. 洪波、关键：《建国以来古汉语语法研究的反思和创新》，载袁晓园主编《中国语言学发展方向》，光明日报出版社 1989 年版。
26. 胡适：《发刊宣言》，《国学季刊》1923 年第 1 期。
27. 胡适：《钢和泰论梵文与中国古音》，载胡适《胡适学术文集·语言文字研究》，中华书局 1993 年版。
28. 华玉明：《现代汉语动词的形态及其特点》，《语文研究》2014 年第 3 期。
29. 黄典诚：《关于上古汉语高元音的探讨》，《厦门大学学报》（哲学社会科学版）1980 年第 1 期。
30. 黄会林：《力求新径 薪尽火传——悼俞敏师》，《文教资料》1997 年第 1 期。
31. 黄侃：《谈添盍帖分四部说》，载黄侃《黄侃论学杂著》，中华书局 1964 年版。
32. 黄树先：《从史实看汉缅语关系》，《语言研究》2002 年第 3 期。
33. 黄晓东：《中古清入字在今北京话中的异读现象考察》，硕士学位论文，北京语言文化大学，2001 年。
34. 金宏达：《围棋·俞敏》，载金宏达《金顶恒久远——宏达随笔》，花城出版社 2011 年版。
35. 金理新：《汉藏语的肢体名词前缀 *m-》，《温州师范学院学报》（哲学社会科学版）1999 年第 1 期。
36. 金理新：《上古汉语 *m-前缀的意义》，《语言研究》2005 年第 1 期。
37. 金理新：《上古汉语声母清浊交替和动词的体》，《语文研究》2005 年第 4 期。

38. 李葆嘉：《吐火罗语文与早期汉译佛经文本》，《语言研究》1998 年增刊。
39. 李鸿简：《在编写〈大百科全书〉的日子里》，《文教资料》1997 年第 1 期。
40. 李开：《现代学术史关于古音学的三次大讨论》，《南开语言学刊》2006 年第 1 期。
41. 李荣：《官话方言的分区》，《方言》1985 年第 2 期。
42. 林归思：《古汉语虚词的研究传统及其变革》，《古汉语研究》1990 年第 4 期。
43. 林焘：《北京官话溯源》，《中国语文》1987 第 3 期。
44. 林语堂：《读汪荣宝〈歌戈鱼虞模古读考〉书后》，《国学季刊》1923 年第 3 期。
45. 刘宝俊：《论原始汉语"二"的语音形式》，《语言研究》1990 年第 1 期。
46. 刘广和：《〈圆明字轮四十二字诸经译文异同表〉梵汉对音考订》，《中国人民大学学报》1997 年第 4 期。
47. 刘广和：《东晋译经对音的晋语韵母系统》，载谢纪锋、刘广和主编《薪火编》，山西高校联合出版社 1996 年版。
48. 刘广和：《唐代八世纪长安音的韵系和声调》，《河北大学学报》1991 年第 3 期。
49. 刘广和：《痛悼叔迟师》，《文教资料》1997 年第 1 期。
50. 刘广和：《俞敏语言学论文二集·前言》，载俞敏《俞敏语言学论文二集》，北京师范大学出版社 1992 年版。
51. 刘坚：《我所认识的俞叔迟先生》，载刘坚《人与文：忆几位师友论若干语言问题》，北京语言文化大学出版社 1998 年版。
52. 刘援朝：《一百七十年来北京话清入上声字调类的改变》，北京市语言学会编《语言研究与应用》，商务印书馆 1992 年版。
53. 鲁国尧：《"学术者，天下之公器"——缅怀俞敏先生》，《文教资料》1997 年第 1 期。
54. 鲁国尧：《就独独缺〈中国语言学思想史〉》，载陈燕、耿振生主编《继往开来的语言学发展之路》，语文出版社 2008 年版。
55. 陆昕：《俞敏：老运动员》，载陆昕《祖父陆宗达及其师友》，人民文学出版社 2012 年版。

56. 陆志韦：《国语入声演变小注》，载陆志韦《陆志韦近代汉语音韵论集》，商务印书馆 1988 年版。
57. 陆志韦：《说文解字读若音订》，载陆志韦《陆志韦语言学论文集（二）》，中华书局 1999 年版。
58. 陆宗达：《我所见到的黄季刚先生》，《训诂研究》1981 年第 1 辑。
59. 罗常培：《释重轻》，《中研院历史语言研究所集刊》1932 年第 2 本第 4 分。
60. 罗常培：《知彻澄娘音值考》，《中研院历史语言研究所集刊》1931 年第 3 本第 1 分。
61. 吕叔湘：《汉语研究工作者的当前任务》，载吕叔湘《吕叔湘语文论集》，商务印书馆 1983 年版。
62. 吕叔湘：《有感》，载吕叔湘《未晚斋语文漫谈》，语文出版社 1992 年版。
63. 梅祖麟：《汉藏语的"岁、越"、"還（旋）、圜"及其相关问题》，《中国语文》1992 年第 5 期。
64. 梅祖麟：《四声别义中的时间层次》，《中国语文》1980 年第 6 期。
65. 聂鸿音：《番汉对音和上古汉语》，《民族语文》2003 年第 2 期。
66. 聂鸿音：《慧琳译音研究》，《中央民族学院学报》1985 年第 1 期。
67. 聂振弢：《南阳方音的几个特征》，载谢纪锋、刘广和主编《薪火编》，山西高校联合出版 1996 年版。
68. 潘悟云：《汉藏二族，血肉相连——生物学与语言学的视角》，载上海市社会科学界联合会编《现代人文：中国思想·中国学术》，上海人民出版社 2008 年版。
69. 潘悟云：《上古汉语使动词的屈折形式》，《温州师范学院学报》（哲学社会科学版）1991 年第 2 期。
70. 潘尊行：《原始中国语初探》，《国学季刊》1923 年第 1 卷第 3 分。
71. 瞿霭堂：《论汉藏语言的虚词》，《民族语文》1995 年第 6 期。
72. 施向东：《梵汉对音和两晋南北朝语音》，《语言研究》2012 年第 3 期。
73. 施向东：《梵汉对音与"借词音系学"的一些问题》，载徐时仪、陈五云、梁晓虹编《佛经音义研究——第二届佛经音义研究国际学术研讨会论文集》，凤凰出版社 2011 年版。

74. 施向东：《梵汉对音与古汉语的语流音变问题》，《南开语言学刊》2002 年第 00 期。

75. 施向东：《汉藏比较与训诂学——〈诗经·大雅·生民〉训诂举隅》，《天津大学学报》（社会科学版）2002 年第 1 期。

76. 施向东：《黄侃古韵闭口六部与俞敏古韵闭口六部之异同》，载《中国海峡两岸黄侃学术研讨会论文集》，华中师范大学出版社 1993 年版。

77. 施向东：《黾励治学 不务虚名》，《文教资料》1997 年第 1 期。

78. 施向东：《披荆斩棘，勇往直前——俞敏先生对语文现代化的贡献》，《汉字文化》2012 年第 6 期。

79. 施向东：《玄奘译著中的梵汉对音和唐初中原方音》，《语言研究》1983 年第 1 期。

80. 施向东：《玄奘译著中的梵汉对音研究》，载施向东《音史寻幽——施向东自选集》，南开大学出版社 2009 年版。

81. 施向东：《有关汉语和藏语比较研究的几个问题》，载谢纪锋、刘广和主编《薪火编》，山西高校联合出版社 1996 年版。

82. 汪荣宝：《歌戈鱼虞模古读考》，《国学季刊》1923 年第 2 期。

83. 王敬骝：《释"鼎"》，《民族语文》1992 年第 3 期。

84. 王静如：《论古汉语之腭介音》，《燕京学报》1948 年第 35 期。

85. 王静如：《中台藏缅数目字及人称代名词语源试探》，《中研院历史语言研究所集刊》1931 年第 3 本第 1 分。

86. 王力：《古汉语自动词和使动词的配对》，载王力《龙虫并雕斋文集》，中华书局 1982 年版。

87. 王力：《上古汉语入声和阴声的分野及其收音》，载《王力语言学论文集》，商务印书馆 2000 年版。

88. 王新青：《于阗文明与于阗语言在古和阗》，《西北第二民族学院学报》（哲学社会科学版）2007 年第 1 期。

89. 尉迟治平：《周、隋长安方音初探》，《语言研究》1982 年第 1 期。

90. 魏建功：《阴阳入三声考》，载魏建功《魏建功文集》，江苏教育出版社 2001 年版。

91. 吴安其：《与亲属语相近的上古汉语的使动形态》，《民族语文》1996 年第 6 期。

92. 吴焯：《从考古遗存看佛教传入西域的时间》，《敦煌学辑刊》1985 年第 2 期。

93. 吴永坤：《对俞叔迟老师的回忆片段》，《文教资料》1997 年第 1 期。
94. 谢栋元：《怀念陆颖明师》，载《陆宗达先生百年诞辰纪念文集》，中国广播电视出版社 2005 年版。
95. 谢纪锋：《〈中国语文学论文选〉读后》，《语文研究》1986 年第 8 期。
96. 谢纪锋：《道德文章 万人师表》，《文教资料》1997 年第 1 期。
97. 谢纪锋：《俞敏先生传略》，《文教资料》2000 年第 3 期。
98. 谢纪锋：《俞敏先生语法研究成就简评》，《贵州大学学报》（社会科学版）2002 年第 2 期。
99. 邢公畹：《〈诗经〉"中"字倒置问题》，载邢公畹《语言论集》，商务印书馆 1983 年版。
100. 邢公畹：《汉语"子""儿"和台语助词 luk 试释》，载邢公畹《语言论集》，商务印书馆 1983 年版。
101. 邢公畹：《论汉藏系语言的比较语法学》，《南开大学学报》（哲学社会科学版）1979 年第 4 期。
102. 邢公畹：《汉藏系语言及其民族史前情况试析》，《语言研究》1984 年第 2 期。
103. 徐通锵、王洪君：《历史语言学中的比较方法》，载胡明扬主编《西方语言学名著选读》，中国人民大学出版社 1988 年版。
104. 徐通锵、叶蜚声：《译音对勘与汉语的音韵研究——"五四"时期汉语音韵研究方法的转折》，《北京大学学报》（哲学社会科学版）1980 年第 3 期。
105. 徐通锵：《美国语言学家谈历史语言学》，《语言学论丛》1984 年第 13 辑。
106. 严学宭：《谈汉藏语系同源词和借词》，《江汉语言学丛刊》1979 年第 1 辑。
107. 杨琳：《训诂方法的现代拓展:异语求义法》，《南开语言学刊》2008 年第 2 期。
108. 杨藻清：《俞敏，我的心里仍然充满了你》，《文教资料》1997 年第 1 期。
109. 杨藻清：《俞敏》，载燕京研究院编《燕京大学人物志第二辑》，北京大学出版社 2002 年版。
110. 张福平:《天息灾译著的梵汉对音研究与宋初语音系统》，载谢纪锋、刘广和主编《薪火编》，山西高校联合出版社 1996 年版。

111. 张世方：《从周边方言看北京话儿化韵的形成和发展》，《语言教学与研究》2004 年第 5 期。

112. 张永言：《〈水经注〉中语音史料点滴》，《中国语文》1983 年第 2 期。

113. 张永言：《俞敏》，《中国大百科全书·语言文字卷》，中国大百科全书出版社 1988 年版。

114. 郑张尚芳：《汉语声调平仄之分与上声去声的起源》，《语言研究》1994 年增刊。

115. 郑张尚芳：《上古入声韵尾的清浊问题》，《语言研究》1990 年第 1 期。

116. 郑张尚芳：《上古韵母系统和四等介音声调的发源问题》，《温州师院学报》（社会科学版）1987 年第 4 期。

117. 中国语言学会《中国现代语言学家传略》编写组：《俞敏》，载《中国现代语言学家传略·第四卷》，河北教育出版社 2004 年版。

118. 周定一：《纪念俞敏兄》，《文教资料》1997 年第 1 期。

119. 周法高：《说平仄》，《中研院历史语言研究所集刊》1948 年第 13 本。

120. 周绍昌：《戏里戏外》，载周绍昌《苤苢集》，人民文学出版社 2006 年版。

121. 周祖谟：《四声别义释例》，载周祖谟《问学集》，中华书局 1966 年版。

122. 邹晓丽：《博大 精深 求实 风趣——读俞敏语言学论文集》，《语文建设》1992 年第 9 期。

123. 邹蕴璋：《经传释词札记》，载中国出版工作者协会、中国出版发行科学研究所编《中国出版年鉴 1988》，中国书籍出版社 1989 年版。

后　记

　　南京大学鲁国尧先生在《就独独缺〈中国语言学思想史〉》（2008）一文中提出"每个人都在用自己的言论、行动、论著来书写历史。每个人都在历史的大舞台上，扮演某类角色。每个语言学人都将因自己扮演的角色，起的作用，其是非功过，而受到历史的评判"。每一位语言学家在语言学的发展中都发挥着其特定的作用，整理研究他们学术思想是语言学史的重要工作之一。20世纪的语言学家为中国语言学的发展贡献出了毕生的精力，并逐渐退出历史舞台。整理他们的学术思想是目前语言学研究亟待进一步发展的课题之一，是全面了解和认识现代语言学不可忽略的一部分。

　　俞敏先生是我国20世纪重要的语言学家之一，在汉藏比较、梵汉对音、汉语音韵学、训诂学、文字学、方言学、现代汉语语法和古代汉语语法等诸多领域作出了重要的贡献，研究他的学术思想是现代语言学史的重要组成部分。俞先生在继承传统语言学成果的基础之上，善于汲取西方最新语言学理论及研究成果，而又从未为之所囿。他主张从汉语事实出发才能揭示出汉语自身的特点及规律，并提炼出适合汉语自身的理论和方法，这对中国语言学的发展具有重要的实践意义。就中国语言学的发展史和学术创新的角度而言，系统而全面地研究他的学术思想具有重要的现实意义。

　　我的导师施向东是俞先生的嫡传弟子，他于1979年到1982年间师从俞先生攻读古代汉语硕士学位。施向东师秉承师志，在梵汉对音、汉藏比较、汉语音韵学等领域作出了重要的贡献。我于2005年到南开大学攻读博士学位，有幸师从施向东先生学习和研究语言学。在求学期间，我深为俞先生的博大精深的学问与忠于学术的精神所震撼，也了解到施向东师因工作繁忙而不能对俞先生的学术思想进行全面系统的研究而深感遗憾，所以决定以俞先生的学术思想作为博士论文选题。

由于俞先生通古博今，学贯中西，文章旁征博引，既有古文献的丰富例证又有各地方言，既有同系藏语又有域外其他语言，研究领域极为宽广，几乎涉及语言学的所有领域，本人学术修养有限，虽反复研读俞先生的作品，却也仅得一鳞半爪，所以博士论文仅对俞先生在语言学各个领域的学术成就进行了梳理。2008年毕业后，忙于各种事务，仅整理出了《俞敏先生〈后汉三国梵汉对音谱〉的学术贡献》《俞敏先生训诂方法研究》《俞敏先生古汉语虚词研究方法论析》等3篇论文。本书是在我博士论文基础上进一步修改、充实、完善而成的。希望本书的研究能够抛砖引玉，引起更多的学界人士对俞先生的学术思想进行更为深入的研究，使俞先生的学术思想得到进一步的继承与发展。

感谢我的导师施向东先生的培养与教育，他宽广的学术视野、严谨的治学态度、高尚的师德修养，都令我受益匪浅。在我博士论文研究期间，施向东师给予了我耐心的指导，并带我拜望了俞先生的夫人杨澡清女士。初稿完成后，他又提出了宝贵的修改意见，使得我的博士论文得以顺利完成。毕业后，他鼓励我对该选题作进一步研究，并不厌其烦地对我的困惑之处加以指导，并于百忙之中为本书作序。

感谢鲁国尧教授认真审阅了我的论文，并不辞劳顿，从南京赶到天津，主持我的论文答辩会，提出了宝贵的修改意见。感谢冯蒸教授和刘广和教授认真审阅了我的论文，并从北京来到天津参加我的论文答辩会，提出了有价值的修改意见。石锋教授、曾晓渝教授、杨琳教授在我读博期间和博士论文答辩过程都给予了我重要的教诲和指导。感谢储泰松教授审阅了我的论文，并提出了中肯的评价和建议。感谢西北师范大学文学院雒鹏老师为本书的修改提出很多有价值的建议。在此，我谨向诸位尊敬的师长致以诚挚的谢意！

感谢西北师范大学文学院对本书出版的支持。感谢中国社会科学出版社对本书出版的支持。感谢本书编审刘艳老师为本书出版所做的认真细致的工作。

黄海英

2015年11月